国家出版基金项目
NATIONAL PUBLICATION FOUNDATION

中国之治·坚持和完善社会主义基本经济制度丛书

构建现代化
中国科技创新体系

薛 澜 梁 正 主编

SPM 南方出版传媒 山西出版传媒集团
广东经济出版社 山西经济出版社
·广州· ·太原·

图书在版编目（CIP）数据

构建现代化中国科技创新体系 / 薛澜，梁正主编. —广州：广东经济出版社，2021. 11
（中国之治·坚持和完善社会主义基本经济制度丛书）
ISBN 978-7-5454-8007-8

Ⅰ. ①构… Ⅱ. ①薛… ②梁… Ⅲ. ①技术革新—研究—中国 Ⅳ. ①F124.3

中国版本图书馆CIP数据核字（2021）第210194号

策　　划：王成刚
责任编辑：蒋先润　刘健华　黄　昱
责任校对：黄思健　陈慧敏
责任技编：陆俊帆

构建现代化中国科技创新体系
GOUJIAN XIANDAIHUA ZHONGGUO KEJI CHUANGXIN TIXI

出版人	李　鹏
出　版 发　行	广东经济出版社（广州市环市东路水荫路11号11～12楼）
经　销	全国新华书店
印　刷	佛山市迎高彩印有限公司 （佛山市顺德区陈村镇广隆工业区兴业七路9号）
开　本	787毫米×1092毫米 1/16
印　张	23.75
字　数	365千字
版　次	2021年11月第1版
印　次	2021年11月第1次
书　号	ISBN 978-7-5454-8007-8
定　价	68.00元

图书营销中心地址：广州市环市东路水荫路11号11楼
电话：（020）87393830　邮政编码：510075
如发现印装质量问题，影响阅读，请与本社联系
广东经济出版社常年法律顾问：胡志海律师

总　　序

坚持和完善社会主义基本经济制度

坚持和完善社会主义基本经济制度是习近平新时代中国特色社会主义思想的重要内容。党的十八大以来，以习近平同志为核心的党中央围绕新时代如何坚持和完善我国社会主义基本经济制度，在理论和实践的结合中进行了深入探索。基于新的实践和发展需要，党的十九届四中全会将公有制为主体、多种所有制经济共同发展，按劳分配为主体、多种分配方式并存，社会主义市场经济体制三项并列作为社会主义基本经济制度，这是对社会主义基本经济制度作出的一次重要理论创新。

党的十九届五中全会提出："全面深化改革，构建高水平社会主义市场经济体制。坚持和完善社会主义基本经济制度，充分发挥市场在资源配置中的决定性作用，更好发挥政府作用，推动有效市场和有为政府更好结合。"从我国发展的现实情况看，加快构建以国内大循环为主体、国内国际双循环相互促进的新发展格局，必须构建高水平社会主义市场经济体制，实行高水平对外开放，推动改革和开放相互促进。这是我国进入新发展阶段，在更高起点、更高层次、更高目标上全面深化改革开放的重大部署。

当前，在国际环境日趋复杂，不稳定性、不确定性明显增加的特定背景下，拥有14亿人口的大国，保持战略定力，办好自己的事，重在以构建新发展格局为基本要求，走出一条以高水平开放促进深层次市场化改革的新路子。

构建高水平社会主义市场经济体制，是我国新时代经济体制改革的目标取向，是推进高水平开放的制度保障。从现实情况看，构建高水平社会主义市场经济体制，既要充分发挥市场在资源配置中的决定性作用，充分激发国内市场活力，又要在适应国际经贸规则重构中建设高标准市场体系。

公开市场、公平竞争是高标准市场体系的重要特征，也是高水平开放的重要前提。构建高水平社会主义市场经济体制，首要任务是完善公平竞争制度。一是要重点强化竞争政策的基础性地位，对各类所有制企业一视同仁，实现各类所有制企业公平竞争；二是要实现经济政策由产业政策为主向竞争政策为基础转变，明确产业政策以不妨碍公平竞争为基本原则，制定适用产业扶持政策的负面清单，将产业政策严格限定在具有重大外溢效应的领域或关键核心技术领域；三是要实现市场监管的重点由一般市场行为监管向公平竞争审查转变，推动市场监管的主要对象由商品为主向服务为主过渡，并强化对经济政策的公平竞争审查。

构建高水平社会主义市场经济体制，需要全面实施市场准入负面清单制度取代传统行政审批制度，在激发市场主体活力的制度创新上实现新突破。一是要尽快形成全国统一的、内外资一致的负面清单，加快推动现有负面清单与正面清单的合并对接；二是要进一步提升负面清单的可操作性，建议参照国际经贸谈判负面清单模板，详细列明负面清单管理措施与相关描述，建立健全外资企业投诉机制；三是要明确国民待遇标准，进一步细化准入阶段的管理权力、要素供给、融资方式、进出口权、税收政策、法律保护、司法救济等一系列待遇标准，给予内外资企业明确预期。

新一轮科技革命和产业变革深入推进，以数字经济为重要特征的新经济发展，对以知识产权保护为重点的产权制度改革提出新的要求。我国进入经济转型升级的重要时期，面向经济主战场，以创新引领高水平市场经济发展，关键在于形成产权保护的制度基础。一是要突出强化知识产权保护，逐步推进知识产权标准与国际接轨；二是要实现不同所有制经济产权平等保护，尽快梳理和消除各种隐性壁垒，支持各种所有制经济依法平等使用生产要素、公平参与市场竞争、同等受到法律保护、共同履行社会责任；三是要依法保护企业家的财产权和创新收益，形成防范以公权侵犯私权行为的制度约束。

要素市场化配置是高水平社会主义市场经济体制的重要特征，也是我国实现高质量发展的重要保障。要更好利用国际国内两个市场、两种资源，实现要素市场化配置改革的重要突破。一是要加快推进土地要素市场化改革，形成城乡建设用地“同地同价同权”的制度安排，形成公开公正公平的统一交易平台和交易规则；二是要深化户籍制度改革，增强劳动力的城乡、地域流动性，充分释放城乡一体化的巨大潜能；三是要推进利率市场化改革，加快推进市场利率与基准利率的“两轨并一轨”，尽快实现银行体系与实体信用环节的贷款利率由市场决定这一目标。

基于对坚持和完善社会主义基本经济制度的学习、理解和研究，中国（海南）改革发展研究院与广东经济出版社联合策划出版这套“中国之治·坚持和完善社会主义基本经济制度丛书”。丛书在学习理解习近平新时代中国特色社会主义思想的基础上，注重战略性、前瞻性、学术性和可读性。我们期望，这套丛书能够对关注中国社会主义基本经济制度的读者有所启示，对坚持和完善社会主义基本经济制度发挥积极作用。

这套丛书的作者大多是所在领域的知名专家学者。张卓元老师、宋晓梧老师、范恒山老师、薛澜老师等，他们在繁忙的工作之余参与了丛书的撰写。作为丛书编委会主任，我对为丛书出版付出艰辛努力的各位作者、顾问、编委表示感谢，对为丛书出版给予大力支持的广东经济出版社表示感谢！

这套丛书中每本著作代表的是作者本人的研究结论和学术观点，丛书不追求观点的一致性。欢迎读者批评指正！

迟福林

2021年5月1日

前　言

2021年是中国共产党成立100周年。在中华人民共和国成立后的70多年里，中国共产党团结带领人民艰苦奋斗、改革创新，赢得了我国科技实力“后发赶超”，实现了科技创新领域的跨越发展。党的十九届五中全会把科技创新提到了前所未有的高度，坚持创新在我国现代化建设全局中的核心地位，为我们在新时期推动科技创新发展明确了方向。值此中国共产党成立100周年之际，在科技创新已经成为国家转型发展的根本驱动力和国际竞争制高点的今天，对中国科技创新现代化进行回顾与总结尤为重要。

科技创新治理体系和治理能力现代化是国家治理体系和治理能力现代化的重要内容。当前，科技创新进入空前密集活跃期，信息技术、生物技术、新材料技术、新能源技术广泛融合渗透，带动几乎所有领域取得了以绿色、智能、泛在为特征的群体性技术突破，带来了更多的创新机遇和发展空间。从国际竞争走势来看，中美贸易摩擦表面上是经济战，实质上是科技战，更是能力战、人才战。从长远来看，西方国家对我国科技创新和高端人才引进的封锁打压将成为常态，这也倒逼我们加快构建自主可控的现代产业体系，以科技自立自强支撑新发展格局。机遇与挑战并存要求我们加快建设和完善科技创新体系，为深化科技创新体制机制改革、激发市场活力和发展动力提供重要保障，为推动经济高质量发展、赋能实体经济提供重要支撑。

本书是中国共产党成立100周年的献礼之作，力图通过中国科技创新发展的历史反映中国共产党人坚持实事求是、锐意改革创新、不断开拓进取的精神。当然，全面系统地展现中国科技创新体制机制改革艰难探索的历程，是一项非常困难的工作。为此，本书选择从科技创新的治理体系和治理能力入手，以中国科技创新体制机制改革的伟大实践为基础，以重大问题为导向，在科技创新的治理体系和治理能力的整体框架中抽取若干中国特色鲜明、在中国科技创新发展历程中举足轻重的机制，包括发展战略、发展规划和资源配置机制等加以深入分析。同时也对中国科技创新体系中的关键主体，包括公立科研院所、高校、企业等进行深描，力图把握这些组织机构在中国科技改革创新过程中的演变与发展。本书的撰写者均是活跃在科技创新理论和政策研究一线的中青年学者，他们视野开阔、热爱学术、踏实奋进，努力展现中国科技创新体系的现代化道路，总结前人经验与智慧，激励后来人更好地前行。

本书的篇章设计思路总体上按照“立足当下—回顾过去—展望未来”的逻辑安排布局，共分十章。第一章总体概述，解析本书主题“创新驱动发展与科技创新治理体系现代化”的内涵价值。阐述了坚持创新在我国现代化建设全局中的核心地位的重要意义，分析了当前科技创新体系建设面临的机遇与挑战，指出创新驱动发展、完善科技创新治理体系的重点。

第二章“立足当下”，深入分析当前中国科技创新发展面临的大变局。紧扣时代脉搏，剖析了正在加速兴起的新一轮科技革命和产业变革的历史方位、典型特征及其对科技创新体系、治理体系全方位的变革要求；研判了日趋复杂的国际局势及其给我国科技创新带来的严峻压力与挑战；深入解读了在构建新发展格局背景下，将科技自立自强作为国家发展重大战略支撑的重要内涵；客观分析了我国当前在构建新发展格局方面的基础优势及突出短板。

第三章至第九章“回顾过去”，分为顶层设计（第三章至第五章）和组织及运行状况（第六章至第九章）两个模块展开，有选择地分析了中国科技创新体系的核心组成部分。第三章聚焦“创新驱动发展战略”，回顾了中国科技创新战略演变过程中的探索实践，全面分析了深入实施创新驱动发展战略所面临的障碍与挑战，并提出了具体推进的顶层设计思路。第四章刻画了“中国科技创新的发展规划”，系统梳理了自中华人民共和国成立以来中国科技规划的发展与演变，基于公共政策过程理论构建了理解科技规划制定与实施的分析框架，在此基础上分析总结了主要典型国家科技规划制定与实施的经验以及一般规律，并对科技规划的评估实践进行了介绍，特别是解读了《国家中长期科学和技术发展规划纲要（2006—2020年）》的实施情况。第五章关注“中国科技资源配置与组织管理”，梳理了中国科技经费资源配置格局及演变历程，分别描述了中国科技计划体系、科技经费管理体制的演变发展、问题及发展方向。第六章至第九章从不同主体的角度，展现了中国科技创新体系的组织及运行状况。其中，第六章侧重公立科研院所的组织及运行状况，回顾了公立科研院所的发展及改革历程，并分别对中国科学院、部委所属科研机构（中国农业科学院）和地方科研院所（广东省科学院）的改革与发展进行了历程回顾和经验总结。第七章侧重高校科研体系，探讨了高校科研活动及科研组织的发展演变，并通过对科研组织模式、科技资源配置和高校人才培养机制的分析，寻求对当前我国高校科研管理与科研组织建设的若干启示。第八章侧重企业技术创新体系，刻画了自中华人民共和国成立以来中国企业技术创新发展及政策演进的阶段性特征，分析了企业技术创新体制机制现状及存在的问题，尤其是新科技革命和产业变革背景下，跨界融合的产业格局给中国企业带来的机遇与潜在的风险挑战。第九章侧重国家科技创新基地，系统回顾了国家科技创新基地的发展历程与建设成效，分类探讨了国家实验室、国家重点实验室、国家工程技术研究中心等国家科技创新基地的发展定位，介绍了当前国家科技创新基地的改革举措和最新进展，探讨了国家科技创新基地未来发展面临的挑战及可能方向。

第十章“展望未来”。在立足当下大变局形势判断和回顾过去大转型的基础上，对未来一段时期中国科技创新面临的重点、难点和堵点问题进行剖析，聚焦深度推进科技合作与对外开放，探索构建新型举国体制，深化科技评价与激励机制改革，构建健康创新文化为根基、负责任的科学共同体，就进一步推进科技创新体系现代化建设贡献思路。

任何一部作品的创作，都是建立在许多人的研究成果基础之上的。以下人员参与了本书的撰写，在此一并感谢。

第一章：薛澜、李瑞；

第二章：李瑞、梁正；

第三章：梁正、李佳钰；

第四章：杨芳娟、梁正、李瑞；

第五章：梁正、庞桢敬；

第六章：肖小溪、徐然、杨光、徐芳；

第七章：梁正、刘玮辰；

第八章：李哲、刘东、蔡笑天；

第九章：梁正、杨芳娟、李瑞；

第十章：梁正、李瑞、殷明曦、刘玮辰、庞桢敬。

由于时间紧张、水平有限，书中不足之处在所难免，欢迎大家批评指正！

本书作者

2021年8月

CONTENTS

目 录

CHAPTER 1

第一章

创新驱动发展与科技创新治理体系现代化

一部人类社会发展史，就是一部创新史。创新带来技术与产业更替升级，不仅深刻改变人类生产生活，推动社会发展进步，而且奠定一个国家综合实力和国际竞争力的基础。2020年10月，党的十九届五中全会吹响了我国从创新大国向创新强国转变的号角，提出“坚持创新在我国现代化建设全局中的核心地位”。在创新强国的建设进程中，科技创新治理体系现代化至关重要，是决定科技创新可持续的底层支撑。新时期，科技创新治理体系现代化建设机遇与挑战并存。一方面，我国正在从技术跟踪追赶走向创新“无人区”，失去技术和治理的参照物，创新成本提高、风险加大，科技创新治理体系现代化是中国科技创新航船沿着正确航向的重要保证。另一方面，在可预见的未来，全球科技博弈将持续进行并愈加激烈，世界格局受科技创新力量对比悬殊影响将会发生深刻调整。科技创新治理体系现代化是一项系统工程，需要科技创新与制度创新两个轮子一起转，不断完善创新生态体系建设。

第一节

坚持创新在现代化建设全局中的核心地位

《中华人民共和国国民经济和社会发展第十四个五年规划和2035年远景目标纲要》开启全面建设社会主义现代化国家新征程，将创新放在了具体任务的第一位，并明确提出“坚持创新在我国现代化建设全局中的核心地位”，把科技自立自强作为国家发展的战略支撑。随着创新发展理念的落实和创新驱动发展战略的实施，创新将为现代化建设提供澎湃原动力，推动我国走出一条从人才强、科技强到产业强、经济强、国家强的现代化建设新路径。

一、创新战略地位进一步凸显

中华人民共和国成立后，创新在国家发展中的作用得到党中央高度重视。20世纪50年代制定的《1956—1967年科学技术发展远景规划》，为中华人民共和国科技事业发展和“两弹一星”的成功研制奠定了基础。改革开放以来，从提出“科学技术是第一生产力”到实施科教兴国战略、自主创新战略，再到实施创新驱动发展战略，无不体现了党中央对科技创新重要作用的深刻认识、对国际国内发展形势的准确把握。

从国际发展形势看，新一轮科技革命加速演进，一些重大颠覆性技术创新正在创造新产业新业态，这为中国创新发展提供了难得的历史机遇。在世界近代史上，中国屡次与科技革命失之交臂，令人扼腕叹息。今天，中国在科技创新领域的巨大进步使我们具备了参与和引领新一轮科技革命和产业变革的潜力，历史将不能容忍我们丧失这样的重大发展机遇。与此同时，近年来，美国对中国科技发展开始采取更加系统、针对性更强、范围更大的一系列限制措施。美国通过出口限制、出口封锁、实体清单、技术转移清单等手段，对中国高科技企业进行制裁、对产业政策进行施压、对科研人才和学术交流进行限制，使得中国的国际科技合作环境不断恶化。

从国内发展形势看，科技创新是百年未有之大变局中的一个关键变量，开启全面建设社会主义现代化国家新征程，我们比过去任何时候都更加需要科学技术解决方案，都更加需要科技创新自立自强，需要将创新能力扎根中国，让中国创新的基石能够防范各种可能的外部风险，不会因为国际风云变幻而有所动摇。核心技术是国之重器，靠化缘要不来，花钱买不来，市场换不来。只有大力提升自主创新能力，才能从根本上保障国家经济安全、国防安全和其他安全。加快实现科技自立自强，还是构建新发展格局的关键。要强化科技创新的高水平供给能力，加强关键核心技术攻关，清除“卡脖子”的堵点，为畅通国内大循环扫除创新障碍。

正是在这样的重大关头，以习近平同志为核心的党中央审时度势，把创新在国家现代化建设中的地位提升到了新的高度。《中华人民共和国国民经济和社会发展第十三个五年规划纲要》就把创新放在了新发展理念之首，明确提出“创新是引领发展的第一动力”，首次把创新放在国家发展的关键地位。《中共中央关于制定国民经济和社会发展第十四个五年规划和二〇三五年远景目标的建议》进一步明确提出“坚持创新在我国现代化建设全局中的核心地位”。这些重要论述，一以贯之阐明了科技创新在我国目前发展阶段的战略地位和重大作用。

二、我国进入建设世界科技强国关键阶段

1985年，我国开启了科技体制改革的大幕，30多年来实现了创新发展的历史性跨越。载人航天和探月工程、超级计算、载人深潜、中微子振荡、量子反常霍尔效应、诱导多功能干细胞等近期取得的重大成果，成为我国创新体系的骄傲。在基础研究领域，中国科学家对全球科学论文的贡献已经位列全球第一，高水平论文近年来也位居世界前列。高速铁路、水电装备、杂交水稻、基因测序、5G移动通信、电子商务等重大技术突破及其推广，对我国经济社会发展起到了引领和支撑作用。可

以说，我国已进入建设世界科技强国的关键发展阶段。

但也必须清醒看到，通往世界科技强国的道路并非坦途，我国建设世界科技强国还面临一系列挑战。区域发展不平衡对制定和执行创新驱动发展战略提出了更高要求。经过改革开放40多年的发展，东部沿海一些地方已进入信息化时代，紧随世界科技前沿发展，有的还成为产业创新的策源地。但中部和东北地区的很多地方仍然处在工业化阶段，传统制造业亟待转型升级；西部不少地方传统农业仍然占很大比重，技术水平落后，劳动生产率低下。这对制定和执行创新驱动发展战略提出了更高要求。谋划创新发展必须看到这一国情，更加全面综合地制定和执行创新驱动发展战略。

特别是，创新体系还存在一些老大难问题需要加快解决。例如：事业单位改革滞后，大学和科研院所的人事及薪酬制度远远落后于创新发展的时代要求；按照充分调动广大科技人员积极性、创造性的要求衡量，我国科研项目和经费管理体制还有诸多不完善之处；知识产权保护薄弱的顽疾仍然困扰着企业创新发展。此外，如何营造产业巨头与中小微企业共存的市场生态以促使中小微企业的创新活力与产业巨头的生产营销能力通过资本市场运作有机结合起来、政府支持创新的公共政策如何改革创新、如何在鼓励创新的同时有效规避创新风险，都是我们必须思考和回答的问题。如果在这些难题的改革方面犹豫不决，我们就有可能丧失机遇、不进反退。相反，如果我们能够迎难而上、坚持改革，就有可能抓住机遇，突破障碍，实现创新引领的高质量发展。

三、让创新成为经济社会发展的战略基点

党的十九届五中全会已经非常明确地指明了发展方向：坚持创新在我国现代化建设全局中的核心地位，把科技自立自强作为国家发展的战略支撑，摆在各项规划任务的首位。未来科技创新工作导向要坚持“四个面向”：一要面向世界科技前沿，加强基础研究，增强原始创新能力；二要面向经济主战场，培育发展新动能；

三要面向国家重大需求，构筑国家先发优势，在一些事关国家战略全局的重大领域方面超前布局；四要面向人民生命健康，健全支撑民生的科技创新体系。

首先是要加快推进体制机制创新，实现科技创新和体制机制创新双轮驱动、平衡发展。创新驱动发展是一个系统工程，需要科技创新和体制机制创新的平衡与协调。从实际情况来看，各部门、各级政府在推动科技创新方面高度重视、工作积极，设立了各种项目、基金支持创新发展；但在深化体制机制改革、推进体制机制创新方面往往做得不够。实际上，恰恰是体制机制的改革与创新才能从根本上调动人的积极性，激发组织的创新活力，对创新活动产生持久的激励作用。因此，应改革政府部门激励机制，把体制机制改革作为考核落实创新发展理念的一项重要内容，让转变思想观念、摒弃不利于创新的陈旧思维、调整不适应创新发展的生产关系成为创新驱动发展的中心工作，使科技创新与体制机制创新两个轮子转得更快、更协调。

其次是要把创新扩散放到与前沿创新同等重要的地位，推进产业全面创新。我国经济的多元性和巨大体量使得经济转型发展不仅需要前沿创新领域的突破，而且需要创新科技在整个经济体系中扩散、在各个行业中发挥作用。创新扩散的本质是让前沿创新思维和先进科学技术扩散和渗透到经济社会发展的方方面面，从而大大提高经济的整体运行效率。实际上，决定一个国家创新发展成败的往往不是有多少前沿创新成果，而是创新成果扩散的范围和速度。有学者观察到，我国产业空间存在着两个世界：一个是“玩转炫酷黑科技”的世界，做的是人工智能、清洁能源、纳米材料……这些是人才、资金、政策和媒体关注的热点；另一个是传统产业的世界，工艺流程陈旧，技术含量不高，市场逐步萎缩，甚至与时代渐行渐远。这样的景象是我们不愿意看到的，也是不利于实现创新驱动发展的。国际国内大量事实表明，前沿创新的发展并不必然以传统产业衰落为代价。只要政策得当，在推动前沿创新的同时对创新扩散给予足够重视，传统产业就能在新技术、新理念的推动下转型升级、焕发青春。这就要求各级政府、各个行业高度重视创新扩散，实现前沿创新与创新扩散有机结合，使前沿技术和创新理念辐射到我国经济的每一个角落，激发每一个行业和企业的创新活力。

第二节

创新驱动发展，机遇与挑战并存

中国科技创新近年来努力奋进，不断攀登，解决了许多制约国民经济发展的重大难题，取得了一系列具有标志性意义的重大成就。以2020年为例，我国自主建设、独立运行的北斗三号全球卫星导航系统实现全球覆盖，圆了中国人的“全球梦”；首次火星探测任务“天问一号”探测器由长征五号遥四运载火箭发射成功，开启火星探测之旅；我国研发设计的具有完全自主知识产权的三代压水堆核电技术“华龙一号”全球首次并网成功，标志着我国打破了国外核电技术垄断，正式进入核电技术先进国家行列；国产操作系统银河麒麟V10面世，作为国内首款具有内生安全体系的操作系统，有能力成为承载国家基础软件的安全基石。这些标志性的成就，让我们对中国未来实现创新驱动发展充满信心。但是，通往世界创新强国的道路并非坦途，尚有很多阻碍创新发展的体制机制问题亟待解决。

一、不平衡不充分的发展对制定和执行创新驱动发展战略提出了更高要求

党的十九大报告提出了我国社会主要矛盾的新表述以及现代化经济体系的新概念。新时代建设现代化经济体系，需要紧扣社会主要矛盾，即“人民日益增长的美好生活需要和不平衡不充分的发展之间的矛盾”这一重大变化，着力解决好发展的不平衡不充分问题，实现高质量发展，更好满足人民日益增长的美好生活需要。我国现代国民经济体系始于中华人民共和国成立之际，改革开放以来逐步发展完善。现代化经济体系，是以全面建成社会主义现代化强国为目标，对传统经济体系的转型升级。在发展方式上，要实现从数量速度型向质量效益型的转变；在经济结

构上，要实现产业体系特别是供给体系迈向全球价值链中高端的结构优化；在增长动力上，要实现从依靠要素投入向依靠创新驱动和全要素生产率提升的转换。在“十四五”时期及今后相当长的一段时期内，我国经济要向形态更高级、分工更优化、结构更合理的阶段演化。实现这样广泛而深刻的变革是一个巨大的挑战。传统的粗放型增长模式简单追求增长速度，显然是行不通的。要充分发挥创新作为发展第一动力的作用，支撑现代化经济体系建设，化解新时代我国社会主要矛盾。

二、科技创新复杂性提升对科技创新治理体系建设提出了更高要求

当前，科技创新突破的难度和复杂性空前提升，科技创新领域的竞争逐步演化为系统之间的竞争。在宏观层面，当今世界正处于一系列重大科学发现和关键核心技术突破的前夜，诸多前沿科学领域的探索正深入“无人区”腹地，需要学科、产业、区域、机构之间更为紧密、更具深度的交叉、融合和集成，协同攻关。在中观和微观层面，科技创新活动与经济社会的相关性日益增强，研究者、投资者、开发者、生产者、服务者、应用者的互动合作越来越紧密。从研发设计、技术集成、生产组织，到价值实现和利益分配，供需互动的形式更加多样、速度更快、界面更加模糊，围绕核心产品或服务，形成了无数个持续动态演化的生态系统。因此，大至国家，小至产品和服务，科技创新领域的竞争都已超越微观组织和个体层面，实际上已成为创新体系和创新生态系统之间的竞争。

中国的科技创新体系从1985年开始经历了几次重大改革。但从微观层面看，科研院所的使命定位、运行模式和治理结构仍然严重脱节，符合新时代发展要求的现代科研院所制度和现代大学制度没有完全建立；从宏观层面看，符合自强自立要求的现代化国家创新体系尚未形成，企业、高校和科研院所间仍然缺乏有机联系，知识和人才的流动不够顺畅。此外，创新活动归根到底是市场经济条件下创造价值的活动，企业对于创新活动的投入能否得到合理回报，很大程度上与市场环境相关。如果创新创业手续烦琐、融资困难，如果知识产权保护不能落到实处，如果大肆排

污可以不计后果，凡此种种，都会破坏创新的环境，压抑创新创业的热情。如何营造产业巨头与中小微企业共存的市场生态以促使中小微企业的创新活力与产业巨头的生产营销能力通过资本市场运作有机结合起来、政府支持创新的公共政策如何改革创新、如何在鼓励创新的同时有效规避创新风险，都是我们必须思考和回答的问题。

三、科技创新模式多元化对科技创新治理能力提出了更高要求

多元创新力量逐步崛起，与传统建制性科技组织一起成为科技创新的重要力量。一方面，世界主要国家对高校、科研院所、具有研发能力的大型企业等建制性科技力量在创新突破方面都寄予厚望，并赋予其在前沿基础领域深耕和关键核心领域攻坚的重任。另一方面，随着创新基础设施成熟度的持续提升，分散在社会各个角落的创新愿望和创新能量被进一步激发，高成长性创新型企业、新型研发机构以及社会公众正成为科技创新的新锐力量。另外，随着新一代信息基础设施的日臻成熟，网络化、数字化、平台化及社会化的趋势明显，策略化、有组织的颠覆式创新初见端倪。

作为一个经济和体制双重转型的大国，我国创新模式多元并存。以企业间充分竞争为基础的市场竞争型创新模式是推动创新发展的重要动力，提高了各个行业的技术水平，增强了我国产业发展的国际竞争力。同时，在一些重大基础设施、国家战略需求、公益性较强的领域，由政府组织和引导，发挥集中力量办大事的优势，推动移动通信、载人航天、北斗导航、高速铁路等领域取得重大创新成果，形成了具有中国特色的战略导向型创新模式。此外，在以互联网为基础的数字经济领域，产生了百度、阿里巴巴、腾讯、滴滴等数字经济新星，形成了创新发展的互联网经济创新模式。如何认识多元创新模式成功背后的一般规律和局限性、如何针对不同类型的创新模式出台恰当的创新政策等，都对政府治理能力和政策水平提出了新的更高要求。

四、新经济发展的不确定性对科技创新治理的质量和效率提出了更高要求

当下正在发生的第四次工业革命，从本质上说是由人工智能、生命科学、物联网等新兴技术带来的物理空间、网络空间和生物空间三者的融合。与前三次工业革命相比，第四次工业革命在技术发展和扩散速度、对人类社会影响的深度和广度上，都是前三次工业革命远远不能相比的，且存在较高的不确定性和不稳定性，给科技创新治理带来了巨大的挑战：由于涉及面广，治理范围不断扩大，科技创新治理的相关政策设计和制度安排跟不上形势发展；人工智能、基因编辑、生物合成、人机互联等科技突破对社会伦理、社会秩序、生态安全正造成剧烈冲击；数据安全、公众隐私、“信息茧房”等问题对数据治理提出了迫切要求。应该说，新经济多元的创新模式是在中国复杂多变的市场环境和政策环境中形成的。如何认识多元创新模式成功背后的一般规律和局限性，如何针对不同类型的创新模式构建合理的规制体系、出台适当的监管政策，也对政府的公共政策水平提出了更高的要求。正是在这样的背景下，敏捷治理的理念应运而生。

敏捷治理的核心是改变第四次工业革命时期公共政策产生、分析、决策及执行的方式，是吸引所有利益相关方共同参与的、具有适应性的、以人为本的、包容及可持续的政策制定模式。敏捷治理的关键在于政策制定者对时间概念的敏感性，更加积极主动地影响政策过程，从而适应因新兴技术发展而日新月异的社会。敏捷治理在实践中所考虑的主要问题包括：放弃传统治理对效率的片面追求，注重多主体的协同治理，充分运用大数据技术辅助治理，以助推式政策四两拨千斤，建设创新型学习型政府，等等。

第三节

完善科技创新治理体系，推动创新驱动发展

《中共中央关于制定国民经济和社会发展第十四个五年规划和二〇三五年远景目标的建议》明确指出："把新发展理念贯穿发展全过程和各领域，构建新发展格局，切实转变发展方式，推动质量变革、效率变革、动力变革，实现更高质量、更有效率、更加公平、更可持续、更为安全的发展。"改革进入攻坚期和深水区，遇到的阻力越来越大，发展中的问题和发展起来后的问题、一般矛盾和深层次矛盾交织叠加、错综复杂，这就必然会碰到更深层次的体制机制问题，碰到更多牵一发而动全身的问题。新时期科技创新治理需要发挥制度创新的重要作用，不断推进国家治理体系和治理能力现代化。

一、完善创新生态体系建设

当前，我国已转向高质量发展阶段，以创新引领经济发展，不仅需要基础设施等硬件支撑，还需要形成创新驱动发展的实践载体、制度安排和环境保障，打造各类创新主体协同互动、创新要素顺畅流动、创新资源高效配置的良好创新生态。

第一，构建公平竞争的市场环境。这是提高企业创新效率和创新效果的重要方式。说到底，创新是把知识变成价值，而变成价值的场域是市场。如果市场环境不完善，知识产权保护不足，污染排放不受惩罚，创新就不会是企业理性的选择。正因为如此，特别需要进一步推进"放管服"改革，努力通过简政放权、创新监管、优化服务来改革传统的行政管理体制，提升政府治理体系的现代化水平，改善企业营商环境。未来，"放管服"的任务仍然十分艰巨，正如李克强总理所言，"'放管服'改革实质是政府自我革命"，要"用政府减权限权和监管改革，换来市场活

力和社会创造力释放”。

第二，构筑相互依赖、相互制约、共生共荣的多元创新生态系统。创新生态是提升科技创新竞争力的重要源泉。一个相互依赖、相互制约、共荣共生的多元创新生态系统是集政、产、学、研、用于一体的多元化创新共同体，主要包括新技术的创造者——高校和科研院所、新产品的生产者——企业、应用新产品和制造新需求的消费者——用户，以及与各类主体保持联系的支撑者——政府。

第三，逆全球化时代，要坚持构建多元开放的科技创新生态。科技创新的规律证明任何一个创新体系都不能闭门造车，只有开放，才能促进创新资源的全方位流动和有效配置。近年来，逆全球化问题显现。尽管如此，中国还是应保持定力，坚持开放，避免陷入针锋相对的恶性竞争。在坚持开放政策的同时，构建多元包容的人文环境。这样能够使得我们与其他国家，包括欧洲、拉美、非洲国家等加强全方位合作，打造更加多元包容的外部环境。

二、重视政府在创新中的能动作用

在社会主义市场经济从不成熟走向成熟的过程中，在企业创新能力不足的情况下，政府的引导作用至关重要。但是，随着社会主义市场经济体制的不断完善，随着企业的成长与壮大，只有企业才更加清楚本行业的创新机遇与合理的投资方向。在这种情况下，政府作为“教练员”的作用就应逐渐减弱。如果政府对企业创新行为干涉过多，就有可能适得其反，抑制企业的创新活力。因此，在新的环境下加强政策学习，处理好政府与市场的关系，成为各级政府推动创新的必修课。

第一，在一些新兴科技领域，新技术的应用推广需要相应的经济社会基础设施作为支撑。例如，近两年来广受关注的新基建，其本质就是在新发展理念指导下，为了加快实现中国经济社会的数字化转型而开展的与新经济相关的基础设施建设，包括5G、互联网、云计算、区块链、物联网等基础设施建设，人工智能、大数据中心基础设施建设，高新技术产业孵化升级基础设施建设，绿色环保防灾公共卫生服务体系建设，新型城镇化基础设施建设，等等。但必须看到的是，随着中国经济的成熟与发展，不断成长与壮大的企业更加清楚本行业中的创新机遇，更加清楚创新投资的合理方向。即使是公共基础设施，也存在着很多公共部门和市场合作的机会。各级政府在推动新基建项目时，既要勇于承担责任，也应当积极创新投融资模式，动员社会各方面的力量，为中国未来创新驱动发展构建新型基础设施。

第二，强化战略科技力量。进入新发展阶段，无论是应对国际科技经济竞争格局的深刻变化，还是催生发展新动能，都需要有一支科技创新的主力军，包括国家重点实验室、研究型大学、科研院所国家队，还有行业创新型领军企业等。国家战略科技力量应该有雄厚的创新能力的积累，能够针对我们当前面临的一些难题和“卡脖子”问题，着力解决制约国家发展和国家安全的重大难题，体现国家意志，服务国家需求，代表国家水平，在维护国家战略利益的关键时刻，能够挺身而出，承担重任。强化国家战略科技力量需要加强系统设计和顶层谋划，在国家层面进行系统布局，包括加快建设国家实验室，重组国家重点实验室体系，发挥好高校和科研院所国家队作用，培育更多创新型领军企业，打造一批具有国际竞争力的区域创新高地。

第三，让企业成为真正的创新主体。加快实现科技自立自强，很重要的一点就是要增强企业的技术创新能力，这是整个国家创新体系里的重要一环，也是加快构建新发展格局、畅通国内国际双循环的一项重要任务。除了支持从大企业到中小企业的研发与创新活动外，还应当支持组建创新联合体，就是要鼓励创新龙头企业敢于在创新前沿的“无人区”和高风险领域加强合作。同时，通过创新平台的搭建，将大企业和中小企业有机结合起来，构建更加丰富的创新生态，加强高校、科研院所的科技成果集成，统筹行业上下游的创新资源，形成体系化、任务型的协同创新模式。关于创新联合体的运行机制，要以市场机制为纽带，产学研各方共同参与、共同投入、共享成果。在政策支持上，完善各项优惠政策，支持企业加大基础研究投入，推动高层次人才向企业集聚，让企业真正成为创新主体。

三、深化科技资源配置与体制机制的改革

当前，我国科技创新整体实力已接近世界第一方阵。研发投入总量已达到世界第二；创新成果竞相涌现，我国已成为世界最大的科技论文产出国、专利申请国，科技创新应用已渗透到我们生活的方方面面。应该说，无论是科技创新能力还是创新速度，我们都实现了历史性的跨越。尽管如此，和先进国家特别是美国相比实际还是存在相当差距，原创性基础研究仍然是科技创新领域的一块短板。

加强原创性基础研究，需要做到：一是继续加大投入，同时进一步优化基础研究投入结构；二是强化顶层设计和系统布局，如加大对冷门学科、基础学科和交叉学科的长期稳定支持力度；三是为科研人员营造适合创新创造的学术环境，建立符合基础研究规律特点的评价机制，强化以学术贡献和创新价值为核心的评价导向，探索实行长周期评价，让科研人员静心思考、潜心研究。此外，要注重给高校、科研院所充分自主权，让它们根据所在领域的特点来确定通过何种方式进行评价和激励。

应当看到，创新驱动发展是一个系统工程，需要国家创新体系与市场体系有机结合。经过多年的科技体制改革，中国的国家创新体系取得了巨大的进步，但一些长久困扰发展的体制机制问题仍然存在。例如，科研机构和高校的管理体制改革滞后，使得其人事及薪酬制度落后于创新发展的时代要求，阻碍了科研人力资源的流动和有效配置，抑制了科技创新巨大潜力的发挥。此外，科研项目和经费管理的不合理限制和约束，一定程度上也挫伤了广大科研人员的创新积极性。只有面对这些问题，鼓足勇气，下决心推动改革，敢于触动深层次利益关系的调整，加强现代科研院所制度建设、加强现代大学制度建设，才能够健全符合科研规律的科技管理体制和政策体系，使得中国科技创新的发展有能力支撑创新驱动发展，为实现“两个一百年”奋斗目标作出应有的贡献。

CHAPTER 2

第二章

中国科技创新体系发展面临大变局

当今世界正经历百年未有之大变局，新一轮科技革命和产业变革深入发展，世界各主要经济体在科技创新领域的竞争达到空前激烈的程度。国际环境日趋复杂，不稳定性不确定性显著增加。与此同时，我国经济发展经过了几十年的高速增长之后，已向高质量发展阶段迈进。国内外局势的深刻变化、新科技革命和产业变革的发展规律，对科技创新体系的完善提出了更高更迫切的要求。

第一节

新一轮科技革命和产业变革加速孕育

当前，新一代信息技术取得突破并持续向各领域扩散和渗透，众多产业领域数字化、网络化、智能化加速推进，尤其是新一代信息技术与代表未来科技创新制高点的新能源技术、新材料技术和生物技术等技术相融合，全社会呈现出技术群体性突破、系统性创新的繁荣景象。世界经济论坛创始人克劳斯·施瓦布认为，目前整个世界处于第四次工业革命的初期，生产方式、消费方式和关联方式正在物质世界、数字世界和人类自身相融合的驱动下，发生着根本性的转变[1]。

一、新一轮科技革命和产业变革的历史方位

对科技革命及产业革命的讨论要从科学、技术和创新的基本概念及其相互之间的关系说起。近代以来，世界经历了两次科学革命、五次技术革命以及三次工业革命[2]。

近代科学产生以来，人类经历了两次科学革命：第一次以伽利略、牛顿等人的研究成果为代表的经典力学体系的确立为标志；第二次以爱因斯坦、普朗克等人的研究为代表的广义相对论和量子力学体系的确立为标志。不可否认的是，当今世界的科技创新，仍然处于相对论和量子力学的范式统治之下，新科学革命未见端倪[3]。引力波、黑洞的研究还是在验证相对论的假设，量子力学仍然是研究热点，对基因、细胞、组织等的研究可以看作在本学科领域范围内的范式革命，能够

[1] 克劳斯·施瓦布：《第四次工业革命》，李菁译，中信出版社，2016。

[2] 尽管目前学界对技术革命和工业革命的次数和周期尚未形成一致意见，但对其整体的发展历程已经形成基本共识。

[3] 中国科学院：《2019高技术发展报告》，科学出版社，2020。

在更大范围内对学科体系、理论体系和研究范式产生颠覆性影响的科学革命还未出现。

技术革命是新技术突破和扩散所引发的新技术经济范式创立和发展的过程。从20世纪初开始，随着科学与技术的结盟[1]，技术革命越来越体现为在应用层面对科学革命成果的效果吸收，这一过程往往需要几次技术革命才能完成。演化经济学和创新经济学对历次技术革命进行了深入刻画。根据弗里曼（Freeman）和佩蕾丝（Perez）的研究，技术革命周期和经济发展周期有着紧密联系。自1780年工业化以来，共发生了五次技术革命，每次技术革命过程构成一次康德拉季耶夫波[2]，大约延续50年。根据熊彼特的商业周期理论，一次康德拉季耶夫波可以简单分为前后两个阶段，前一阶段为主导技术群和新兴产业爆发、成长阶段，后一阶段是主导技术群和新兴产业成熟和扩散阶段。目前，世界处于第五次技术革命即信息和通信技术革命的后一阶段（见图2-1）[3]。在这一阶段，随着信息和通信技术（Information and Communication Technology，ICT）日臻成熟，技术门槛和产业门槛大幅降低，其潜能开始加速向其他经济部门横向扩散，表现为与物理世界、生物世界的相互渗透融合，信息技术迈入全面扩散的“拓展期”。

[1] 清华大学教授梁正认为，尽管科学与技术之间并没有“泾渭分明”的界限，但是在工业革命之前，知识生产在经济活动中的作用基本上没有体现，知识活动和经济活动也就“人为”地被分割为不同领域。

[2] 经济学家尼古拉·康德拉季耶夫（Nikolai D. Kondratieff，1892—1938）指出，经济发展有一个50年左右的长波周期，历经振兴期、繁荣期、衰退期、萧条期四个阶段。

[3] 第五次技术革命始于20世纪90年代，以50年为波长，应该到2040年前后结束，2015年左右为中点。

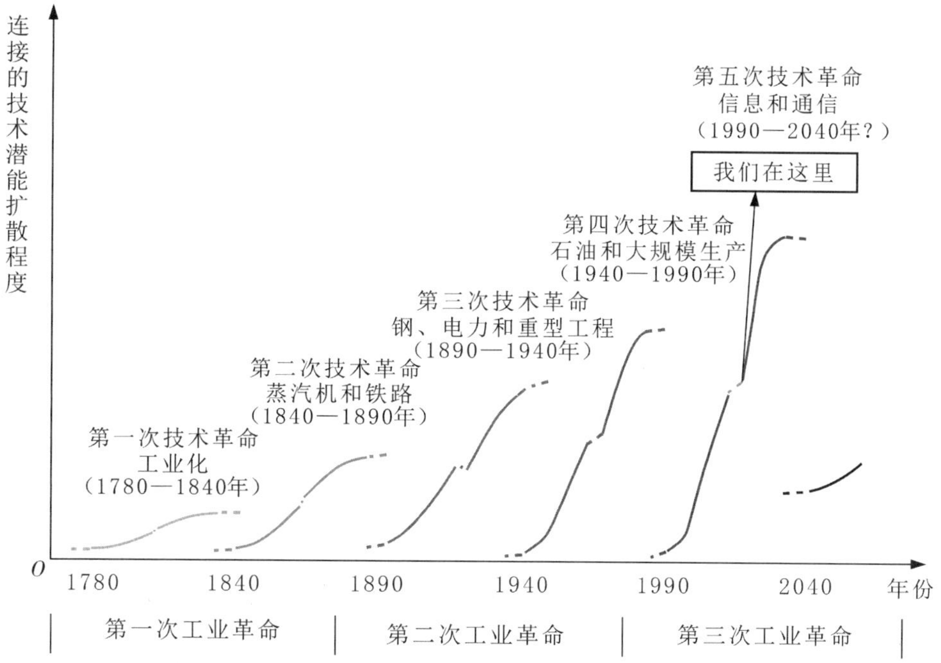

图2-1 工业革命以来的五次技术革命波

资料来源：Carlota Perez，*Technological Revolutions and Financial Capital：The Dynamics of Bubbles and Golden Ages*（Cheltenham：Edward Elgar Publishing，2003）；Chris Freeman，"The Economics of Technical Change，" *Cambridge Journal of Economics*，No.5（1994）：463-514.

工业革命是科学技术发展带来的巨大的产业、社会和经济变革，不仅包括科学革命、技术革命，还包括组织结构和生产方式的变革等。技术革命将带动形成大规模的基础设施、生产线投入，从而带动工业革命的产生。随着工业革命的深入发展，人们的理念、制度将会面临挑战，生活方式也在一定程度上发生变化，进而形成了社会革命。当前第四次工业革命之所以兴起，是由于人工智能、数字制造和工业机器人等基础技术的成熟和成本下降，以数字制造和智能制造为代表的现代制造技术对既有制造范式的改造以及基于现代制造技术的新型制造范式的出现，其核心特征是制造的数字化、智能化和个性化[1]。

[1] 黄群慧、贺俊：《"第三次工业革命"与中国经济发展战略调整——技术经济范式转变的视角》，《中国工业经济》2013年第1期。

二、新科技革命和产业变革的典型特征

新一轮科技革命是一次广泛而深刻的产业变革和社会变革，具有区别于历次科技革命和产业变革的显著特征：

第一，前沿科技领域呈现多点群发态势，多技术群相互支撑、齐头并进、链式发展，正在加速孕育和催生一批具有重大产业变革前景的颠覆性技术。与历次工业革命不同，人们很难简单将其归结为某种通用目的技术（General Purpose Technology，GPT）的突破性创造，例如第一次工业革命中的蒸汽机技术、第二次工业革命中的电气化与流水线技术和第三次工业革命中的计算机技术等[1]。新一轮科技革命和产业变革是由新一代信息技术为代表的一组技术驱动，是数字化、网络化、智能化和绿色化四大趋势的多点爆发、多领域创新。在信息科技领域，以芯片和元器件、计算能力、通信技术为核心的新一代信息技术正处于重要突破关口。生命科学领域，基因组学、合成生物学、脑科学、干细胞等领域的突破性进展正全面提升人类对生命的认知能力、调控能力和改造能力。在能源领域，可再生能源、大规模储能、动力电池、智慧电网等成为重要发展方向。新材料领域正在向个性化、复合化和多功能化方向发展。深空、深海、深地的探测不断拓展。

第二，科学研究的日益深入和研究技术手段的革新，正在引发科研范式变革。一方面，随着技术研究向超宏观、超微观和极端方向发展，重大理论发现和科学突破越来越依赖于先进的实验装备和重大科技基础设施等科研条件。最近几十年物理学的三个重大突破——中微子振荡（1998年）、希格斯粒子（2012年）、引力波（2016年），都是依托大科学装置实现的。后两项成果在发现后的第二年就获得了诺贝尔物理学奖。另一方面，数据驱动的第四范式正在成为继实验科学、理论演绎和仿真模拟之后的新科研范式，这得益于互联网技术、超级计算、环境科学、生物医药等研究产生的海量数据。2020年新冠肺炎疫情中，中国科学家采用宏基因组下

[1] 原磊：《新一轮科技革命和产业变革背景下我国产业政策转型研究》，《中国社会科学院研究生院学报》2020年第1期。

一代测序（mNGS）技术，仅用一周多时间就完成了分离病原体和破解基因序列的工作，创造了人类认识新发传染病的最短时间纪录。

第三，科技革命与产业联系更加密切，传统意义上的基础研究、应用研究、技术开发和产业化边界日趋模糊，科技创新链条更加灵巧，技术更新和成果转化更加快捷，产业更新换代不断加快（见图2-2）。与历次工业革命相比，第四次工业革命中的各项技术创新和扩散速度前所未有，是以指数级而非线性速度展开的[1]。伴随着新兴技术的大规模扩散及应用，产业的规模效应和技术的快速迭代使得技术的应用成本大幅下降。以人类基因组计划为例，自1990年正式启动以来，耗费近30亿美元，由美国、英国、法国、德国等国家的科学家共同参与，于2003年完成。此后，一系列的技术进步在DNA（脱氧核糖核酸）测序和大规模基因组数据分析中崭

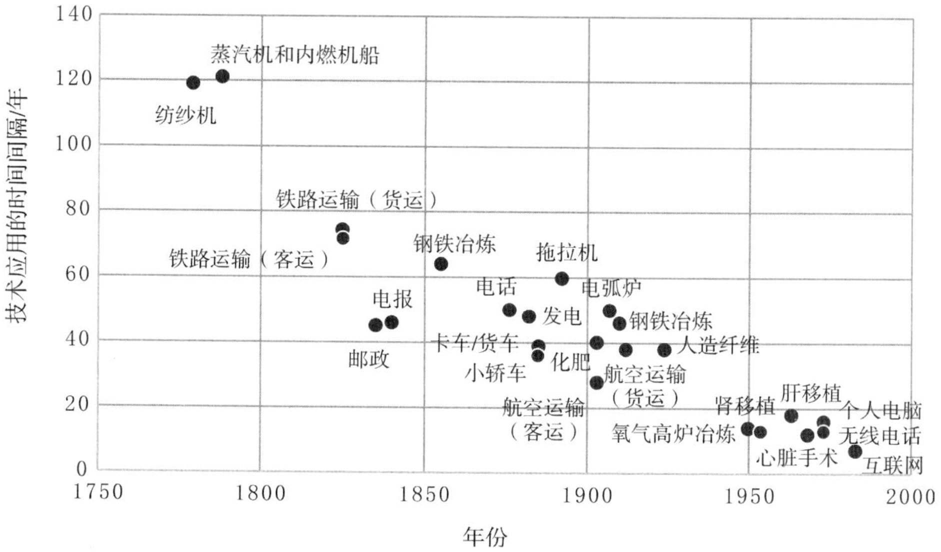

图2-2　技术应用的时间间隔随工业革命的发展缩短

资料来源：Diego Comin and Marti Mestieri, “If Technology Has Arrived Everywhere, Why Has Income Diverged?,” *American Economic Journal: Macroeconomics*, No.10（2013）: 3.

[1] 《“人文清华”讲坛|薛澜：第四次工业革命来了！中国准备好了吗？》，https://www.sohu.com/a/235312115_688725。

露头角，对单个个体全基因组进行测序的时间和成本急剧下降，下降速度甚至超过了引领第三次工业革命的半导体产业发展的摩尔定律。目前，全基因组测序成本已经下降到1000美元以内（见图2-3）。

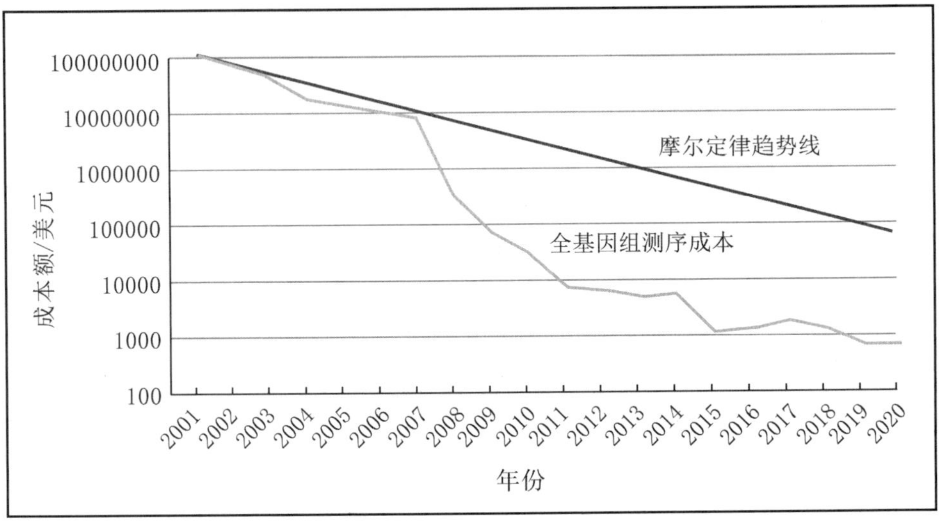

图2-3　全基因组测序成本快速下降[1]

第四，技术创新、商业模式和金融资本深度融合，各类创新要素空前活跃，研发组织模式呈现网络化、平台化、生态化特征，研发理念越来越强调需求导向和完整解决方案的提供，金融资本已经成为助推科技创新创业的重要力量。例如，2016年，美国发布《国家制造创新网络计划：战略规划》，目标之一就是“制造业创新机构必须发展出一个可持续发展的商业模式”。这种商业模式的要点在于制造业创新机构必须得到其成员和其他来源的资源的充分支撑，进而能够从联邦资助中独立出来，形成一个健康的创新生态，为其成员输送有益帮助，并使其都能专注于机构的技术领域。再比如，近年来以新一代信息技术为代表的新兴技术持续突破，“客户经济”“平台经济”“共享经济”“租赁经济”等新经济商业模式创新层出不

[1]　“The Cost of Sequencing a Human Genome,” https://www.genome.gov/about-genomics/fact-sheets/Sequencing-Human-Genome-cost。

穷，企业间的竞争已经发展成为以技术竞争为引领，依靠商业模式、平台和标准的全面竞争[1]。

第五，以“互联网＋”“智能＋”为代表的数字经济蓬勃发展，驱动经济社会加速向数字化转型。数字技术与生物科学、新材料、新能源等领域加速融合创新，创造了工业互联网、能源互联网、智能材料、生物芯片等新的产业形态和商业模式，引发多领域、多维度、系统性、革命性、群体性突破。根据中国信通院测算，2019年，47个国家数字经济占GDP（国内生产总值）比重达到41.5%，德国、英国、美国数字经济占比位居世界前三，均超过60.0%，中国目前为36.2%[2]。

三、产业数字化转型深入发展——以先进制造为例

新一轮科技革命的出现主要源于数字技术的突破、扩散和应用，并带动更大范围的产业变革。由于生产制造领域在节约生产成本、提升动态效率和创新能力等方面带来的巨大“使能”作用，新一代信息技术迅速在各个领域得以应用。与此同时，众多先进制造技术不断涌现，结合新一代信息技术，制造技术系统得以重塑，与经济社会条件相适应的新的制造范式出现。伴随着人力资本投入、企业战略方向调整以及产业组织形态革新，关于技术、管理、制度协同变革的新技术经济范式正在孕育。当前这场在全世界范围内正在发生的新科技革命和产业变革呈现以下特征：

第一，数据成为一种关键性生产要素全面嵌入经济体系中。数据资源被称为“21世纪的新石油”，由于具有可复制、易传播、跨时空等特性，在各个部门呈现出前所未有的应用潜力。随着5G、物联网、智能终端等数字基础设施的发展，数据要素的流动性和可获得性日益增强，呈现爆炸式增长态势，蕴藏着巨大的潜力和价值。海量、低成本的数据资源结合大规模数据挖掘、机器学习、可视化等多种技

[1] OECD，“Science，Technology and Innovation Outlook 2016，”2016.

[2] 中国信通院：《全球数字经济新图景（2020年）——大变局下的可持续发展新动能》，2020。

术，数据价值持续得到叠加和倍增。数据作为关键性生产要素，能够有效驱动劳动力、资本、技术等要素网络共享、协作开发以及高效利用，提升全要素生产率，为经济社会发展提供新动能。

第二，新一代信息技术的突破性创新与先进制造技术深度融合，新的生产制造范式出现。21世纪以来，以5G为代表的通信技术、以物联网为代表的网络连接技术和以人工智能、云计算为代表的计算技术和处理技术持续取得突破性进展。这些数字技术具有典型的GPT（通用目的技术）属性，发展呈现网络经济特征。GPT的日渐成熟和成本下降，进一步促进了前沿制造技术在大规模流水线和柔性制造系统中的应用，并通过与新材料、新能源等技术的深度融合，催生了工业机器人等可重构生产系统和3D打印等新型制造系统。多层次、多领域的技术创新相互融合、渗透、拓展，孕育形成了新的技术系统，成为促进设计、工艺、装备、管理、服务全面升级的重要力量。制造活动不断向智能化、网络化、绿色化方向发展，催生了以精益生产、柔性生产、敏捷生产为代表的新制造范式，实现了生产效率、产品质量及经济效益的极大提升。

第三，数字经济改变了传统的生产组织与社会分工模式，产业科技创新生态被重塑。数字技术与新一代信息技术、先进制造技术等融入产品研发、设计、制造过程，生产方式由传统的大批量、标准化逐渐转向数字经济时代的智能化、个性化定制。随着网络化、平台化、众包化的新型企业组织模式的发展，基于网络平台的新的协作分工体系正在形成，产业组织方式将会由产业链条式向网络协同式转变。随着制造经济向服务经济转型升级，基于互联网的平台经济体作为资源整合者（上游）、基础设施供给者（中游）、需求创造者（下游）正在加速重塑整个产业链，形成以最终用户需求为导向的数字化产业创新生态系统。新型产业创新生态系统类似于进化论中的“生态群落”，是以数字化、网络化、智能化为核心，聚合众多创新企业，为满足最终用户差异化需求而形成的自组织共同体。在新型产业创新生态系统中，上下游产业（企业）群落间更多的是共生协作的关系，而不仅仅是企业分层关系、供应链管理关系或者集群关系。随着产业界限日渐模糊、产业深度融合、新兴业态不断涌现，全新的产业体系逐步出现，成为新的经济增长点。

四、新科技革命和产业变革对完善国家创新体系提出新要求

创新是驱动经济社会发展的第一动力。新一轮科技革命和产业变革将会改变现有的经济结构乃至世界经济结构。为实现建设世界科技强国目标，完善国家创新体系是把握世界科技创新大势的必然要求。

（一）新科技革命引发产业变革，依赖基础科学突破，具有应用不确定性以及技术演化的非连续性特征，需要更加稳定、包容的公共研发平台

进入20世纪，科学对经济发展的作用越来越凸显，以科学为基础的技术和产业正在成为支撑经济发展的坚实基础，基础研究越来越受到重视。实践证明，基础研究不仅是应用研究和重大创新的源头，作为公共品，同时具有更广泛的扩散效应和放大作用[1]。美国总统科技顾问委员会的研究表明，以科学发现为导向的基础研究是重大的、经济效益最高的技术创新不可或缺的基础。根据美国国家科学基金会（NSF）公布的信息，当今世界60个较具影响力的技术发明，早期都接受过NSF的资助，其中包括互联网、3D打印、量子计算机、全球定位系统等。再比如，在医疗健康领域，创新药物研发集中体现了生命科学和生物技术领域前沿新突破，而先进医疗设备研发体现了多学科交叉融合与系统集成。

当前，一系列新兴技术还处于发展的早期阶段，充满着不确定性，并且技术演化的非连续性导致了创新过程的动态性和技术生命周期的存在[2][3]。各领域多条技术路径正在激烈竞争，企业技术路线的选择蕴藏高风险，特别是一些颠覆性技术所

[1] 吕薇：《多措并举，促进基础研究转化为原始创新能力》，《科技中国》2018年第2期。

[2] G·多西、C. 弗里曼、R. 纳尔逊、G.西尔弗伯格、L. 苏蒂合编《技术进步与经济理论》，钟学义、沈利生、陈平等译，经济科学出版社，1992。

[3] James M. Utterback and William J. Abernathy，“A Dynamic Model of Process and Product Innovation，” *Omega*，No.3（1975）：639-656.

带来的“创造性毁灭”，将加速对传统经济模式下产品、技术、知识、人才的淘汰。要促进技术的迭代发展和广泛应用，需要发挥公共部门在发展关键性技术和战略性产业中的重要作用。从公共科技投入角度建立开放、包容的公共技术研发平台，对基础研究持续稳定投入，保持多种技术路线的持续创新，为战略性技术选择开辟空间。同时要强化国家实验室、科学中心和科技创新中心的国家使命导向，为迈向世界科技强国奠定扎实的组织基础。

（二）全球产业分工结构向分散化转变，产业竞争范式向生态系统间竞争转变，需要构建由核心企业引领的产业链创新共同体

克劳斯·施瓦布在《第四次工业革命》一书中指出，第四次工业革命如果不加控制，将扩大资本回报和劳动力回报的差距，全球最富1%人口拥有的财富量将超过其余99%人口拥有的财富的总和，国家之间、地区之间、产业之间、区域之间的结构性不平衡问题将更加严峻。

从产业集中度来看，少数企业主导全球产业链的趋势将加强，产业竞争向生态型转型。尽管新兴技术的爆发及其带来的颠覆性力量可能会为后发追赶者开启“机会之窗”，但是经济和技术领先国家或公司借助资金、技术、人才、知识等关键要素，在技术策源及其应用方面依然占据优势。近年来，一些科技公司在技术突破和集成的基础上，采用共享、众包等新的经济合作形式和商业模式，并通过一系列兼并收购活动将优势扩大到整个行业，大型龙头企业在市场竞争中可谓“赢者通吃”。尤其是以信息技术、数字业务为基础的平台组织，借助商业模式创新、物联网技术、先进算法技术等大规模积累用户数据，规模效应、网络效应极为显著，商业壁垒极高。正如德国《国家工业战略2030》中强调的那样，“规模是关键”。《财富》杂志通过对近30年全球市值前十的公司的变迁进行研究后发现，1990年，全球市值前十的公司大部分是金融行业，在之后的20年发展中，通信和石油企业占据大半市值，而在最近10年间，互联网企业异军突起，以惊人的速度抢占市场，创造了不可思议的商业价值（见图2-4）。

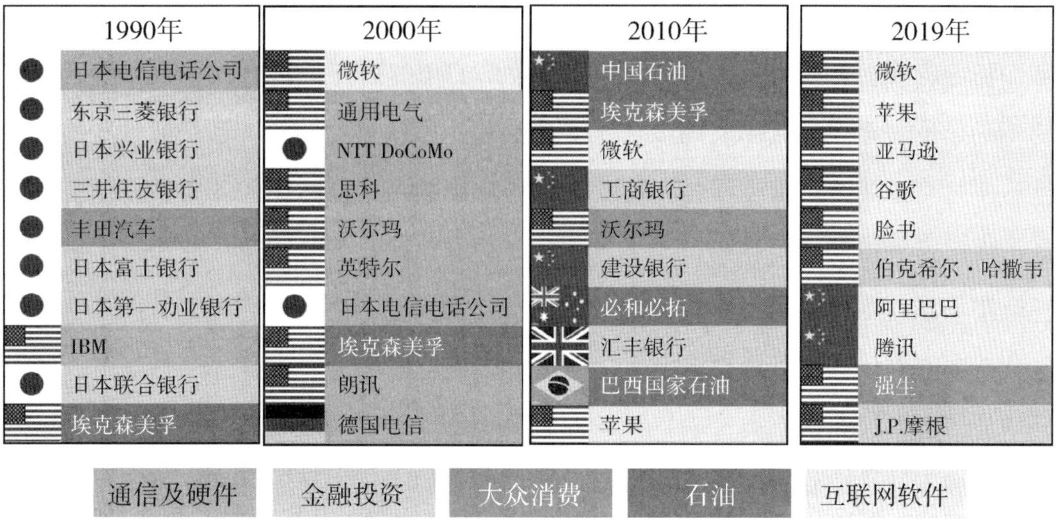

图2-4 全球市值前十的公司变迁

面对如此激烈的全球市场竞争，需要构建由龙头企业牵引、产业链协同、产学研深度融合的创新模式，这是确保产业链安全自主可控的必由之路。在强者恒强的法则下，龙头企业具有强烈的技术革新需求，是参与全球市场竞争的主力军，而中小企业在原始创新、商业模式方面的探索将大大降低整个企业群的创新风险。在新科技革命和产业变革的历史机遇期，中国企业在财力、研发能力存在差距的情况下，打造龙头企业引领、中小企业配合、大中小企业协同发展的产业链创新共同体，产业集群式创新、“大手牵小手”的伙伴关系是降低行业创新风险、保持行业创新活力和竞争力的关键。

（三）新经济的健康有序发展，需要构建多元、协同、敏捷的治理模式

科技发展推动的新经济发展最大的特征就是不确定性，技术应用、商业模式不断改变，行业竞争格局将会发生深刻变革。回顾历次工业革命，在新科技革命和产业变革早期，新兴技术的研发、市场应用以及产业组织具有很大的不确定性，包括政府、企业、大学、用户在内的多元主体共同参与影响乃至形塑技术的发展方向。由于组织性质及制度逻辑的差异，多元主体间的互动是不完全信息的动态博弈，即

多方信息的优劣势、行动的顺序、过程中的或然事件都可能对均衡结果产生影响，从而可能存在多种均衡的结果[1]。从经济效率的角度而言，新兴技术发展及其影响的不确定性需要多元主体共同参与、协同治理，尤其是要充分调动企业创新的积极性，使之真正成为技术创新的主体。在倡导协同共治的同时，尤其要强调政府在新经济部门发展中的重要作用，为无人驾驶、智慧医疗、智能制造等前沿技术领域搭建应用场景，为幼稚产业和先导产业的培育提供条件，使技术和产品（服务）不断迭代走向成熟，开拓市场空间。

新经济发展在给人类带来福祉的同时，也给现有的经济和社会治理带来巨大的挑战。在经济性监管方面，存在着平台经济监管的“双失灵”，即由网络外部性、规模经济和范围经济导致的自然垄断所形成的市场失灵，以及动态发展、快速迭代产生的治理失灵。在社会性监管方面，一系列涉及生命健康安全、隐私保护、生态安全、资源分配等方面的社会问题，对现有科技治理体制与治理能力提出了巨大挑战。

新一轮科技革命和产业变革是一场具有广泛性、深刻性和系统性的社会变革。为引导新经济健康有序发展，需要放弃传统治理对效率的片面追求，加强政策制定对时间的敏感性，管理上充分运用大数据技术实现精准施策；以助推式政策四两拨千斤，建设创新型学习型政府，企业和行业承担相应的社会责任，同时更加积极主动地影响政策过程；构建具有适应性的、以人为本的、包容及可持续的政策制定模式，从而适应因新兴技术发展而日新月异的社会。

面对新科技革命和产业变革的历史性机遇与挑战，中国需要锤炼出谦逊自信的心态、务实平常的心态和开放包容的心态，以科学研究补短板，以技术创新搭桥梁，以制度建设谋远略，努力实现社会预见、同步设计、敏捷治理和全球参与的统一，从而更加积极主动地迎接和拥抱第四次工业革命及其带来的国家治理模式变革。

---

[1] 吕铁、贺俊：《技术经济范式协同转变与战略性新兴产业政策重构》，《学术月刊》2013年第7期。

第二节

国际环境日趋复杂多变

新一代科技革命和产业变革深入发展，国际力量对比深刻调整，全球科技创新发展的中长期态势也在发生重大变化。尽管全球各主要经济体科技博弈加剧、全球产业体系面临重构、长期以来的科技全球化面临困境，尤其是美国对我国的全面打压使我国的科技发展面临严峻的外部形势，但以高水平对外开放打造国际合作与竞争新优势仍将是未来我国国家发展的重要战略支撑。

一、全球科技创新版图正在发生变化

近年来，随着新一轮科技革命和产业变革深入发展，科技创新已成为国家核心竞争力的决定因素。世界主要国家纷纷加大在科技创新领域的人财物投入，前沿科技领域竞争激烈。在这一背景下，全球科技创新版图正在发生显著变化，以中国为代表的一批新兴经济体的创新能力大幅提升，世界版图开始呈现“东升西降”态势。清华大学与施普林格·自然联合发布的《全球科技创新中心指数2020》指出，亚洲成为全球高端生产要素和创新要素转移的重要目的地，特别是东亚将成为全球研发和创新密集区，未来很可能产生若干具有世界影响力的创新中心[1]。

从全球研发投入、论文和专利、人才分布和流动等方面来看[2]，全球科技创新格局及中国位势呈现以下特征：一是全球研发投入快速增长，中美平分秋色。2017年，全球R&D（研究与发展）总支出达5490亿美元，中美R&D总支出分别约占全球

[1] 《全球科技创新中心指数2020》，http://www.naturechina.com/pdf/h5?file=/public/upload/pdf/2020/09/21/5f681242064b6.pdf。

[2] 美国国家科学理事会：《科学与工程指标2020》；清华大学、施普林格·自然：《全球科技创新中心指数2020》。

的25%和23%，二者之和几乎占了全球的半壁江山。二是中国近年来科技创新实力增长迅速，但在高质量成果指标以及成果影响力上存在很大发展空间。2018年，中国在科技论文产出绝对数量上已经超过美国，但高被引论文方面与美国还有一定差距；贡献了几乎一半的全球专利族[1]，但在欧美市场上专利授权量较少。以美国专利商标局（USPTO）公布的专利[2]为例，美国发明人获得了USPTO专利的近一半（47%），日本（16%）、欧盟（15%）也占较大的比例，而中国仅获得了5%。三是以美国为首的发达经济体仍是全球创新要素的主要聚集地，优势依然明显。当前，北美、西欧和东亚是创新活动最为活跃的区域，其中，美国在科技人力资源、科研机构、科技企业等方面均具有较大优势。在排名前十的创新高地中，美国独占三席。

二、全球科技制高点领域竞争异常激烈

2008年国际金融危机后，世界各主要经济体将科技创新作为提振经济的最重要方面，出台国家战略，加强前沿技术领域的布局。以新一代信息技术、生物技术、新能源、新材料等为代表的新技术和战略性新兴产业迅速兴起，这将深刻改变人类社会生产生活方式，并带来世界各国比较优势和竞争优势的再造，重塑国际产业分工和竞合格局，加速改变国际力量对比。总体上看，世界各国的科技竞争主要有以下显著特征：

第一，为抢占科技竞争的制高点，世界各国特别是科技强国都在量子科技、人工智能、生命健康、空间科技等颠覆性技术领域和新一代信息技术（5G、6G）、能源科技、先进制造等基础科技领域加强战略性布局，紧跟科技革命浪潮，以期形成非对称战略优势。

[1] 尽管实用专利是一个可实现跨国比较的指标，然而在全球技术交易市场上，由于并非所有的发明都通过专利的方式受到保护（例如一些发明是通过司法仲裁方式实现专利保护的），专利指标并不能全面反映发明状况。美国国家科学理事会《科学与工程指标2020》采用全球无重复度量的专利族的指标对全球范围内的发明状况进行测度。

[2] 美国专利商标局官网显示了在美国市场上受保护的专利。

美国总统奥巴马2016年签署的《21世纪治愈法案》规定，10年内“强制性支出”48亿美元，用于脑计划、精准医学计划和抗癌“登月”计划三大研究计划。特朗普政府在2018年底通过的为期10年的《国家量子计划法案》明确要求在2019—2023年对美国能源部（DOE）、美国国家科学基金会（NSF）及美国国家标准与技术研究院（NIST）投入约12.75亿美元，推动量子通信、量子计算机和超精密量子传感器三大领域的发展。欧盟计划10年内向人脑计划、石墨烯、量子技术三大未来新兴技术旗舰项目分别投入10亿欧元，这是有史以来规模最大的基础研究项目。日本在《第五期科学技术基本计划（2016—2020）》框架下，以打造“超智能社会”为核心，围绕机器人、传感器、生物技术、纳米技术、材料、光量子等创造价值的核心优势技术，设定富有挑战性的中长期发展目标。

第二，面对新科技革命和产业变革带来的重大机遇，以充分体现新一代信息技术与传统制造业深度融合的智能制造作为重要突破口，逐步成为全球产业竞争制高点重塑的重要方向。世界主要经济体均在智能制造领域加强战略部署，利用科技创新进一步推动产业升级，提高国家竞争力。

基于产业基础、经济发展水平及社会文化体系的差异，各国推进智能制造战略的路径有所不同。美国注重发挥互联网、信息通信、软件等优势，通过国家战略自上而下重塑制造业，于2018年和2019年分别发布《先进制造业美国领导力战略》和《未来工业发展规划》。德国作为传统的工业国，提出工业4.0战略，希望用信息物理技术升级智能工厂中的生产设备，自下而上改造制造业，于2016年和2019年分别发布《数字化战略2025》和《国家工业战略2030》。日本对于未来工业的愿景构想，是与整个社会变革联系在一起的。2017年，日本提出“互联工业”战略，“平行关联”，将人、数据、技术、设备相互连接，提高附加价值，在人才不足的情况下保持现场力，构建“以解决社会问题为导向”“以人为本”的新型产业社会。

中国以2015年国务院印发的《中国制造2025》作为开端，“信息化与工业化深度融合”战略被正式提出，自此中国按下了数字技术融合实体经济的“快捷键”。

为加速融合步伐，社会各界进行了热烈探讨，形成了多种未来制造范式和产业形态的规划及构想，包括中国信通院倡导的“工业互联网”、中国工程院提出的“智能制造”及腾讯公司推动的“产业互联网”等。经过近些年的实践探索，目前中国制造业的转型路径日渐明朗，即以掌握GPT（通用目的技术）的平台企业为核心，布局物联网、大数据中心、工业互联网等新型基础设施建设（新基建），为制造企业数字化转型提供必要的智能化支持与服务，实现生产运营全过程数据贯通（短链）、生产资源全要素网络协同（中链）以及生产活动全场景智能应用（长链）。

三、全球产业体系面临重构

20世纪80年代以来，信息技术和交通运输业的发展带来通信成本和交易成本的持续下降。跨国公司利用发展中国家的劳动力优势和市场优势，将产业链中可分解制造和组装的部分从发达国家转移到发展中国家，促进国际分工从产业间贸易、产业内分工演变为同一产品零部件和不同工序之间的分工贸易，即产品内分工或全球产业链。全球产业链的快速发展改变了世界经济格局，推动国际分工深化和协调产业转移。1995—2008年，全球价值链贸易（简称“GVC贸易”）在全球贸易总量中所占份额不断增加，增长最为迅速。到2008年，GVC贸易已超过全球贸易的一半。然而，自2008年国际金融危机以来，由跨国公司主导的全球产业链未能保持继续扩张的趋势，2008年GVC贸易在全球贸易总量中所占份额明显下降，2010年以后虽有恢复，但近年逐渐步入下行轨道。以大规模跨国投资驱动、高增长中间品贸易为特征的全球产业链步入深度调整期（见图2-5）。此外，作为全球产业链的重要推动者、主导者和有效治理者，近年来跨国公司在海外的资产比例、销售比例、雇员比例均有所下降（见表2-1）。

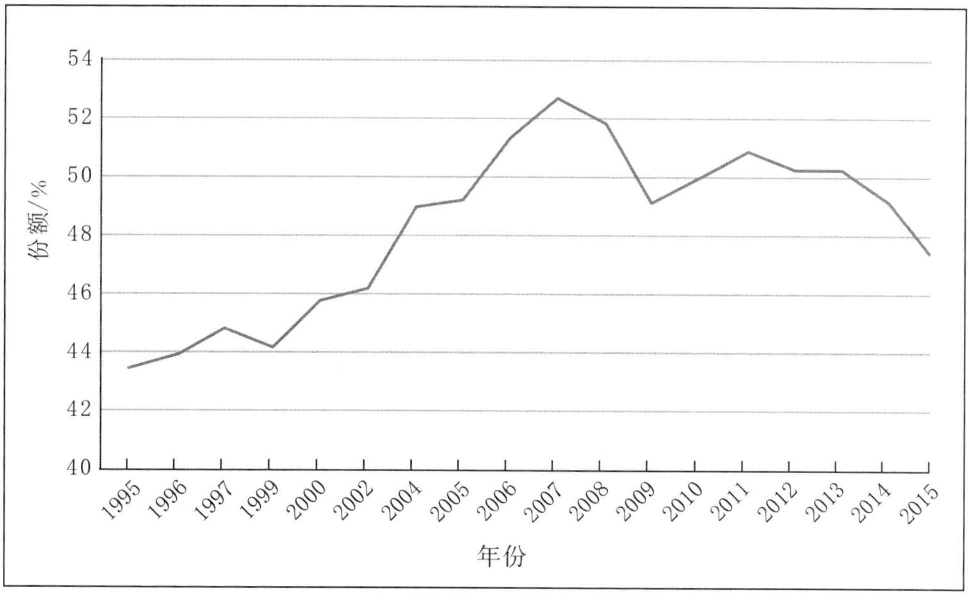

资料来源：WTO，“Global Value Chain Development Report 2019: Technological Innovation, Supply Chain Trade, and Workers in a Globalized World，”2019；江小涓、孟丽君：《内循环为主、外循环赋能与更高水平双循环——国际经验与中国实践》，《管理世界》2021年第1期。

图2-5　GVC贸易在全球贸易总量中所占份额

表2-1　2009年与2016年的跨国指数（%）

比较项	2009年	2016年
海外资产比例	60.20	52.34
海外销售比例	61.63	53.07
海外雇员比例	46.89	41.26
跨国指数	56.67	48.86

资料来源：江小涓、孟丽君：《内循环为主、外循环赋能与更高水平双循环——国际经验与中国实践》，《管理世界》2021年第1期。

本研究认为，全球产业链停顿与收缩主要是因为：第一，新科技革命带来的产业变革为制造业回流提供了条件性要素。由于智能机器对劳动力的替代，中低端产业由劳动密集型向资本技术密集型转变，劳动力比较优势影响力减弱；同时，传统劳动密集型产业与互联网技术结合，衍生出新兴的个性化设计平台和网络销售平台，制造业服务化成为产业转型的重要趋势之一。因此，新科技革命为发达国家制造业回流提供了可能性和必要性。第二，发达国家受经济危机影响，对产业布局进行战略性调整。2008年国际金融危机后，美国意识到1970年以来“去工业化”带来的产业结构空心化问题，面对失业率攀升、制造业地位持续下降、工业品全球竞争力相对减弱，美欧发达国家纷纷以振兴制造业作为重振实体经济、走出经济危机困境的重要抓手，通过实施再工业化战略、工业4.0战略等重振本国制造业。这些举措在一定程度上影响了全球产业链的空间布局，改变了原有的国际分工体系。第三，全球产业链存在风险隐患，难以有效应对大规模危机事件冲击。全球产业分工高效的背后也隐藏着较大风险。2020年暴发的新冠肺炎疫情，凸显了全球产业链分工体系的脆弱性。较长的产业链条、过大的物理距离使全球产业链牵一发而动全身，给全球产业和经济造成灾难性冲击。疫情后，为了避免未来再次遭遇措手不及的窘境和大规模损失，企业建设的供应链系统会要求更加体现自主性和可控性。这样会使企业始终保持一定的生产剩余和更加靠近国内的配置，更多地选择以短期利润换取系统韧性。

四、中美科技竞争加剧

“中美关系已经处于一个特殊时期”，美国战略界普遍强调。自1972年尼克松访华以来，随着中国作为新兴经济体在全球体系中经济地位的提高，美国对华战略由“战略接触”逐渐走向“战略竞争”再到目前的“战略对抗”。进入21世纪，中国在科技创新领域取得的伟大成就对美国昔日的科技霸主地位构成巨大威胁，以及2008年国际金融危机凸显的美国内部矛盾日益激化，历经小布什、奥巴马和特朗普三任总统，美国在科技领域针对中国的全面对抗和博弈的战略选择已经成型，并在美国各界基本达成共识。

自2017年以来，美国对华打压层层升级，从加征关税到“中兴事件”“华为事件”，再到《外国公司问责法案》（2020）和《美国对中华人民共和国的战略方针》（2020）的出台，都清晰表明美国将中国视为战略竞争对手，认为中国的对内对外政策是世界民主和自由的“威胁”。特朗普时期，美国对华打压的“战火”从贸易摩擦升级到金融资本、创新资源，涉及投资限制、技术封锁、科研人才交流中断等各个方面，美国政府遏制中国高科技崛起的战略布局全面展开。

拜登时代，中美科技对抗仍将继续，甚至会有激烈竞争[1]。拜登多次表态指出，美国的科技地位正在受到挑战，而最大的挑战来自中国，中国是美国的头号竞争对手。这种对当前美国科技霸主地位的认识以及对中国的角色定位在美国各界基本上达成了共识。中美之争的实质是以科技竞争为核心的大国博弈，在可预见的未来，美国将持续努力提升在科技创新领域的实力，尤其是加强在前沿科技领域的战略部署，同时针对中国的技术遏制战略方向不会发生实质性转变。从目前的动向来看，与特朗普政府不同，拜登政府的科技策略似乎更加精准、协调，表现在以下方面：

第一，注重增强美国自身竞争优势。除了在竞选中所宣称的要加大科技研发投入外，2020年5月，由美国共和党、民主党提出的《无止境边疆法案》（Endless Frontier Act），提议在美国国家科学基金会设立技术学部，赋予它特定的使命和职权，提供1000亿美元用于战略性地推进科技研发，提供100亿美元用于在全国各地建立区域性技术中心[2]。

第二，强调多边对华科技施压。拜登在竞选中多次表示，将采取有别于特朗普的单边主义做法，联合盟友共同应对所谓中国挑战。美国民主党党纲甚至直言，“民主将与盟国一道，发动世界上超过一半的经济体对抗中国，并尽可能从最强有力的位置进行谈判”[3]。

第三，将科技竞争和供应链依赖上升到国家安全问题，中美“脱钩”恐将持

[1] 2021年2月7日，拜登在出任美国总统后的首次电视采访中指出。

[2] “Endless Frontier Act，” https://www.congress.gov/bill/116thcongress/senate-bill/3832。

[3] “2020 Democratic Party Platform，” https://www.demconvention.com/wp-content/uploads/2020/08/2020-07-31-Democratic-Party-Platform-For-Distribution.pdf。

续。2020年大选之时，拜登就指出中国政府正积极投资电池、人工智能、5G这些重要技术领域，努力超越美国的技术主导地位，掌控未来的产业[1]。2021年上任伊始，拜登总统就发布一项行政命令，要求美国政府审查关键供应链，以确保美国在技术和原料方面不要太依赖包括中国在内的其他国家。

五、国际科技合作遭遇困境，构建人类命运共同体是全人类的普遍诉求

近年来，科技全球化遭遇困境。一些国家民粹主义盛行，单边主义、保护主义严重冲击现行国际多边体系，全球投资与贸易规则面临重构，世界贸易组织（WTO）、世界银行等面临改革，争夺全球治理和国际规则制定主导权的斗争异常激烈。另外，新冠肺炎疫情在一定程度上动摇了一些国家政府支持经济全球化的开放基础。过去经济全球化可以得到各主要国家政府的大力支持，主要是因为世界各国都认同通过全球化实现共同利益道路的正确性。疫情在一定程度上加剧各国对经济全球化持怀疑态度这一倾向，封闭取向、种族歧视、民粹主义和民族主义兴起，逆全球化浪潮选择独立发展而非全球团结，这动摇了经济全球化的政治基础。

此外，全球性规则与议事制度作为协调全球活动的行动方案，对创新活动的影响日益加深。公平竞争、协同发展有望成为全球创新治理的演变趋势。在技术经济领域，WTO相关规则特别是《与贸易有关的知识产权协定》（TRIPs）对知识的全球流动起着重要的规制作用。国际标准对新兴技术创新方向与产业竞争的影响也日趋重要。在技术安全领域，新技术引发了公平竞争、税收制度、社会伦理、网络安全等一系列新问题，迫切需要全球协同制定符合人类社会发展和平衡各国利益的治理准则。然而，发达国家利用先发优势，已经从自身价值观出发，形成了利于自身利益的游戏规则，并主导创建了国际组织进行集体协商和治理。近年来，南北差距的快速缩小使原有的“中心—外围”格局及其含义发生变化，以中国为代表的发展

[1] “THE BIDEN PLAN TO ENSURE THE FUTURE IS ‘MADE IN ALL OF AMERICA’ BY ALL OF AMERICA’S WORKERS，” https://joebiden.com/made-in-america/。

中国家有望在赢得与自身实力相匹配的话语权的同时，推动全球科技治理体系向更加公平、有益于全人类的方向过渡。

我们认为，国际科技合作符合全球民众的根本利益和长远利益，是不可逆转的历史大势，这主要是因为：第一，知识的全球化传播扩散和国际科技合作是科学全球化的最主要表现形式，这一趋势难以逆转。特别是，新一轮科技革命和产业变革方兴未艾，数字技术本质上推动了更大范围、更深程度的连接，国际科技交流合作需求更加紧迫。第二，国际科技合作始终是应对人类共同挑战、防范和化解非传统安全问题、把握新科技革命和产业变革红利的重要途径，在新兴经济体对科技合作需求持续上升的背景下，国际科技合作的新空间将不断拓展，更加多元化的开放局面正在形成。

第三节

高质量发展的战略需要

2020年，我国GDP高达14.7万亿美元，稳居世界第二位，占世界经济比重约17%，人均GDP连续两年超过1万美元，我国进入由中高收入国家向高收入国家迈进的阶段，长期所处的经济短缺和供给不足的状况已经发生根本性转变，社会主要矛盾已经转化为人民日益增长的美好生活需要和不平衡不充分的发展之间的矛盾。其显著特征是需求结构变化，人民对美好生活的向往总体上已经从“有没有”向“好不好”转变，迫切需要适应需求结构升级的要求，提高供给质量和效率，畅通国民经济循环，构建新发展格局。

从发展趋势看，“十四五”期间和今后的一段时期，我国将进入全面建设社会主义现代化国家、向第二个百年奋斗目标进军的新时代，这是中华民族伟大复兴历史进程的大跨越。我国经济已由高速增长阶段转向高质量发展阶段，正处在转变发展方式、优化经济结构、转换增长动力的攻关期，建设现代化经济体系是跨越关口的迫切要求和我国发展的战略目标。党的十九届五中全会为新时代的科技创新指明了方向，《中共中央关于制定国民经济和社会发展第十四个五年规划和二〇三五年远景目标的建议》指出：“加快构建以国内大循环为主体、国内国际双循环相互促进的新发展格局”“坚持创新在我国现代化建设全局中的核心地位，把科技自立自强作为国家发展的战略支撑”。构建新发展格局，既要立足国内，坚持全面深化改革，打通生产、分配、流通、消费各环节堵点，提升产业链供应链现代化水平，畅通国内大循环，又要统筹国内国际两个大局，实行高水平对外开放，在吸引和利用全球资源要素的同时，为世界提供更多市场机会，使国内国际双循环相互促进。这对科技创新提出了更高、更迫切的要求，需要充分发挥科技创新在构建新发展格局中的支撑作用。

一、科技创新支撑高质量发展新发展格局的基础基本奠定

过去几十年，尤其是创新驱动发展战略提出以来，中国科技实力加速发展，创新体系更加健全，创新环境不断优化，创新能力显著增强，创新治理形成新格局，科技实力跃上新的大台阶，重大创新成果竞相涌现，一些前沿领域开始进入并跑、领跑阶段，科技实力正在从量的积累迈向质的飞跃，从点的突破迈向系统能力提升，在促进高质量发展和全面建成小康社会中进一步凸显了支撑引领作用。

第一，中国已经成为科技大国，创新进入相对活跃期，科技创新能力显著提升。世界知识产权组织（WIPO）发布的2019年全球创新指数显示：在纳入评价范围的全球141个国家中，中国的综合排名继2016年首次进入前25名之后快速跃升至2019年的第14位，已跻身全球创新型国家行列，特别是在商业成熟度、知识与技术产出等方面排名前列。目前，中国研发经费支出总量稳居世界第二位，2019年，研发经费突破2万亿元人民币，研发经费投入强度（研发经费与GDP之比）为2.23%，超过了经合组织（OECD）国家的平均水平[1]。随着各领域不断深化改革和创新发展，我国部分科技创新成果已达世界领先水平。科技创新由量变到质变，由点的突破到系统升级，高铁、北斗、天宫等众多创新成果不断涌现，论文发表数量、专利数量等指标显著提升，科技创新能力显著增强。

第二，中国已成为世界制造大国，产业规模和产业配套能力优势显著。目前，我国是世界上唯一拥有联合国产业分类[2]中全部工业门类的国家，200多种工业品产量居世界第一位。产业门类齐全，基础设施完善，各个行业的上中下游产业形成聚合优势，加上我国拥有世界上最大规模的科技和专业技能人才队伍优势，因此，我国成为全球制造基地。随着我国近年来技术实力和劳动力素质等的提升，我国在全球供应链中的地位从最初的廉价外包目的地转变为全球供应链的重要中心，产业价

[1] 国家统计局、科学技术部、财政部：《2019年全国科技经费投入统计公报》，2020。

[2] 联合国产业分类共列41个工业大类、207个工业中类和666个工业小类。

值链不断延伸，形成了包括价值链、供应链和产业链在内的综合优势。与发达国家间正在由传统纵向分工向纵横交错、互补与并存方向发展，在全球产业链中占据不可或缺的地位。麦肯锡在通过贸易、企业、资本等八大维度审视中国经济与世界融合的现状后指出，世界对中国经济的依存度相对有所提升，中国经济对世界的依存度则相对降低[1]。

第三，新兴产业领域，产业科技创新生态初步形成。进入21世纪，我国在互联网领域利用消费市场的独特优势，形成了以阿里巴巴、腾讯、百度、京东、字节跳动等为代表的具有全球竞争力的科技创新企业。面对产业互联网领域的巨大“蓝海”，消费互联网龙头企业纷纷开始向产业互联网领域延伸拓展，逐渐形成以5G、物联网、工业互联网、人工智能等为代表的新基建布局为支撑，以行业龙头企业为工业互联网构建主体，以“一个（或多个垂直）平台+大量小而美企业”为主要架构的平台型产业生态系统（见图2-6）。这是我国以互联网企业为引领的众多企业在移动互联网浪潮中常年扎根国内市场摸索出的中国特色“数字经济融合实体经济之路”，是符合经济规律、适应我国现实需求的产业组织结构。过去10余年，消费互联网在中国得到了爆发性增长，平台型经济体占据了生态链塔尖的位置。越来越多的平台企业选择通过分包、众包等方式组织生产和改进创新模式，逐渐形成了以百度、阿里巴巴、腾讯等平台企业为核心，连接众多企业的产业创新生态系统。随

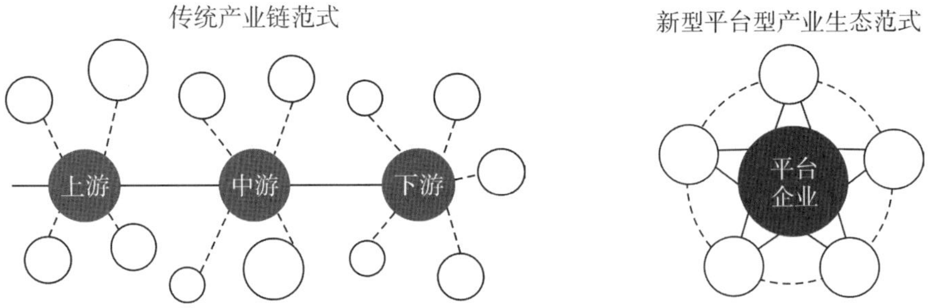

图2-6 产业组织范式变革

[1] 麦肯锡全球研究院：《中国与世界：理解变化中的经济联系》，2020。

着5G To B时代的到来，华为凭借全球领先的5G技术，通过“平台+智能”的5G平台服务，针对特定场景化需求提供了5G智慧港口、5G智慧医疗、5G智能制造等一系列行业智慧化改造方案。再比如，阿里云作为国内最早布局云原生技术的公司，目前拥有的云原生客户数居国内前列，覆盖金融、医疗、互联网等众多领域。新冠肺炎疫情期间，阿里云推出的“复工宝”，仅上线两天就服务超过3000家企业。

二、科技创新支撑高质量发展新发展格局的突出短板

目前，我国还存在不少制约科技创新发展的突出问题，比如科技创新投入不足、科技资源配置亟待优化、原始创新能力缺乏、国家创新体系不完善等，使得当前阶段的创新能力难以适应高质量发展要求。

第一，基础研究和原始创新能力不足，制约经济社会高质量发展。当前，我国原始创新还处于比较薄弱的阶段，主要表现为：首先，基础研究投入水平偏低，企业及其他社会力量投入不足。2019年，我国基础研究占R&D比重为6.03%，与发达国家普遍15%以上的水平相比差距仍然较大。我国在基础研究领域的投入以政府资金为主，占比达90%，企业、公益基金、慈善捐助等社会力量对基础研究的投入非常有限。其次，基础研究成果质量不高，源头供给不足。整体上看，当前我国重大原创性成果缺乏，底层基础技术、基础工艺、工业母机、高端芯片、基础软硬件、开发平台、基本算法、基础元器件、基础材料等方面发展瓶颈仍然突出，产业关键核心技术受制于人的局面没有得到根本性改变。我国在全球行业中缺少领先企业和平台企业，企业创新集中体现在商业模式和专利产出等方面，我国仍然是最大的知识产权费用支出国。原始创新不足的原因很多，且与当前我国科技管理制度和创新文化有很大关系。首先，在目前科研管理和考核的指挥棒引导下，许多科研人员更加青睐“短平快”研究，缺乏定力耐心啃“硬骨头”，很大原因在于可能取得重大突破的从0到1的原创研究往往成本大、周期长、风险高，这样科研人员在现有的绩效考评体制下通常选择回避。科学研究是面向未知世界的认识和探索活动，尤其是

原始创新活动，它本身就是一个从错误中不断学习的过程，需要建立相应的容错机制。其次，当前我国的产业创新体系中，下游的市场未能完全为上游的创新型企业打开，下游的很多国企在购买设备时依旧选择进口设备，上游创新型企业和个人缺乏试错空间。最后，激励创新缺乏尊重科学家、信任科学家的文化氛围以致越来越多的人才不愿意从事科学研究。

第二，科技经济“两张皮”问题突出，产业科技创新的宏观管理体制亟待完善。我国当前的产业科技创新体系呈现二元分割状态，即产业创新和科技创新分开进行，分别由不同的主管部门进行管理。产业主管部门的主要职责在于促进产业良好有序发展，较少涉及甚至无权涉及与产业相关的技术能力提升的管理；科技主管部门的主要职责在于促进科学技术向前沿方向发展，较少考虑科学技术在产业中有效运用的管理。然而，这种将产业创新活动和科技创新活动分割看待的制度设计理念并不符合当前产业科技创新规律。当今世界的发展规律是产业创新与科技创新几乎同时进行。当前产业更新速度日渐加快，主要因素是技术源头发生变化。过去之所以称“技术创新”，原因是技术创新主要在企业中进行，创新的内容主要是工艺和技术的创新。现在之所以强调科技创新，是因为科学的发现能够迅速促进新技术的研发，最终促进形成新产业或实现产业升级换代。也就是说，当今时代，产业创新与科技创新日益无法割裂，呈现紧密关联、相辅相成的态势。因此，当前我国科技与产业“两张皮”问题的根源在于产业科技创新的宏观管理体制与当前产业科技创新规律不相符。

第三，科技创新体系整体效能不高，体系亟待完善。国家创新体系建设是一个复杂的生态系统，只有形成创新各主体、各环节、各方面相互支撑、高效互动的格局，形成合力，国家创新体系的效能才能得到整体提升。当前，我国科技创新体系整体效能不高的原因很多。首先，多元主体定位不清，制约各自职能的发挥。政府在科技创新治理中存在着越位和缺位的现象；大学忽视教学职能，无法为产业科技创新活动培养所需的创新型人才；企业的技术创新动力不足，创新主体的地位仍待提升。其次，产业科技创新系统中资源流动不畅，各主体缺乏有效协同。长期以来，隶属于不同系统的企业、高校和科研院所，往往只在体制允许的范围内开展合作，采取点对点的技术转让，委托研究和联合研发，多以“短平快”合作项目为主，以局部性、阶段性合作为主，缺乏长期稳定持续深入的合作研究，无法有效解决制约产业发展的共性问题和技术难题。许多产学研合作项目依靠政府牵线搭桥，主要由企业和科研院所牵头实施，企业无法参与选题，以致企业作为创新与产业化主体的作用难以充分发挥。而现有的产学研合作项目也主要集中在接近产业化的创新链后端，缺少对有价值的基础研究成果的转移转化。也有研究指出，正是企业、高校、科研院所在人事管理、人才评价、考核分配、福利待遇等方面的制度性差异，导致难以达成合作目标、价值追求上的一致性。

第四，科技创新缺乏良好的制度环境，难以最大限度激发全社会创新创业热情。从鼓励创新的制度环境来说，创新具有不确定性、复杂性的特征，因此，一个保障创新的现代化经济体系必须是能够包容不确定性的。当前我国产业科技创新体系的制度环境，具有不利于鼓励创新的因素，表现在以下几个方面：首先，知识产权法规忽视对科研单位及职务发明人知识产权的保护，严重打击科研人员的创新积极性。资源有效利用的前提是资源产权的明晰。知识产权未能分割，职务发明属于所在的用人单位所有，实践中造成发明人刻意隐藏职务发明成果等一系列问题。其次，创新型人才的市场价值被严重低估。长期以来，受计划经济的影响，我国生产要素市场尚不健全，创新型人才作为在经济发展中最重要的生产资料之一，其价值被严重忽视。例如，在相当一部分科技计划项目中，科研经费仍只能用于设备购买等，没有对科研人员创新激励的经费。事实上，科技创新研发最核心的要素不是研发设备，而是科学家的智慧和辛勤付出。最后，从营商环境来说，近年来，我国政府致力于打造公平有序的营商环境，但仍存在某些政府部门和市场主体滥用支配地位扰乱竞争秩序、获取不正当利益的问题，如垄断企业出现反技术进步倾向、“业内大企业”因得到制度性保护而产生惰性、最具创新的新进入者被拒之门外。

三、以科技自立自强支撑新发展格局

实现高质量发展、构建新发展格局关键在于创新驱动，而科技自立自强是夯实发展基础、保证经济安全以及实现可持续发展的必由之路。面对新形势、新机遇、新挑战，当前我国科技创新活动不仅需要面向国家战略导向，立足需求牵引，还需要面向未来，筑牢基础，真正提升科技创新能力。

第一，加强科技创新“自由探索导向”，夯实创新基础。基础研究是创新的源头活水，然而当前我国基础研究投入不足，大国之间围绕科技革命制高点的争夺越发激烈，科技创新失去了一直以来技术引进的友好外部环境。这就要求我们必须加大基础研究投入，提高基础研究水平，完善基础研究体制机制，积极探索能够引领未来、代表进步方向的下一代技术，努力使我国基础研究达到世界先进水平，切实提高原始创新能力。

第二，加强科技创新“使命导向”，支撑国家战略需求。当前全球经济社会问题面临重大挑战，比如日益严峻的信息、能源等问题涉及国家安全，以及气候变化、人口增长和健康医疗等问题关涉可持续发展。这些挑战具有复杂性、系统性、紧迫性和相互关联性等特征，不仅需要在重点领域把关键核心技术牢牢掌握在自己手中，维护国家产业安全和经济安全，也需要融入全球产业体系，通过高水平对外开放，在吸引全球科技创新资源的同时，不断提升自主创新能力，以“使命导向”型科技创新支撑国家重大科技战略需求，回应当下以及未来面临的重大挑战。

第三，加强科技创新“需求导向”，发挥市场牵引优势。科技创新成果只有在市场中才能实现其价值，也只有通过市场的检验作用才能更加有效地倒逼技术不断迭代升级。在双循环战略背景下，需要坚持供给侧结构性改革，抓住扩大内需这个战略基点，使生产、分配、流通、消费更多依托国内市场，提升供给体系对国内需求的适配性，形成需求牵引供给、供给创造需求的更高水平动态平衡。这是重塑我国国际合作和竞争新优势的战略抉择。

CHAPTER 3

第三章

新形势下创新驱动发展战略的顶层设计

当今世界正经历百年未有之大变局，创新发展的机遇与挑战并存。新一轮科技革命蓄势待发，一些重大颠覆性技术创新正在创造新产业新业态，科技创新链条更加灵巧，技术更新和成果转化更加快捷，产业更新换代不断加快，社会生产和消费从工业化向自动化、智能化转变，呈现社会生产力再次大提高、劳动生产率再次大飞跃的趋势。在这种新形势下，我们需要做好创新驱动发展战略的顶层设计。

第一节

创新驱动发展战略：中国的探索实践

面对新机遇新挑战，党的十八大以来，习近平总书记创造性地提出了创新发展理念，并深刻指出，创新是引领发展的第一动力，是建设现代化经济体系的战略支撑。创新驱动发展战略对于未来中国经济发展转型和产业升级具有重大意义。为了推动这一重大战略深入实施，需要从深化中国国家创新体系的整体改革入手，从优化创新驱动发展战略的顶层设计入手，并把创新体系的改革与创新驱动发展战略的深入实施有机结合起来，用体系的整体改革促进战略的深入实施，用战略的深入实施带动体系的整体改革，使二者形成良性循环，为中国经济转型发展和产业升级提供不竭动力。

一、创新驱动发展的内涵

“创新”一词，作为一个经济学术语，最早是由奥地利经济学家熊彼特提出和使用的。熊彼特将创新定义为一种“生产要素的新组合”，具体体现为新产品、新工艺、新市场、新渠道和新的组织形式，其实质是新知识的商业化与价值实现。创新不仅包括技术创新，也包括市场创新、组织（制度）创新，而技术成功商业化往往是这三者共同作用的结果。在熊彼特看来，创新是使经济活动摆脱“循环流转”（低水平重复），实现价值增值和生产力提升的关键。创新还带来“创造性破坏”的力量，作为创新的发动者，“敢冒天下之大不韪”，打破旧有的产业秩序与利益格局，从而获得高额的创新利润。基于创新的竞争是现代市场经济的实质，也是经济增长的动力源泉。

创新驱动发展是指“创新是长周期经济发展的最基本的动力”这样一种认知。

这是人们在经历长期的实践与探索，以及反思过去在经济政策上的失败与教训之后在全球范围内正在形成的战略共识。现代经济增长理论发现：在长期经济增长中，知识与创新起到决定性的作用。实际上，创新不仅带来了新的商业价值，还开辟了新的产业空间，创造了新的就业岗位，提高了人们的生活质量和福利水平，提供了社会性问题的解决方案，从而成为整个经济社会持续发展的不竭动力。

在今天的时代背景下谈创新驱动发展应当包括以下政策含义。

第一，要把创新放在国家发展全局的核心位置。当一个国家经济处于创新驱动阶段时，其主导产业一般进入技术密集型阶段，经济发展不再主要依赖自然资源、劳动力和资本投入，经济发展的速度、质量和效益取决于国家创新能力以及知识（包括技术）、人才等关键要素。中国用几十年的实践走完了发达国家几百年走过的发展历程。随着经济总量的不断扩大，我们在发展中遇到了一系列新情况新问题，经济发展面临速度换挡节点、结构调整节点、动力转换节点。以习近平同志为核心的党中央提出树立创新发展理念，就是要引导全社会更加自觉地以提高经济发展质量和效益为中心，推动经济发展方式从要素驱动、投资驱动向创新驱动转变。

第二，坚持创新，越过发展过程中的“低水平均衡陷阱”与“外部依赖陷阱”，支撑双循环新发展格局。在发达国家领先与遏制双重作用的背景下，后发国家在追赶过程中由于历史性转型的困难而极易落入“低水平均衡陷阱”与“外部依赖陷阱”[1]。成功的赶超需要在战略、治理、组织层面进行大幅度的调整，这是考验政府能力的艰难时刻。模仿创新阶段的思维定式和行为习惯易产生惰性，利益格局的调整难免遭遇抵制，只有超越过去，超越自我，才可能进入追赶的高级阶段，而推动转型在根本上要依靠制度和体系变革来开辟道路。立足新发展阶段，贯彻新发展理念，构建新发展格局，我国比历史上任何时期都更加需要科技创新这个第一驱动力。以科技创新双循环驱动经济双循环，已成为新形势下的迫切需要。

[1] 薛澜、赵静：《关于“十三五”时期创新驱动发展的时代意义与战略思考》，《国家行政学院学报》2016年第5期。

第三，坚持创新，推动科技自立自强与世界科技强国建设。创新在我国现代化建设全局中居于核心地位，科技自立自强是国家发展的战略支撑，在构建双循环新发展格局中，面对逆全球化、日益复杂的国际社会发展环境，牢牢掌握核心技术是中华民族伟大复兴的底气。同建设世界科技强国的目标相比，我国发展还面临重大科技瓶颈，创新能力不强，科技发展水平总体不高，科技对经济社会发展的支撑能力不足，科技对经济增长的贡献率远低于发达国家水平，这是我国巨大经济体量的“阿喀琉斯之踵”。因此，需要精准把脉当前我国科技体系内部运行存在的主要问题，将创新能力不强作为主要矛盾，将关键核心技术受制于人作为矛盾的主要方面，推动科技自立自强与世界科技强国建设。

第四，坚持创新，要以“四个面向”为出发点，服务于社会主义现代化强国建设。创新要坚持“四个面向”，即面向世界科技前沿、面向经济主战场、面向国家重大需求和面向人民生命健康。“四个面向”相互交融、密不可分，共同组成科技创新的着力点。坚持“四个面向”，就要推动科技和经济社会发展的深度融合，打通从科技强到产业强、经济强、国家强的通道。我国现代化建设始于创新，发展于创新，强盛于创新。树立创新发展理念，是推动中国特色社会主义现代化强国建设道路上一以贯之、与时俱进的重大战略选择。

二、创新驱动发展战略的提出和演进历程

中华人民共和国成立直到改革开放，我们才得以将工作重心转到经济建设上来。过去40多年，伴随经济社会前进步伐，特别是市场化改革的不断深入，我们对科学技术和创新活动的重要性及其与国家发展和民族命运之间紧密关系的认识也经历了一个不断深化的过程。

（一）创新驱动发展战略酝酿阶段

1. 科学技术是第一生产力与引导科技工作面向经济主战场

1978年3月，邓小平在全国科学大会开幕式上提出了“科学技术是第一生产

力”“知识分子是工人阶级一部分”“四个现代化，关键是科学技术的现代化”等著名论断，极大地鼓舞了科技工作者。这次会议是向科学技术现代化进军的总动员令，确立了正确的科学技术工作指导思想，对我国社会主义现代化建设起到了极大的推动作用。1985年3月，中共中央正式发布的《关于科学技术体制改革的决定》，从科技运行机制、组织结构、人事管理等方面，出台了一系列重大措施，改革拨款制度，开拓技术市场，改变研究、设计、教育、生产脱节，军民分割、部门分割、地区分割的状况，引导科技工作面向经济主战场，鼓励科技人员进入经济主战场作贡献。这一阶段科技体制改革的主要特点是，通过“断粮断奶”鼓励引导科技人员投入经济主战场，为经济建设作贡献。先后启动了支撑农村经济发展的星火计划以及为工业发展提供科技支撑的火炬计划，建立了国家高新技术产业开发区，为加速科技与经济的结合发挥良好的推动作用，开辟了良好的局面。1988年9月，在会见捷克斯洛伐克时任总统胡萨克时，邓小平同志又作出了“科学技术是第一生产力”的重要论断。

2. 科教兴国战略的提出和“发展高科技，实现产业化”

1995年5月6日，《中共中央　国务院关于加速科学技术进步的决定》发布，提出科教兴国的战略。同年5月26—30日，中共中央、国务院在北京召开全国科学技术大会，江泽民在大会上指出，党中央、国务院决定在全国实施科教兴国战略。这是总结历史经验和根据我国现实情况作出的重大部署。科教兴国战略对科技体制改革作了进一步部署，提出了“稳住一头，放开一片”的科技改革方针，确定深化体制改革的重点是调整结构、分流人才，目的是进一步解决机构重复、力量分散、科技与经济脱节的问题。“稳住一头”主要是自己稳住、加强基础研究，“放开一片”就是放开与经济建设、社会发展相关的应用研究和技术开发，使广大科研人员有更加广阔的用武之地，有更加灵活的政策环境，支持科研人员创新创业。这极大地激发了科研人员的积极性，为经济发展注入了科技的动力和活力，进一步加速了科技与经济的结合。1999年8月，中共中央、国务院召开了全国技术创新大会，

《中共中央　国务院关于加强技术创新，发展高科技，实现产业化的决定》发布，为了加速使企业成为创新的主体，“从根本上形成有利于科技成果转化的体制和机制，加强技术创新，发展高科技，实现产业化”，对科研院所的布局结构进行了系统调整，重点是推进分类改革，使应用型科研机构和设计单位向企业化转制，社会公益类科研机构继续由政府支持，但也要实行分类改革。这一阶段科技体制改革的重要特点与贡献是采取了一系列重大措施，加速使企业成为技术创新的主体、科技投入的主体、科技成果转化的主体、科技项目提出和研发的主体、科技效益与风险承担的主体，极大地推动了企业科技活动，提升了企业的科技创新能力。

3. 自主创新战略与创新型国家建设

2006年全国科学技术大会召开，胡锦涛明确提出，中国要走中国特色自主创新道路，“一个国家只有拥有强大的自主创新能力，才能在激烈的国际竞争中把握先机、赢得主动”。同时，《国家中长期科学和技术发展规划纲要（2006—2020年）》颁布实施，提出了到2020年创建创新型国家的总体目标和路线图。在此基础上，党的十七大明确提出“提高自主创新能力，建设创新型国家，这是国家发展战略的核心，是提高综合国力的关键”。

（二）创新驱动发展战略正式提出

2006年1月，《中共中央　国务院关于实施科技规划纲要　增强自主创新能力的决定》发布，提出进一步消除制约科技进步和创新的体制性、机制性障碍，推动经济与科技的紧密结合，形成技术创新、知识创新、国防科技创新、区域创新、科技中介服务等相互促进、充满活力的国家创新体系。2012年7月，中共中央、国务院召开全国科技创新大会，号召我国科技界奋力创新，为全面建成小康社会提供有力的科技支撑。这一阶段科技体制改革的重大特点和成就是通过启动国家科技重大专项等重大科技活动，建设国家创新体系，大幅增加科技投入，解决经济社会发展中的关键性、战略性、长远性重大问题，极大地推动了科技发展，解决了一系列制约国家经济发展和社会发展的重大难题。党的十八大明确提出实施创新驱动发展战略，指出“科技创新是提高社会生产力和综合国力的战略支撑，必须摆在国家发展全局的核心位置”。党的十八届三中全会将全面深化改革的总目标明确为完善和发展中国特色社会主义制度，推进国家治理体系和治理能力现代化。紧紧围绕“使市场在资源配置中起决定性作用，深化经济体制改革”这一主线，提出“加快转变经济发展方式，加快建设创新型国家”的总体思路。

（三）创新驱动发展战略落实实施

2013年9月，习近平总书记在中共中央政治局第九次集体学习时指出：“要进一步解放思想，加快科技体制改革步伐，破除一切束缚创新驱动发展的观念和体制机制障碍。”2014年3月，李克强总理在政府工作报告中指出：“创新是经济结构调整优化的原动力。要把创新放在国家发展全局的核心位置，促进科技与经济社会发展紧密结合，推动我国产业向全球价值链高端跃升。”2016年5月，中共中央、国务院召开全国科技创新大会、两院院士大会、中国科协第九次全国代表大会，这是共和国历史上的又一次科技盛会。习近平总书记发表重要讲话，把科技创新摆在更加重要位置，动员全党全社会力量“为建设世界科技强国而奋斗”。同年，中共中央、国务院印发《国家创新驱动发展战略纲要》，明确我国科技事业发展的目标是，到2020年我国进入创新型国家行列，到2030年我国进入创新型国家前列，到2050年我国成为世界科技创新强国。自此，我国的科技改革与发展进入了一个新的阶段，这一阶段科技体制改革的最大特征是推进军民科技融合，建立国际一流的寓军于民的国家创新体系，同时改革科技管理体系、科技计划体系、经费保障体系、人才管理体系，在分配制度、科技评估与评价制度等方面也进行了一系列重大改革[1]。在科技管理体制方面，结合2018年政府机构改革，将国家自然科学基金会划归科技部管理，将国家外专局并入科技部，加强了基础研究、应用研究、技术创新与人才引进的一体化布局；在科技计划管理改革方面，将国家及部门的100多个科

[1] 陈劲、张学文：《中国创新驱动发展与科技体制改革（2012—2017）》，《科学学研究》2018年第12期。

技计划合并为五大科技计划，建立专业化科技项目机构，提高科技效率；在分配体制改革方面，建立以知识为基础的分配体系；在科技经费管理方面，加大对科研人员的支持力度；等等。这些重大的改革思想与举措，极大地推动了我国科技体制及其运行机制的优化与完善[1]。

（四）创新驱动发展战略深入实施

2020年10月，党的十九届五中全会审议通过了《中共中央关于制定国民经济和社会发展第十四个五年规划和二〇三五年远景目标的建议》。从“创新能力显著提升”到“进入创新型国家前列”，从“现代化经济体系建设取得重大进展”到“建成现代化经济体系”，党的十九届五中全会为“十四五”时期乃至更长时期的创新发展和现代化经济体系建设擘画蓝图、明确目标。进入创新驱动发展战略深入实施阶段，需要切实把党的十九届五中全会各项决策部署落到实处，脚踏实地向前进，为全面建设社会主义现代化国家注入强劲动力。此外，党的十九届五中全会对我国科技发展作出了一个十分重要的研判，即当前创新能力还不适应高质量发展要求。2021年3月，第十三届全国人民代表大会第四次会议发布2021年政府工作报告，指出“十四五”时期的主要目标任务是坚持创新在我国现代化建设全局中的核心地位，把科技自立自强作为国家发展的战略支撑，完善国家创新体系，加快构建以国家实验室为引领的战略科技力量，打好关键核心技术攻坚战，制定实施基础研究十年行动方案，提升企业技术创新能力，激发人才创新活力，完善科技创新体制机制，全社会研发经费投入年均增长7%以上，力争投入强度高于“十三五”时期实际。这就需要深刻把握创新逻辑，充分遵循科技创新的发展规律，正确认识国际环境纷繁复杂变化和科技文明进步的时代轨迹，在强化国家战略科技力量、提升企业技术创新能力、激发人才创新活力、完善科技创新体制机制等方面，尽快作出科学有效的整体部署和战略安排。

---

[1] 王玉民、刘海波、靳宗振、梁立赫：《创新驱动发展战略的实施策略研究》，《中国软科学》2016年第4期。

三、站在新的历史起点上，需要坚定不移地实施创新驱动发展战略

进入新时代，我国社会主要矛盾已经从人民日益增长的物质文化需要同落后的社会生产之间的矛盾转化为人民日益增长的美好生活需要和不平衡不充分的发展之间的矛盾。站在新的历史起点上，实施创新驱动发展战略，释放更强增长动力，给加快解决我国经济社会发展矛盾问题带来了重大机遇。

（一）我国处于全面深化改革、增强经济社会发展新动力的新起点

创新是引领发展的第一动力，是建设现代化经济体系的战略支撑，过去那种主要依靠资源要素投入推动经济增长的方式行不通了，必须依靠创新。

1. 培育发展增长点，需要进一步激发全社会创新创业创造活力

近年来，我国大力推进创新驱动发展战略，着力培育壮大新兴产业，发展数字经济，采取审慎包容的态度促进新业态、新模式、新事物蓬勃成长，减轻企业非税负担，并大幅提升政府服务便捷性，推动形成有利于新供给与新需求衔接的市场机制，加快培育新动能，促进产业升级和动力变革，取得明显成效，一批新产业、新业态、新技术、新模式蓬勃兴起，成为带动国民经济和社会发展的重要力量。

进入新时代，我国经济由高速增长阶段转入高质量发展阶段对培育壮大新动能提出了更高的要求，迫切需要进一步发挥创新作为第一动力的作用，进一步激发市场主体活力和社会创造力，提高服务新兴经济领域市场主体的响应能力和水平，构建形成适应新产业新业态发展规律，满足新动能集聚需要的政策法规和制度环境。要为创新创业清障搭台，优化服务流程，拓展发展空间，激发新的消费市场、就业形态和投资需求，用新动能推动新发展，以新发展创造新辉煌。

2. 让传统动能焕发生机，需要进一步加强知识、技术、数据等要素的赋能作用

2015年以来，我国先后启动实施“互联网 +”行动、大数据战略、工业互联网建设等，传统产业转型升级步伐加快，制造业与新一代信息技术、绿色节能技术等

不断融合，推动旧动能焕发生机，先进制造业和高技术制造业占比稳步上升，产业数字化转型步伐不断加快，范围从商贸流通等服务业向工业、农业拓展；传统制造业加速绿色化改造，引导产业向更加清洁、节能和安全的方向发展。但与此同时，相较于发达国家，我国传统产业规模大、基础弱、底子薄，关键技术能力和从业人员素质整体偏低。目前，我国企业数字化、绿色化转型比例仍远低于欧洲和美国的水平。传统产业转型创新能力不足、行业地区发展不平衡、融合创新不充分等瓶颈问题亟待解决。

面向现代化经济体系建设和高质量发展的更高要求，必须紧紧抓住创新、新工业革命、数字经济等新要素新业态带来的新机遇，加快传统企业与互联网平台企业、高校、科研院所、金融机构等的联合创新，促进传统产业与金融、物流、交易市场、社交网络等生产性服务业的跨界融合，推动知识、技术、数据等要素对传统产业进行全方位、全角度、全链条的改造，提高全要素生产率，推动传统动能焕发生机。

（二）我国处于适应经济发展新常态、转变经济发展方式的新起点

经济发展进入新常态，这是我国经济向形态更高级、分工更优化、结构更合理阶段演进的必经过程。必须着力转变经济发展方式，推动经济从规模扩张转向结构优化，从要素驱动转向创新驱动，从主要依靠投资、出口拉动转向依靠消费、投资、出口协调拉动，推动信息化和工业化深度融合，工业化和城镇化良性互动，城镇化和农业化互促互进。

1. 从追求速度转向质量效益优先，需要以创新提升产品质量和服务质量

近年来，我国各地区各部门坚持贯彻新发展理念，以供给侧结构性改革为主线，建设现代化经济体系，推动高质量发展，经济增长的质量和效益稳步提升。产业结构逐步升级，服务业较快发展，工业结构继续优化，需求结构趋于优化，城乡和地区发展差距有所缩小，创新驱动作用继续增强。

从经济周期演变的规律来看，要始终保持我国经济健康发展，必须进一步推动经济发展质量变革、效率变革、动力变革，提高全要素生产率，从微观层面不断提高企业的产品质量和服务质量，提高企业经营效益。我们必须直面颠覆性创新带来的传统产业的“归零效应”和新兴产业的爆发式增长，抓住机遇，依靠创新提高发展质量和效益。通过创新促进新技术、新产品和新业态发展，提升产品和服务质量，不断增强我国经济创新力和竞争力。

2. 从规模扩张转向结构优化，需要依靠创新向全球价值链高端跃升

目前，我国建成了门类齐全、独立完整的产业体系，工业规模跃居世界首位。但同时，我国产业仍然存在大而不强、大而不优、自主创新能力弱、关键技术和高端装备对外依存度高等问题，亟须向价值链高端跃升。

当前，我国面临着劳动人口增长率持续下降、社会成本和生产成本上升较快的严峻形势，传统支柱产业已经或即将进入生命周期成熟期，迫切需要大力发展战略性新兴产业，充分发挥其对经济结构优化的支撑带动作用，使其更多承载创新活动和高端要素，形成对经济高质量发展的长效驱动。

（三）我国处于奔向更美好生活的新起点

随着经济社会的不断发展，人民对美好生活的向往更加强烈，对高品质、多样化的社会服务需求也更为迫切，需要进一步解决发展不平衡不充分的问题。要把满足人民对美好生活的向往作为科技创新的落脚点，把惠民、利民、富民、改善民生作为科技创新的重要方向。通过创新民生科技，提供更多用得上、用得起、用得好的社会服务。

1. 扩大优质服务资源供给，需要数字化转型解决社会服务资源供给相对短缺问题

改革开放以来，我国经济社会高速发展，奠定了坚实的物质基础，人民收入水平不断提高，对社会服务特别是优质资源的需求也显著增长，而传统社会服务领域仍普遍依靠劳动力等要素投入，仍存在服务效率不高、受众有限、单客成本高等问题。以互联网、大数据等为代表的数字技术快速发展，在公共服务领域通过推进数字化转型实现资源倍增、服务提质，展现出巨大发展潜力。近年来，我国深入实施大数据战略等政策举措，推进电子政务“一网一门一次”改革，组织信息惠民行动，开展“群众办事百项堵点疏解行动”，深化“让百姓少跑腿、数据多跑路”，不断提升公共服务的便捷化水平，为拓展更大范围服务主体、加快数字化转型进程提供了良好发展基础。

当前，服务资源特别是优质资源还相对短缺，社会服务领域资源供给亟待与快速增长的需求相适应。为突破社会服务资源供给瓶颈，需要进一步借助创新手段，以数字化转型扩大资源供给。通过教育、医疗等服务资源的数字化倍增，有效缓解社会服务资源约束难题，进一步扩大资源覆盖和服务范围。同时，进一步加大公共数据的共享开放力度，促进文化、教育、医疗健康、养老等民生领域优质资源的共享复用，更好满足群众快速增长的需求。

2. 实现社会服务均衡普惠，需要网络化融合解决城乡间、区域间优质社会服务资源配置不均衡问题

党的十八大以来，我国紧紧围绕改善民生、增进人民福祉，持续加大公共服务力度，提高公共服务水平，拓展公共服务覆盖面，不断完善公共服务体系。同时，近年来随着“互联网 + ”行动深入开展，“互联网 + ”在民生领域深化应用，公共服务范围不断拓展和延伸。通过推进农村特别是贫困地区网络基础设施建设，组织电信普遍服务试点，支持贫困村光纤网络、4G基站建设，加快扩大偏远地区信息基础设施覆盖面，有力支撑网络教育、农村电商等依托互联网的资源共享需求。

目前，城乡间、区域间社会服务资源布局不平衡问题仍然存在，一体化联网服务、线上社会服务的可及性还有较大提升空间，需要进一步通过创新方式，深化网络化协同，利用互联网泛在特性，推进服务远程可及、一体化协同，提供均等化、普惠化、便捷化社会服务。通过持续推进提升欠发达地区、偏远地区网络接入和基础能力，促进各类主体提供泛在性、广覆盖、均等化社会服务，推动优质资源向更广覆盖范围辐射，满足农村及偏远地区群众足不出户享受便捷高效服务的需求，不断缩小城乡间、区域间数字鸿沟。

3. 更好满足人民群众的高品质社会服务需求，需要智能化服务激发新消费、培育新动能

随着经济社会不断发展，人民群众的生活越来越富裕，对高品质生活的追求越来越强烈，对便捷化、智能化、个性化、时尚化社会服务提出更多需求。近年来，我国深入推进新型智慧城市建设，积极利用大数据、人工智能、物联网等新技术，推动“智能+”民生应用新模式新业态不断发展，智慧旅游、智慧交通、智慧医疗等场景不断丰富。特别是新冠肺炎疫情暴发以来，众多领域成为新技术的“试验场”、新模式的“练兵场”、新业态的“培育场”，智能陪护、无人配送、全景旅游等快速涌现和发展，进一步为社会服务转型升级赋能，在满足群众疫情期间多样化、个性化需求的同时，也不断发展壮大新经济，通过培养消费习惯、增加用户黏性，有效激发新消费市场潜力。

但与此同时，我国社会服务产品智能化水平仍不高，新技术在满足多层次、个性化需求方面还有较大提升空间，新模式新业态的社会经济效益有待进一步发掘。满足高品质社会服务需求，需要以智能化服务升级赋能，不断激发新消费、培育新动能，拓展特色智能应用场景，带来更多高品质社会服务产品，进一步满足人们多层次、个性化需求。同时，通过消费市场的升级，释放更多发展新动能，形成可持续社会经济效益。

（四）我国处于同世界深度互动、向世界深度开放的新起点

要深化供给侧结构性改革，充分发挥我国超大规模市场优势和内需潜力，构建国内国际双循环相互促进的新发展格局。着力打通生产、分配、流通、消费各个环节，逐步形成以国内大循环为主体、国内国际双循环相互促进的新发展格局，培育新形势下我国参与国际合作和竞争新优势。

1. 把握全球产业链重塑的新机遇，需要通过创新积极融入全球创新链

改革开放初期，我国通过发展劳动密集型加工制造业，参与全球大分工与经济大循环，通过持续产业升级，提高了在全球价值链中的位置，逐步成长为“世界工厂”。截至2019年，我国制造业增加值占全球市场份额30%以上，占全球出口贸易份额13%以上，占全球进口贸易份额超过10%，我国已成为全球120多个国家和地区最大的贸易伙伴。我国奉行互利共赢的开放战略，不仅世界的机遇变成了中国的机遇，更把中国的机遇打造成了世界的机遇，成为推动世界经济增长的重要动力源。

当前，数字化、网络化、智能化技术的应用提高了产业链相关主体的连接性，传统的链式结构进一步演变为全球范围内多主体协同的开放式合作网络，为在更大范围内整合资源提供了可能。随着新一轮科技革命和产业变革迅猛发展，全球供应链、产业链、价值链不断深化与重塑将成为经济全球化发展的新特征。这就要求我们必须善于应变，依靠创新抓住全球产业重构的机遇，在产业链的生态中嵌入不可或缺的环节，推进产业链环节的一体化融合互动，实现在全球产业链价值链的跃升。

2. 巩固强大国内市场优势，需要以创新稳定优化产业链、供应链

从整体上看，我国目前处于全球价值链的中间位置，依靠“大进大出”的加工贸易提升了创新密集型行业出口占比。中国社科院专家有关研究测算显示，从2009—2018年我国四大类货物贸易行业的出口占比变动趋势来看，我国创新密集型行业出口占比最高，超过55%。从变化趋势看，2009—2014年我国创新密集型行业出口占比略有下降，2015年后该类行业出口占比呈逐年上升态势，截至2018年底已超过60%。总体上，我国出口贸易呈现创新密集型行业主导态势，充分反映了我国的劳动力成本上升与产业技术转型升级的基本事实，揭示了我国产业链推动创新链跨越发展的动态过程。

当前，全球经济深度衰退，产业链供应链循环受阻，国际贸易投资萎缩。为降低成本，部分外向型加工企业转移到东南亚等低成本的地区。面对新形势，我们要充分利用我国产业基础实力雄厚、产业链条完整、市场规模超大的特点，切实发挥内需优势，更好发挥创新作用，加大研发、设计等创新领域行业占比，进一步疏通生产、分配、流通、消费等经济运行的各个环节，推动实现内部自我循环，在弥补外需下降不足的同时为经济高质量发展创造有利条件。

第二节

深入实施创新驱动发展战略的障碍与挑战

为深入实施创新驱动发展战略，应当深入总结已有成功经验，在继续稳定投入的同时，不断优化政策手段、深化体制改革，推进国家创新体系建设。与此同时，对照创新驱动发展战略的内在要求，以及激烈的国际竞争态势、严峻的国内发展形势，我们深刻意识到，目前全社会在治理体系、发展环境、创新基础等方面还存在诸多与战略转型不相适应的地方，甚至是束缚与障碍，突出体现在以下方面。

一、理念认识滞后于创新驱动发展的需要

（一）观念认识：更加需要厘清观念上的混乱和实践上的偏差

对创新的认识存在过于狭隘和过于宽泛两个极端。一方面，将技术发明等同于创新活动，忽视了与技术创新同等重要的商业模式创新、市场创新、组织流程创新等重要创新形式，对创新本身的复杂性、系统性、不确定性认识不够，导致有技术而无产业，有专利而无效益，有成果而无用户；另一方面，将知识创新、文化创新、观念创新、制度创新等都纳入创新的范畴，混淆了创新作为运用新知识创造商业价值这种经济活动的本来含义，导致创新万能化和空洞化，创新标签满天飞，创新企业一大堆，在很大程度上损害了创新作为一个经济学术语的严肃性，忽视了创新活动作为一种经济活动的特殊性，造成观念上的混乱与实践上的偏差。

（二）关联认识：更加需要厘清科学研究、技术开发与创新活动之间的区别

对科学研究、技术开发与创新活动之间的区别和联系认识不清，混淆了科学研究作为知识创造与创新活动作为价值创造之间的区别。一方面，存在科学技术活动的过度市场化和过度竞争，不尊重科研活动基本规律，要求科技投入直接产生经济

效益、科技成果直接转化为商用产品，导致科技部门忙产业、大学教授搞开发的怪现象。另一方面，也存在科技发展与转化创新的割裂与脱节，比如，科研项目以发论文、出专利，而非解决实际问题为目标，科研评价“唯数量化”“唯论文化”。再比如，明明是应用开发项目，选题立项却来自高校和科研院所，而非企业专家，认识上的错位导致管理上的错位，从而造成资源浪费与效率损失。

（三）内涵认识：更加需要厘清创新驱动发展的内涵

将先进技术、先进设备的引入和使用，而非战略远见、研发能力、领先需求、人才创意等视为创新驱动发展的动力源泉，重战术轻战略，重技术轻能力，重物轻人。在政府官员层面，“能吏”重的是短期政绩，向上要项目、向外拉资源、向下压指标，揠苗助长、冒失蛮干，等不及环境完善和能力成长；庸官重的是仕途太平，不作决策、不担风险、不干实事，视新事物如洪水猛兽，因循守旧、裹足不前。在企业家层面，“聪明”的投机钻营，寻找捷径，不愿踏实苦干，一心只赚快钱；平庸的缺乏自信、目光短浅，不敢标新立异，只擅抄袭模仿。在个人层面，年轻人有闯劲、有想法，但缺乏容忍度、鼓励和支持；年长者有能力、有经验，但缺少激情、安于现状、患得患失。

以上种种弊端，在深层次上与我们的文化传统、价值观念密切相关，对当前我们在科技创新乃至经济社会领域的管理体制、政策手段、环境塑造、基础设施建设都产生着深远且顽固的影响。

二、治理体系滞后于创新驱动发展的需要

党的十九届四中全会对推进国家治理体系和治理能力现代化作出了一系列重大战略部署，对坚持和完善共建共治共享的社会治理制度，建立健全运用互联网、大数据、人工智能等技术手段进行行政管理的制度规则，以及推进数字政府建设提出了明确要求。准确把握新兴技术发展趋势，充分运用新技术创新完善治理理念、治理模式、治理机制、治理手段，推进政府职能转变和政府管理服务创新，已成为实现国家治理体系和治理能力现代化的重要途径和必然要求。

（一）治理理念上：更加需要多元主体协同共治

党的十八大以来，习近平总书记高度重视社会治理问题，提出了一系列关于社会治理的新观念新论断新思想，实现了从“社会管理”到“社会治理”的新飞跃。互联网“即时互动、海量协同”资源组织的特性，与多元协同治理的需求不谋而合。依托云计算、物联网等新一代信息技术工具和网络化社交工具，海量用户得以更便捷地了解、评论或者参与到社会治理的过程中，使政民沟通渠道更加通畅和多元化。

当前，新一代信息技术与经济社会各领域深度融合进一步推进，推动社会形态发生深刻变化，利益关系日趋复杂，社会风险点传导更快。政府要维护社会良性运行，更应调动广大公民的参与积极性，更需要依托互联网等新技术手段，突破传统的封闭模式，促进政民互动，聚集民意和民智，推动政府一元单向的管理向政府主导、公众参与、多元协同治理的共治新格局转变，借助社会力量和集体智慧提升政府治理能力。

（二）治理模式上：更加需要顺应创新发展的时代特点

近年来，我国深入推进“放管服”改革，行政审批大量减少，市场主体总量快速增长，新技术带动各类新业态层出不穷。新模式新业态的发展大幅降低了社会主体参与经济活动的门槛，互联网平台企业快速崛起，个人依托平台成为参与经济活动的重要微观主体，行业竞争格局瞬息万变，跨领域、跨地区的发展趋势越发明显。

随着新一轮科技革命和产业变革，跨界融合、平台生态等将更快发展，传统“以批代管”“重审批轻监管”“分业监管”“属地监管”等管理方式难以适应当前环境下的市场监管要求。这对跨部门、跨地区协同治理提出了更高要求，迫切需要落实包容审慎监管要求，深化信息技术应用，推动政府治理模式向事中事后治理，扁平化、平台化管理模式转变，以协同治理的大系统激发跨部门协同治理的“化学反应”，推进治理模式创新，全面提升治理效能。

（三）治理机制上：更加需要阳光透明的运行监督

近年来，我国深入推进“互联网+监管”“互联网+政务服务”，国务院开通了“互联网+监管”平台，通过“双随机、一公开”充分提升监管的公平性、规范性、简约性，有效减少了执法者的自由裁量权和寻租机会，促进依法行政、执法公正。推进政务服务“一网通办、只进一扇门、最多跑一次”改革，推动构建方便快捷、公平普惠、优质高效的政务服务体系，提高了群众满意度。

党的十九大报告指出，要健全党和国家监督体系，增强党自我净化能力，根本靠强化党的自我监督和群众监督。充分运用现代信息技术创新行政权力运行方式，实现全程留痕、阳光政府，促进依法执政，不仅是对公众知情权的尊重，更是完善群众监督机制的重要支撑。面对新要求，迫切需要以互联网思维重塑新时代下政务服务的新模式，以现代信息技术整合政务服务资源，优化再造服务流程，强化行政权力监管，加快构建多级联动、规范透明、资源共享、业务协同的网上政务服务体系，真正通过制度安排让权力运行切实公开透明，营造阳光透明的治理环境。

（四）治理手段上：更加需要数据支撑的科学决策

随着城镇化进程的不断加快，社会治理的复杂度也将不断提升。这次新冠肺炎疫情防控的实践，暴露出我国社会治理和智慧城市建设中依然存在不少问题。面对新挑战，迫切需要依托物联网、云计算、人工智能、区块链等新技术，推动社会治理向更加高效化、精准化、智能化的方向发展，提高对公共危机事件的源头治理、动态监控、应急处置和感知预警能力，提升政府决策支持和风险防范水平。

2016年以来，国家发展改革委会同中央网信办等部门推进新型智慧城市建设，截至2019年12月底，全国所有副省级及以上城市、95%以上地级及以上城市、50%以上县级及以上城市已启动开展智慧城市相关工作。有关地方在智慧城市建设中积极运用大数据手段提高城市治理效能，取得了良好成效。

三、政策环境滞后于创新驱动发展的需要

（一）人才政策：更加需要“解放科学家”

党的十九大以来，我国进一步出台了一系列政策措施，深化“三评”体制改革，旨在优化科研项目评审机制、改进人才评价方式、完善科研机构评估制度，最大限度地为科研人员减负，按照科研规律办事，按照人才成长规律办事。开展清理“四唯”专项行动，旨在破除人才“帽子”花样繁多，科技评价“唯论文、唯职称、唯学历、唯奖项”的痼疾，减少对科研人员不必要的干扰，塑造潜心研究、追求卓越、风清气正的科研环境。科技领域改革的力度不可谓不大，各级政府的努力不可谓不多，但为什么广大科研人员的成就感、获得感似乎还不强？为什么科技支撑经济社会发展的能力与我们的要求相比还不够？为什么公众对科学家和科研人员的误解好像还不少？

首先，理念认识上存在差距。一些政府部门甚至科研单位，或是存在行为惯性，仍然从管理而非服务的角度定位自己在科研活动中的职能，没有真正将资源配置权、人才使用权、成果评价权下放给科研人员或科研共同体；或是存在思维惯性，没有清楚地认识到我国科技发展已进入新阶段，从跟踪学习到创新引领需要从根本上转变管理理念与管理方式，要更加尊重与发挥科研人员的主观能动性。部分社会公众甚至舆论报道，对科学家群体存在一定误解，将市场经济条件下科学家正常的科研资源使用视为“逐利”活动，将科学家对科学真知的探索和追求庸俗化为功利主义，这种舆论氛围甚至影响到了相关管理部门。

其次，政策执行上缺乏协调。现代科研活动的组织与管理具有高度的复杂性，涉及科技、教育、贸易、财政、人力资源、社会保障、国有资产管理等多个部门，项目管理、经费管理、设备采购、人事管理、薪酬待遇、知识产权、技术转移等多个环节，需要统筹推动，而不是单兵突进。现阶段在科技领域出现的一些改革难落地问题实际上是相关领域改革不配套所致。

最后，具体方式上缺乏创新。在这方面虽然也有一些试点性质的有益探索，比

如，针对基础研究人员与机构的稳定支持机制，在科研资助与项目管理领域引入公私合作方式，在项目评审、人才评价、机构评估中引入第三方专业机构、国际同行评估等，但尚未形成稳定的制度与机制。

（二）区域政策：更加需要平衡区域经济和创新能力

当前，由于我国区域经济发展不平衡，各地创新能力存在显著差异。具体来说，东部地区领先态势明显，中部、西部、东北地区均相对较低，并且普遍存在创新体系支撑力量薄弱、创新性成果转化率低、科研机构及其工作人员的激励机制不健全等现实问题[1]。经过40多年的改革开放，我国东部沿海部分地区现已进入信息化新时代，一直紧随国际科学技术发展前沿，甚至成了具有一定国际影响力的创新发展孵化地、聚集地、策源地。相对于东部沿海地区，我国中部和东北地区的很多地方仍然在传统工业化时代徘徊，依旧延续传统工业化道路，在传统经济增长模式上步履维艰甚至停滞不前，大量传统制造业企业亟待利用技术创新推动产业结构调整和转型升级。而更需要关注的是我国西部不少地区至今依然以传统农业为主，技术水平比较落后，劳动生产率较为低下，亟须依靠创新引领和推动当地经济发展方式的转变，积极探索循环、绿色、低碳的经济发展新模式。所以，我国区域创新能力发展不平衡归根结底是区域经济发展不平衡、资源要素配置不均衡所导致的。在未来我国创新驱动发展战略规划与实施中必须认清区域经济发展不平衡这一基本现实国情，相关政府部门需要更加全面综合地规划和实施有关创新驱动发展战略的方针与策略[2]。

（三）公共政策：更加需要坚实的支撑体系

目前，面对严峻复杂的国际经济新形势，除继续坚持传统意义上的以企业间充分竞争为基础的创新驱动发展模式以外，还要在更广范围内加速提升国内各个行业

[1] 孙久文、石林：《我国区域经济发展不平衡的表现、原因及治理对策》，《治理现代化研究》2018年第5期。

[2] 李猛、黄庆平：《“双循环”新发展格局下的创新驱动发展战略——意义、问题与政策建议》，《青海社会科学》2020年第6期。

的自主创新能力，进一步增强我国产业的整体实力和国际竞争力。尤其在一些重大国家战略需求、重要基础设施建设、公益性较强的领域中，需要通过政府的组织、引导、支持，把社会主义制度集中力量办大事的显著优势更加充分地发挥出来，在这些事关全局和长远发展的重大领域进行突破创新。例如，近年来我国在移动通信、载人航天、探月工程、高速铁路、北斗导航、超级计算机、特高压输电等重要工程领域所取得的伟大成就，便促进形成了具有中国特色的战略导向型创新驱动发展新模式。所以，在未来我国创新驱动发展战略推进过程中，必须统筹国内国际两个大局，继续坚守这种集中力量办大事的创新驱动发展模式，以此增强我国综合国力及国际竞争力。另外，在以互联网为代表的信息技术引领下，我国经济社会现已发生深刻变革，数字经济蓬勃发展并跨界融合，特别是在民营互联网企业的创新活力、巨大的网络市场发展空间、知识资本与风险投资的有机结合以及移动互联网加速发展的共同催化作用下，分享经济、数字经济迅速崛起，使得腾讯、阿里巴巴、百度、小米、滴滴等一批国内互联网企业进入世界前列，我国已在多个领域进入全球数字经济领跑者行列，可以说，以数字经济为典型代表的新经济不断为我国创新驱动发展战略注入了新动力。对于这些推动创新发展的新技术、新产业、新业态、新模式都亟须给予总结、提高和升华。

总之，国内日益多元化的创新驱动发展新模式是在复杂多变的国际形势下和艰巨繁重的国内改革过程中形成的。对此我们不仅要正确认识并准确把握新时期创新驱动发展战略的一般规律和共性，也要针对不同类型的创新驱动发展新模式及时制定出台精准适当且具有规范引领、服务保障作用的高水平公共政策，加快构建和完善符合创新发展新趋势的公共政策体系，从而为新时期创新驱动发展战略提供更为优质的政务服务和政策环境。然而，这需要依靠我国政府、行业、企业、社会、智库等多方力量共同推进，凭借集体智慧构建和完善与我国创新驱动发展战略相适应且符合未来创新发展新趋势的公共政策体系。

（四）创新政策：更加需要有力的体制机制改革

当前，影响我国创新驱动发展战略推进实施背后的深层次、根本原因是体制机制问题，现行僵化的体制机制严重制约了创新驱动发展作用的发挥，不健全的体制机制难以有效支撑我国创新驱动发展战略[1]。

一是我国事业单位改革滞后。科研领域的工资制度远远落后于创新发展的时代要求，僵化的科研体制机制束缚了我国创新驱动发展战略的顺利实施，严重影响到科研人员从事科技创新研究的积极性和主观能动性，我国科技创新的巨大潜力未能得到充分发挥，对此需要更加灵活、多元、开放的体制机制来推动新时代我国科技创新发展。

二是必须持续加强市场化、法治化、国际化营商环境建设。我国知识产权保护薄弱的现状依然困扰着各类创新型企业的建设发展，主要原因是国内知识产权保护制度尚不完善，仍未构建起能够有效保护知识产权和促进成果转移转化的良好法治营商环境，加之社会中企业创新文化建设滞后，很多情况下，真正投入资金和精力从事自主创新的企业往往很难生存，其创新成果经常无法得到应有的回报，所以在当前我国创新驱动发展战略中，知识产权保护系统亟待建立和完善。

三是需要加快转变政府职能，充分发挥市场在资源配置中的决定性作用。通过政府“有形之手”与市场“无形之手”的有效结合营造产业巨头与中小微企业共生共存的良好市场生态，借助中小微企业的自主创新活力与产业巨头的规模生产营销能力，让创新成果能够更快地转化为现实生产力和经济效益。

四是在鼓励创新驱动发展的同时，也要看到创新可能带来的风险。对创新带来的风险应当及时进行合理规制，这需要尽快建立起与我国国情相适应的创新风险防范化解机制，以实现创新发展与风险管控之间的利益关系平衡。

[1] 黄宁燕、王培德：《实施创新驱动发展战略的制度设计思考》，《中国软科学》2013年第4期。

第三节

创新驱动发展战略的顶层设计思路

习近平总书记指出：科技领域是最需要不断改革的领域，科技体制改革要敢于啃硬骨头，敢于涉险滩、闯难关，破除一切制约科技创新的思想障碍和制度藩篱；要坚持科技创新和制度创新“双轮驱动”，以问题为导向，以需求为牵引，在实践载体、制度安排、政策保障、环境营造上下功夫，在创新主体、创新基础、创新资源、创新环境等方面持续用力。习近平总书记的重要论述把科技创新和制度创新统筹起来，从生产力和生产关系辩证统一的高度，对深化创新体制机制改革作出系统部署和安排。

一、创新驱动发展战略顶层设计的指导原则

（一）坚持抓主要矛盾，明确要紧紧围绕科技和经济社会发展深度融合推进改革

目前，创新驱动发展战略的主要矛盾是科技与经济结合不够紧密。推进科技与经济社会发展深度融合，是推动科技体制改革的出发点和落脚点。从实验室技术到商业化应用，一般要经过小试、中试等步骤才能实现量产，需要解决一系列复杂的工程技术问题，具有较高的风险，学者们将这一阶段称为“死亡之谷”。科研成果跨越“死亡之谷”是一个全球性的难题，在我国表现得尤为突出。因此，要牢牢抓住这一主要矛盾，取消一系列影响创新链条顺畅运转的体制机制关卡，坚持把企业作为推动科技成果转化的主体，广泛调动科研人员的积极性，动员多方面力量，着力打通科技与经济结合“最后一公里”。

党的十八大以来，以习近平同志为核心的党中央紧紧围绕促进科技与经济社会

发展深度融合推进科技体制改革，取得了明显成效。在保护知识产权方面，坚决革新知识产权保护的体制机制，破解侵权易、维权难的突出难题。在激励科研相关人员方面，启动职务科技成果权属混合所有制改革，允许科研管理人员和科研人员持有股份，激发创新主体转化成果的内生动力。在金融支持方面，推动上海证券交易所设立科创板并试点注册制，积极推动投贷联动金融服务模式创新，积极破解科技成果转化的融资难问题。

（二）坚持系统思维方法，切实把推进科技体制改革和经济体制改革统筹协同起来

创新是一个系统工程，创新链、产业链、资金链、政策链相互交织、相互支撑，改革只在一个环节或几个环节搞是不够的，必须全面部署，坚定不移推进。破解制约创新的体制机制难题，要运用系统思维方法，考虑创新的经济因素，同时考虑制度、组织、社会、政治等因素，做好改革的顶层设计，保持战略定力，发扬钉钉子精神，从根本上塑造有利于创新的制度环境。

改革开放40余年来，我国构建起了有利于要素驱动、投资驱动的制度政策环境，要推动经济社会发展向创新驱动转变，需要对整个制度体系进行一次系统性的改革调整，涉及方方面面的改革。习近平总书记指出，科技体制改革必须与其他方面的改革协同推进，加强和完善科技创新管理，促进创新链、产业链、市场需求有机衔接。我们深刻认识到，实施创新驱动发展战略是一项系统工程，必须用系统思维方法，突出改革的系统性、整体性、协同性，全面推进科技体制改革、经济体制改革以及其他方面的改革，才能够取得实效。党的十八大以来，以习近平同志为核心的党中央全面分析影响创新驱动发展的体制机制因素，在构建国家创新体系特别是放宽市场准入、破除行业垄断和市场分割、建设协同创新平台、加大创新型小微企业支持力度、完善风险投资机制等方面持续发力，加强科技体制改革与经济、教育、金融等方面体制改革的衔接，从市场环境、科技管理、创新人才等方面，破除了一系列创新的体制机制改革障碍。

（三）坚持试点试验先行，强调要通过全面创新改革试验探索可复制推广的好经验好做法

试点是重要改革任务，更是重要改革方法。随着改革不断深入，改革的艰巨性、复杂性、系统性愈加凸显，啃下改革“硬骨头”，就需要发挥好试点对改革全局的示范、突破和带动作用，通过试点探索改革的实现路径和形式，为面上改革提供可复制推广的经验做法。近年来，党中央聚焦重大改革任务，深耕细作改革试验田，为推进全国面上改革积累了丰富经验。实践证明，试点能否迈开步子、蹚出路子，直接关系改革成效。习近平总书记指出，要遵循区域创新高度集聚的规律，研究在一些省区市系统推进全面创新改革试验，授权这些地区在知识产权、科研院所、高等教育、人才流动、国际合作等方面改革，形成几个具有创新示范和带动作用的区域性创新平台。2015年9月7日，《关于在部分区域系统推进全面创新改革试验的总体方案》正式发布，京津冀、上海、广东、安徽、四川、武汉、西安、沈阳等被确定为全面创新改革试验区域。经过5年多的改革试验，全面创新改革试验取得了重要成效，突破了一系列创新发展的体制机制障碍，形成了若干可复制推广的改革成果。全面创新改革试验区域研发投入持续增长，创新活力不断迸发，科技创新与经济社会发展更加协同，率先向创新驱动转型迈出实质性步伐。

二、创新驱动发展战略加快实施的重点任务

中共中央、国务院决策部署，国家发展改革委组织编制的《中华人民共和国国民经济和社会发展第十四个五年规划和2035年远景目标纲要》（简称《纲要》）指出，要“坚持创新在我国现代化建设全局中的核心地位，把科技自立自强作为国家发展的战略支撑，面向世界科技前沿、面向经济主战场、面向国家重大需求、面向人民生命健康，深入实施科教兴国战略、人才强国战略、创新驱动发展战略，完善国家创新体系，加快建设科技强国”。《纲要》将创新驱动作为首要任务，强调了实施创新驱动发展战略的重要方向：一是要把科技自立自强作为国家发展的战略支

撑，协同推进科技创新、产业发展和数字化转型；二是要加快建设科技强国，强化国家战略科技力量，健全社会主义市场经济条件下新型举国体制，提升企业技术创新能力，激发人才创新活力，完善科技创新体制机制，全面塑造发展新优势；三是要巩固壮大实体经济根基，深入实施制造强国战略，推进产业基础高级化、产业链现代化，保持制造业比重基本稳定，推动战略性新兴产业创新发展，扩大服务业有效供给，加快发展现代产业体系；四是要大力推动数字化发展，加强关键数字技术创新应用，协同推动数字产业化和产业数字化，加快数字社会建设步伐，提高数字政府建设水平，建设数字中国。

（一）自立自强，建立健全国家创新体系

《纲要》指出，强化国家战略科技力量，需要制定科技强国行动纲要，健全社会主义市场经济条件下新型举国体制，打好关键核心技术攻坚战，提高创新链整体效能。我国经济进入高质量发展阶段，从企业创新体系、区域创新体系到国家创新体系，从科技创新到全面创新，需要按照构建现代化经济体系的基本要求，重构组织模式，大幅提升效能，构建更具竞争力的创新生态体系。要推进科技创新与实体经济、现代金融、人力资源的紧密结合，打通科技与经济之间的通道，提高科技成果转化为现实生产力的效率；要提升全社会创新资源的动员能力，建立社会主义市场经济条件下关键核心技术攻关的新型举国体制，加速产业链上下游的协同，强化产学研用相关机构的协作，提升创新链、产业链、供应链安全保障能力，形成科技与经济深度融合的发展格局。

当前，我国各类创新主体的创新能力显著增强，但主体之间的协同配合仍存在不少瓶颈制约。要更加重视各类创新主体之间的协同和融通，推动形成创新合力。融通创新不仅包括传统意义上的产学研纵向协同创新，还包括大中小企业，甚至金融、法律、知识产权服务等创新生态参与者的横向协同，是一个融合发展、互利共赢、价值共创的创新生态体系，是实现创新网络中不同主体之间的资源融合互补、知识协同共享、价值共创共赢的协同发展模式。要通过打造体系化的融通创新生

态，加强科技创新统筹协调，努力克服各领域、各部门、各方面科技创新活动中存在的分散封闭、交叉重复等碎片化现象，避免创新中的“孤岛现象”，建立健全各主体、各方面、各环节有机互动、协同高效的国家创新体系。

（二）高端引领，全面塑造发展新优势

推动科学技术发展，需要深化对科学技术发展规律的认识，把握好科学研究和技术突破的关键特征，自觉以对规律的认识和对特征的把握来指导行动，力争实现我国整体科技水平从跟跑向并行、领跑的战略性转变，在重要科技领域成为领跑者，在新兴前沿交叉领域成为开拓者，创造更多竞争优势。

创新的主要目的是创造价值，主要任务是创造新产品、新服务、新模式等，追求市场竞争力。深刻认识和把握科学、技术和创新的客观规律，让科学研究回归公益属性，让竞争前技术开发回归应用引领，让产业化技术开发回归市场驱动，对我国选准科技创新主攻方向、合理配置创新资源、有力支撑经济社会发展具有重要意义。《纲要》指出，未来我国需要瞄准人工智能、量子信息、集成电路、生命健康、脑科学、生物育种、空天科技、深地深海等前沿领域，实施一批具有前瞻性、战略性的国家重大科技项目；制定实施战略性科学计划和科学工程，推进科研院所、高校、企业科研力量优化配置和资源共享；推进国家实验室建设，重组国家重点实验室；布局建设综合性国家科学中心和区域性创新高地，支持北京、上海、粤港澳大湾区形成国际科技创新中心；构建国家科研论文和科技信息高端交流平台。

（三）制造强国，推动实体经济高质量发展

《纲要》指出，坚持把发展经济着力点放在实体经济上，需要坚定不移建设制造强国、质量强国、网络强国、数字中国，推进产业基础高级化、产业链现代化，提高经济质量效益和核心竞争力。因此，需要促进科技创新与实体经济深度融合，更好发挥创新驱动发展作用。未来，我国需要保持制造业比重基本稳定，巩固壮大实体经济根基。坚持自主可控、安全高效，分行业做好供应链战略设计和精准施策，推动全产业链优化升级。锻造产业链供应链长板，立足我国产业规模优势、配套优势和部分领域先发优势，打造新兴产业链，推动传统产业高端化、智能化、绿色化，发展服务型制造。完善国家质量基础设施，加强标准、计量、专利等体系和能力建设，深入开展质量提升行动。促进产业在国内有序转移，优化区域产业链布局，支持老工业基地转型发展。补齐产业链供应链短板，实施产业基础再造工程，加大重要产品和关键核心技术攻关力度，发展先进适用技术，推动产业链供应链多元化。优化产业链供应链发展环境，强化要素支撑。加强国际产业安全合作，形成具有更强创新力、更高附加值、更安全可靠的产业链供应链。

（四）协同治理，培育壮大数字经济新动能

《纲要》指出，发展数字经济，需要推进数字产业化和产业数字化，推动数字经济和实体经济深度融合，打造具有国际竞争力的数字产业集群；需要加强数字社会、数字政府建设，提升公共服务、社会治理等数字化智能化水平。因此，未来需要着力提升数字经济治理体系和治理能力现代化水平，强化多元治理、技管结合和数字化公共服务创新。充分利用数字技术手段推动数字经济治理由封闭管理向开放治理转变，由粗放管理向精准治理转变，实现治理思维变革、治理手段优化、协同治理进阶。科学制定发展规则，合理设置“安全阀”与红线，探索治理新模式，防范和化解安全风险。

加快推进数字政府建设。深入推进政府各层级、各部门间数据系统整合共享，推进公共数据开放标准、规则体系建设，加快构建个人信息保护法律制度体系。建立完善以互联网、大数据、人工智能等技术手段进行行政管理的制度规则。积极探索推进治理体制机制改革，以适应数据跨境流动、数字税、数字货币等新治理领域。

构建包容审慎监管的多元协同治理体系。推进政府治理理念、方式变革，深化包容审慎监管，探索平台经济、共享经济触发式监管模式。探索推进区块链技术等创新应用，加快构建以信用为基础的新型监管机制。落实互联网平台主体责任，引导互联网平台加强自律，规范经营行为。加快构建第三方协同治理体系，鼓励行业协会等专业力量参与监管，拓展公众参与治理渠道，形成全社会共治体系。

推进新型智慧城市建设。完善城市感知网络部署，推进城市一体化监测感知能力建设。探索建设基于城市治理服务场景的城市数据大脑，推动城市神经系统往基层下沉、向周边拓展，深化安全管控、交通治理、城市管理等智慧化应用，构建一体化运营管理、应急处置智能决策系统。加快构建区域间新型智慧城市联网标准、规则体系，推进跨区域治理一体化能力建设。

完善网络空间安全保障体系。要充分利用社会化信息平台资源，构建形成协同联动、开放共治的网络安全协同治理业务体系。要筑牢网络安全防线，提高网络安全保障水平，强化关键信息基础设施防护，加强网络安全预警监测，确保个人隐私和大数据安全，实现全天候全方位感知和有效防护。推动网络安全技术创新和科研成果转化，全面提高网络治理能力。

CHAPTER 4

第四章

中国科技创新的发展规划

科技规划是国家（或地区）为实现科技发展战略目标而制定的方案体系，对目标实现的途径、措施、步骤作出具体的规定和设计，具有全局性、纲领性、系统性、前瞻性等基本特征。制定和实施科技规划，体现国家（或地区）的意志和政府的宏观指导，对国家（或地区）科技事业的发展起到关键作用。20世纪90年代以来，发达国家普遍改变了过去长期采取的对科技发展不干预政策，纷纷制定科技规划（或计划），大幅度增加研发支出，把争夺科技制高点作为国家发展战略的重点。随着世界科技创新竞争格局和经济社会发展需求发生深刻变化，我国科技规划逐步发展为科技创新规划，创新作为引领发展第一动力的作用更加突出，科技创新对我国经济社会发展的支撑和引领作用更加全面。

第一节

中国科技规划的发展与演变

科技规划是我国既具有层次重要性也具有完整延续性的政策工具，从1956年制定第一个科技发展长远规划到“十三五”期间颁布实施首个科技创新规划，科技规划已成为我国科技管理体制的重要组成部分，也是我国科技创新的主要手段和科技资源配置的主要方式。从历史上看，《1956—1967年科学技术发展远景规划纲要》的制定和实施对我国科研机构的设置和布局、高校学科及专业的调整、科技队伍的培养方向和使用方式、科技管理的体系和方法，以及我国科技体制的形成起了决定性的作用。此后，五年一次的科技规划对接国民经济和社会发展五年规划，为科教事业和科技创新发展奠定了体制机制和政策体系基础。《国家中长期科学和技术发展规划纲要（2006—2020年）》是新时期我国编制的一个重要的中长期科学技术发展规划，在规划的布局和指引下，我国展开了一系列重大战略部署，启动了国家科技重大专项，科技创新不断取得重大创新成果，开始步入以跟踪为主到跟踪和并跑、领跑并存的新阶段。《“十三五”国家科技创新规划》是科技发展规划向科技创新规划转变的第一个规划，是从创新的全链条进行的一次整体规划，标志着科技创新在国家发展全局的核心地位进一步强化。未来15年是我国从全面建成小康社会向基本实现社会主义现代化迈进的关键时期，也是实现跻身创新型国家前列目标的重要阶段，党的十九届五中全会历史性地把科技创新作为规划任务首位专章部署，强调坚持创新在我国现代化建设全局中的核心地位，标志着科技创新规划在国家总体规划中的地位和作用进一步增强。

一、中国科技规划的发展历程

中华人民共和国成立以来，中央政府根据不同时期经济社会发展的需要，先后制定和颁布了11次重大科技规划，这些科技规划产生于特定的历史时期，有其客观依据且具有鲜明的中国特色和时代特色，是对各个时期科技发展诸方面的战略考量与深远谋划，由此对我国的科技发展，乃至经济、政治、文化和社会发展等方面都有着深层次的影响。

（一）以国防建设为主的追赶阶段（1956—1966年）

1.《1956—1967年科学技术发展远景规划纲要》（“十二年科技规划”）

（1）背景及做法。

随着中华人民共和国成立后经济的逐渐恢复，国家设想在第二个、第三个五年计划内更大规模地开展经济建设，制定了相当宏伟的目标。经济目标的实现有赖于科学技术的发展，从而对我国当时还很薄弱的科技工作提出了很高的要求。1955年，国务院科学研究计划工作小组提出了编制“十二年科技规划”的报告。随后，在周恩来总理领导下，国务院成立了科学规划委员会，调集了几百名各种门类和学科的科学家参加编制规划工作，还邀请了近百名苏联各学科的著名科学家来华，帮助我们了解世界科学技术的水平和发展趋势。历经7个月完成的《1956—1967年科学技术发展远景规划纲要（草案）》，经反复讨论修改，于1956年12月由中共中央、国务院批准后执行。

（2）内容及特点。

“十二年科技规划”确定了“重点发展，迎头赶上”的指导方针。规划文件由《1956—1967年科学技术发展远景规划纲要》和4个附件组成：《1956—1967年科学技术发展远景规划纲要》包括序言、1956—1967年国家重要科学技术任务、任务的重点部分、基础科学的发展方向、科学研究工作的体制、科学研究机构的设置、科学技术干部的使用和培养、国际合作、结束语9个部分；4个附件分别是《国家重要科学任务说明书和中心问题说明书》《基础科学学科规划说明书》《1956年紧急措施和1957年研究计划要点》《任务和中心问题名称一览》。

“十二年科技规划”是中华人民共和国成立以来的第一个科技规划。在内容上，规划从13个方面提出了57项重要科学技术任务、616个中心问题，从中进一步综合提出了12个重点任务，还对全国科研工作的体制（主要是科学院、产业部门和高校三个方面之间的分工合作与协调原则）、现有人才的使用方针、培养干部的大体计划和分配比例、科学研究机构设置的原则等作了一般性的规定，是一个项目、人才、基地、体制统筹安排的规划；在组织上，规划工作由总理亲自领导，成立了专门的科学规划委员会，并组织了几百名中国科学家和近百名苏联科学家历时半年多讨论制定，尽了当时条件下的最大努力；在编制思路上，规划根据国民经济发展的需要和科技发展的方向确定国家的重要科学技术任务，把各个科技部门的力量汇集到统一的目标下；在实施上，科学规划委员会保留，成为规划实施的高级协调机构，负责协调规划实施的重大问题，监督规划的实施，特别是监督重点任务的实施等任务，并向中央报告规划实施的情况，确保了规划任务的完成。

（3）作用及影响。

《1956—1967年科学技术发展远景规划纲要》的制定和实施不仅对我国科学技术的发展起到重要的推动作用，而且对我国科研机构的设置和布局、高校学科及专业的调整、科技队伍的培养方向和使用方式、科技管理的体系和方法及我国科技体制的形成起到决定性的作用。这次规划不仅使我国迅速建立起相对完备的科学技术体系，而且使我国在特定的科技领域取得了重大突破，使我国在较短的时间内大大强化了维护国家安全和促进经济发展所需要的科技实力。

2.《1963—1972年科学技术发展规划纲要》（“十年科技规划”）

（1）背景及做法。

中共中央在1960年提出“调整、巩固、充实、提高”八字方针，要求对各行各业的工作进行调整，经中共中央批准，决定在“十二年科技规划”的基础上，制定

《1963—1972年科学技术发展规划纲要》。规划纲要由国家科委负责组织制定，先后有几百名专家参与了规划纲要的研究制定工作。规划纲要于1963年6月定稿，同年12月经中共中央、国务院批准，由国家科委下达，并会同各有关部委组织实施。

（2）内容及特点。

“十年科技规划”确定了“自力更生，迎头赶上”的科学技术发展方针，提出了“科学技术现代化是实现农业现代化、工业现代化、国防现代化的关键”的观点。该规划包括6个部分（共77卷）：纲要，重点项目规划，事业发展规划，农业、工业、资源调查、医药卫生等方面的专业规划，技术科学规划，基础科学规划。重点研究试验项目374项，3205个中心问题，15000个研究课题。为实现“十年科技规划”的目标和任务，还制定了12条具体措施，以及实施“十年科技规划”的管理办法。“十年科技规划”执行的头3年进展顺利，取得了一批重要成果，特别是为“两弹一星”的成功研制作出了重大贡献。

（3）作用及影响。

《1963—1972年科学技术发展规划纲要》在执行的初期进展顺利，对国民经济和国防建设发挥了很大的作用，使中国的科学技术水平迅速提高。虽中后期因“文革”基本陷入停滞，但其中很多指导思想和措施，仍较为深远地影响着中国科技发展模式。

（二）以经济建设为主的追赶阶段（1978—1994年）

1.《1978—1985年全国科学技术发展规划纲要》（“八年科技规划”）

（1）背景及做法。

1977年8月，在科学和教育工作座谈会上，邓小平同志指出，我们国家要赶上世界先进水平，须从科学和教育着手。科学和教育目前的状况不行，需要有一个机构，统一规划，统一协调，统一安排，统一指导协作。随后，各地方、各部门开始启动规划研究编制工作。1977年12月，在北京召开全国科学技术规划会议，动员了1000多名专家、学者参加规划的研究制定工作。1978年3月，全国科学大会在北京隆重举行，大会审议通过了《1978—1985年全国科学技术发展规划纲要（草案）》。同年10月，中共中央正式转发《1978—1985年全国科学技术发展规划纲要》。

（2）内容及特点。

“八年科技规划”提出了“全面安排，突出重点”的方针。“八年科技规划”包括前言、奋斗目标、重点科学技术研究项目、科学研究队伍和机构、具体措施、关于规划的执行和检查等几个部分，确定了8个重点发展领域和108个重点研究项目。同时，还制定了《科学技术研究主要任务》《基础科学规划》《技术科学规划》。规划实施期间，邓小平同志提出了“科学技术是第一生产力”以及“四个现代化，关键是科学技术现代化”的战略思想，为发展国民经济和科学技术的基本方针和政策奠定了思想理论基础。1982年，将该规划的主要内容调整为38个攻关项目，以“六五”国家科技攻关计划项目的形式实施，这是我国第一个国家科技计划。

（3）作用及影响。

《1978—1985年全国科学技术发展规划纲要》制定时明显脱离了实际，在执行的初期犯下较多冒进的错误。1982年，国家计委、国家科委把“八年科技规划”的108个重点研究项目调整为38个国家级攻关项目，以“六五”国家科技攻关计划项目的形式实施。此计划实施后，我国发展了一批相当于发达国家20世纪70年代末、80年代初的先进技术，在一些重要的科学技术领域也缩小了同世界先进水平的差距。

2.《1986—2000年科学技术发展规划》

（1）背景及做法。

中共中央、国务院于1981年4月责成国家科委会同有关部门准备起草科技发展规划。1982年底，国务院批准了国家计委、国家科委《关于编制十五年（1986—2000年）科技发展规划的报告》，由国务院科技领导小组统一领导科技长期规划的制定、重大技术政策的研究等工作。随后成立了由国家科委、国家计委、国家经委共同领导的科技长期规划办公室，组织了200多名专家和领导干部集中工作，成立了19个专业规划组，开展规划的研究与编制工作。根据国务院的统一部署，国家科委、国家计委和国家经委联合组织了全国性的技术政策的论证工作。全国实际参与规划工作的有3000多人。科技长期规划办公室还邀请了西德、日本、欧共体、美国等国家或组织的知名人士和工程技术专家座谈，了解国际发展趋势和一些国家的经验教训。

（2）内容及特点。

《1986—2000年科学技术发展规划》贯彻“科学技术必须面向经济建设，经济建设必须依靠科学技术”（简称“面向、依靠”）的基本方针，突出重点，不搞面面俱到；强调实事求是，不片面追求赶超，而是根据我国的实际情况，发展具有我国特色的科学技术体系。该规划包括《1986—2000年全国科学技术发展规划纲要》《1986—1990年全国科学技术发展计划纲要》和12个领域的技术政策（1988年又增加了2个领域）。规划纲要主要内容包括形势与任务、战略与方针、轮廓设想、内容提要、几个重大问题等几个部分。计划纲要包括形势与现状、战略方针与基本任务、计划要点、主要措施等几个部分。技术政策概述了12项技术的国内状况，确定了今后的基本发展方向、2000年要达到的目标以及主要的技术路线和重点工作。

（3）作用及影响。

《1986—2000年科学技术发展规划》强调科技与经济的结合，在“面向、依靠、攀高峰”基本方针的指导下，进一步推动了科技体制改革；作为指导、监督、检查我国技术发展方向的基本政策依据，促进了科技成果迅速广泛地应用于生产；此规划下相继出台了高技术研究发展计划（“863计划”）、推动高技术产业化的火炬计划、面向农村的星火计划、支持基础研究的国家自然科学基金等科技计划，保证了规划的实施，为国家管理科技活动、配置科技资源进行了有益的探索。

3.《1991—2000年科学技术发展十年规划和“八五”计划纲要》

（1）背景及做法。

随着科学技术和经济建设的发展，国家对15年规划的目标和内容进行了调整，于20世纪80年代末研究制定了《国家中长期科学技术发展纲领》及《国家中长期科学技术发展纲要》，对到2000年、2020年我国科技发展前景作了宏观性、概括性的表述。根据该纲领及纲要，1991年3月国家科委又组织制定了《1991—2000年科学技术发展十年规划和“八五”计划纲要》，1991年12月国务院审议并原则通过了《国家中长期科学技术发展纲领》《国家中长期科学技术发展纲要》《1991—2000年科学技术发展十年规划和“八五”计划纲要》，并于1992年向全国发布实施。

（2）内容及特点。

《国家中长期科学技术发展纲领》突出了邓小平“科学技术是第一生产力”的思想，全面总结了40多年来我国科技事业发展的成就、经验和教训，阐明了我国中长期科技发展的战略目标、方针、政策和发展重点；《国家中长期科学技术发展纲要》进一步选择了带有全局性、方向性、紧迫性的27个领域（行业），对中长期的重大科技任务进行了详细分析；《1991—2000年科学技术发展十年规划和“八五”计划纲要》进一步明确了10年和5年的科技发展目标和任务，包括前言、发展目标和指导方针、重点任务、科技体制改革、对外开放、支撑条件和措施等几个部分，继续坚持“面向、依靠”的基本方针。在各部门强化计划手段的形势下，规划和计划相对分离。

（3）作用及影响。

《1991—2000年科学技术发展十年规划和“八五”计划纲要》进一步明确了我国科研定位，冲击旧的科技体制和传统观念，通过改革科技体制和拨款制度、开拓技术市场、调整组织结构等措施，使科研院所适应市场经济竞争机制，增强自我发展能力和主动为国民经济建设服务的能力。

4.《全国科技发展“九五”计划和到2010年长期规划纲要》

1994年，由国家计委、国家科委共同组织，并成立部际协调领导小组，开始编制《全国科技发展“九五”计划和到2010年长期规划纲要》，主要内容包括形势与现状、指导思想与基本原则、发展目标和任务、发展重点、科技体制改革、人才培养与科技队伍建设、支撑条件和措施等几个部分。由于种种原因，1998年经国家科教领导小组讨论后该规划未对外正式发布。

（三）科教兴国战略阶段（1995—2011年）

1.《国民经济和社会发展第十个五年计划科技教育发展专项规划》

（1）背景及做法。

根据1998年10月国家科教领导小组第二次会议的决定，科技部自1998年10月开始进行“十五”科技发展规划的前期研究工作。2000年2月，成立由国家计委、科技部牵头，国家经贸委等11家单位负责同志参加的“十五”科技发展规划起草领导小组，由科技部具体组织规划的编制工作。2001年5月，根据国务院领导同志指示，由国家计委和科技部联合发布“十五”科技发展规划。

（2）内容及特点。

“十五”科技发展规划在“面向、依靠、攀高峰”的基础上，提出了“有所为、有所不为，总体跟进、重点突破，发展高科技、实现产业化，提高科技持续创新能力、实现技术跨越式发展”（简称“创新、产业化”）的指导方针，并在“促进产业技术升级”和“提高科技持续创新能力”两个层面进行战略部署。规划的主要内容包括前言、形势与现状、指导方针与发展目标、战略部署与重点任务、关键措施与支撑条件等几个部分。规划内容相对具体，有较强的操作性。在规划制定的同时，研究提出了“3＋2”的计划体系，3个国家主体科技计划即“863计划”、科技攻关计划、基础研究计划，2个环境建设计划即研发条件建设计划、科技产业化环境建设计划。“十五”科技发展规划所确定的内容都在年度计划中予以安排实施。

在“十五”计划实施期间，科技部加强了科技发展宏观战略研究，及时调整了科技工作思路：第一，调整科技创新战略的指导思想，更加强调原始性创新，力争实现科学技术发展的跨越；第二，调整科技创新的理念和管理体制，牢固树立以人为本的理念和价值观；第三，调整科技创新的工作方针，有所为、有所不为，集中力量办大事；第四，调整科技创新的模式，从注重单项创新转变为更加强调各种技术的集成，强调在集成基础上形成有竞争力的产品和产业；第五，调整科技创新的政策对象，从注重科研院所转为调动和组织全社会科技力量。为了应对加入WTO的新形势要求，及时提出并实施了“人才、专利、技术标准”三大战略。突出重点，集中力量，实施了12个重大科技专项。深化科技体制改革，积极推进国家创新体系建设。

2.《国家中长期科学和技术发展规划纲要（2006—2020年）》

（1）背景及做法。

制定国家中长期科学和技术发展规划，是党的十六大提出的一项重要任务。为了加强此项工作的领导，2003年6月，国务院专门成立了以时任总理温家宝为组长、时任国务委员陈至立为副组长，23个部门的主要领导参加的规划领导小组，以及由11个部门组成的规划领导小组办公室。规划领导小组办公室设在科技部。同时，为了加强咨询，还成立了以周光召、宋健、朱光亚为召集人的规划专家顾问组。2003年8月开始，规划领导小组办公室组织2000多名科技、经济、管理、企业等方面的专家，分20个专题进行了为期1年多的战略研究。自2004年8月开始，规划工作进入纲要编制阶段。成立了由有关部门以及科技、教育和企业等方面专家组成的纲要起草组，对战略研究取得的成果进行梳理和凝练，并送中国科学院、中国社会科学院、中国工程院开展“三院”咨询，召开科技界和企业界代表参加的座谈会，多方面征求意见。2006年，中共中央、国务院同时发布施行这一规划。

（2）内容及特点。

规划纲要部署了11个国民经济和社会发展的重点领域以及68项优先主题，16个具有战略意义的重大专项，8个重点技术领域的27项前沿技术，18个基础科学问题，4个重大科学研究计划。它们涵盖能源、资源、农业、制造业领域，载人航天和探月、转基因生物新品种培育等战略工程，生物、信息、制造等领域的前沿技术以及蛋白质、纳米等科学研究。规划纲要最大的特点就是突出自主创新，并以此为主线贯通全篇。自主创新是新的历史条件下我国科技发展的指导思想，对于我国未来科技和经济社会发展具有极其重要的战略意义。规划纲要提出建立以企业为主体、以市场为导向、产学研相结合的技术创新体系，这是我国科技发展战略的一个重大调整，是国家中长期科学和技术发展规划一个重要的特点。

3.《国家“十一五”科学技术发展规划》

（1）背景及做法。

2006年，科技部同国家发改委研究制定了《国家“十一五”科学技术发展规划》。该规划是指导我国未来5年科学技术发展的纲领性文件，核心要务是全面部署和落实《国家中长期科学和技术发展规划纲要（2006—2020年）》确定的各项重点任务。

（2）内容及特点。

《国家“十一五”科学技术发展规划》把我国科技工作重点放在“发挥科技支撑与引领作用”和“加强科技创新能力与制度建设”两个方面进行了战略部署。具体包括八项任务：一是瞄准战略目标，集中力量实施好《国家中长期科学和技术发展规划纲要（2006—2020年）》确定的重大专项；二是面向紧迫需求，加强能源、资源、环境、农业、信息、健康等关键领域的重大技术攻关；三是把握未来发展，超前部署前沿技术和基础研究；四是强化共享机制，建设科技基础设施与条件平台；五是实施人才战略，加强科技队伍建设；六是营造有利环境，加强科学普及和创新文化建设；七是突出企业主体，全面推进中国特色国家创新体系建设；八是加强科技创新，维护国防安全。与以往的五年规划相比，这次规划主要突出了5个方面的特点：突出以自主创新为主线，突出和谐发展、科学发展的要求，突出对基础研究的稳定支持，突出以企业为主体，突出自主创新的能力建设与环境建设。

（3）作用及影响。

在《国家“十一五”科学技术发展规划》指导下，我国科技工作坚持“自主创新，重点跨越，支撑发展，引领未来”的指导方针，坚定不移走中国特色自主创新道路，把提高自主创新能力摆在全部科技工作的突出位置，顺利完成“十一五”主要目标和任务，我国科技发展进入重要跃升期。

4.《国家“十二五”科学和技术发展规划》

（1）背景及做法。

为贯彻落实党的十七届五中全会精神和《中华人民共和国国民经济和社会发展第十二个五年规划纲要》，深入实施中长期科技、教育、人才规划纲要，按照国务院的部署要求，科技部会同国家发改委、财政部、教育部、中科院、工程院、自然科学基金会、中国科协、国防科工局等有关部门和单位，编制完成《国家“十二五”科学和技术发展规划》。规划历经战略研究、集中编制、征求意见、论证审议等阶段，广泛听取了科技界及其他各方意见，上百个研究机构、上千名专家参与，集中修改几十余次。规划编制注重加强组织领导和高层咨询，先后多次召开领导小组会议和专家顾问组会议，就规划工作方案、总体框架、重点内容和规划文本进行研究审议；注重加强战略研究，组织开展了中长期科技规划纲要执行情况检查评估和重大专项、基础研究、战略高技术、科技人才、国际合作等专题研究；注重加强与相关方面的协商，先后与全国人大、全国政协、国务院参事室、部分民主党派中央以及10多个部门进行沟通会商，召开了地方科技系统片区会议；注重加强需求征集和公众参与，组织征集“十二五”科技发展重大需求，面向社会公众开展了建言献策和网上公开征求意见活动。

为更好地实施规划，根据经济社会发展的新要求，科技部把规划任务的部署落实摆在重要位置，同步推进“十二五”国家科技计划管理改革。针对当前科技计划管理中存在的薄弱环节和突出问题，提出要进一步聚焦国家战略目标，突出重大任务的系统设计和整体布局；强调各科技计划要围绕创新链产业链进行系统部署，促进科技资源集成应用与开放共享，实现项目、基地、人才的有机结合；建立国家科技计划备选项目库，推进网络视频答辩和评审；建立和落实项目法人管理责任制和项目专员制，优化经费预算管理，完善评估评价、责任追究和成果汇交机制；加强项目实施全流程的信用管理，加强科技计划的信息公开；加强科技计划支持重点与地方、行业部门工作重点的有机对接。

（2）内容及特点。

该规划对未来5年我国科技发展和自主创新的战略任务进行了部署，突出以下重点：一是加快实施国家科技重大专项；二是大力培育和发展战略性新兴产业；三是推进重点领域核心关键技术突破；四是前瞻部署基础研究和前沿技术研究；五是加强科技创新基地和平台建设；六是大力培养造就创新型科技人才；七是提升科技开放与合作水平。规划针对当前科技发展面临的深层次问题，从体制机制和政策环境两方面提出了措施：一是深化科技体制改革，全面推进国家创新体系建设。深入实施国家技术创新工程和知识创新工程，加强科技宏观管理和统筹协调，创新产学研结合机制，推进科技计划和科研经费管理制度改革，深化科技评价和奖励制度改革等。二是强化科技政策制定和落实，充分发挥市场配置资源的基础性作用，强化政府对科技创新活动的服务和对科技创新需求的引导，优化全社会创新环境。

（3）作用及影响。

在该规划指导下，我国科技创新步入以跟踪为主转向跟踪和并跑、领跑并存的新阶段，正处于从量的积累向质的飞跃、从点的突破向系统能力提升的重要时期。科技创新在国家发展全局中的核心位置更加凸显，在全球创新版图中的位势进一步提升，我国已成为具有重要影响力的科技大国。

（四）创新驱动发展阶段（2012—2020年）

这一时期的科技规划主要是《“十三五”国家科技创新规划》。

（1）背景及做法。

“十三五”时期是全面建成小康社会和进入创新型国家行列的决胜阶段。2016

年，国务院颁布实施《“十三五”国家科技创新规划》。该规划以深入实施创新驱动发展战略、支撑供给侧结构性改革为主线，围绕塑造更多依靠创新驱动、更多发挥先发优势的引领型发展，对实现步入创新型国家行列的战略目标进行了重点安排，是国家在科技创新领域的重点专项规划，是我国迈进创新型国家行列的行动指南。

（2）内容及特点。

与以往国家科技规划不同，《“十三五”国家科技创新规划》首次以“国家科技创新规划”命名。该规划是国务院确定的22个国家重点专项规划之一，对我国未来5年科技创新作了系统谋划和前瞻布局，是国家“十三五”规划纲要和《国家创新驱动发展战略纲要》的细化落实。规划共分8篇27章，从创新主体、创新基地、创新空间、创新网络、创新治理、创新生态6个方面提出建设国家创新体系的要求，并从构筑国家先发优势、增强原始创新能力、拓展创新发展空间、推进大众创业万众创新、全面深化科技体制改革、加强科普和创新文化建设等6个方面进行了系统部署。

（五）全面塑造发展新优势阶段（2020年至今）

这一时期的科技规划主要是《中华人民共和国国民经济和社会发展第十四个五年规划和2035年远景目标纲要》。

（1）背景及做法。

“十四五”时期是我国全面建成小康社会，实现第一个百年奋斗目标之后，乘势而上开启全面建设社会主义现代化国家新征程，向第二个百年奋斗目标进军的第一个5年。“十四五”时期及未来相当长的一段时期，我国仍然处于战略机遇期，但机遇和挑战都有新的发展变化。世界动荡变革、经济潜在增长率放缓，对科技创新提出了新要求。2021年3月，《中华人民共和国国民经济和社会发展第十四个五年规划和2035年远景目标纲要》颁布，对我国“十四五”时期经济社会发展提出了详细的指导方针，对科技创新专章部署，将创新放在我国现代化建设全局中的核心地位，将科技自立自强作为国家发展的战略支撑。

（2）内容及特点。

“十四五”规划明确了科技创新的“四个面向”目标，即面向世界科技前沿、面向经济主战场、面向国家重大需求、面向人民生命健康。从以下四个方面对坚持创新驱动发展、全面塑造发展新优势进行了部署：在强化国家战略科技力量方面，指出要制定科技强国行动纲要，健全社会主义市场经济条件下新型举国体制；在提升企业技术创新能力方面，进一步明确要强化企业创新主体地位，促进各类创新要素向企业集聚，形成以企业为主体、以市场为导向、产学研用深度融合的技术创新体系；在激发人才创新活力方面，深化人才发展体制机制改革；在完善科技创新体制机制方面，指出要深入推进科技体制改革，完善国家科技治理体系，健全知识产权保护运用体制和积极促进科技开放合作。

二、中国科技规划的演变分析

（一）共性分析

我国历次科技规划尽管内容差异较大，但核心部分仍具有很多的共同点。第一，对国家科技发展进行总体部署，是政府干预科技发展的重要手段。通过规划的方式来展现政府对科学技术的认识，提出科技的发展方向和目标，配置全国科技资源。无论是最初的科技远景规划还是最新的“十三五”科技创新规划，都非常明确地提出了科技的发展方向和目标。第二，规划目标均在不同阶段体现出了提高科技水平、促进科技进步这一核心使命。规划目标作为规划的核心，反映历次科技规划的首要任务：提高科技水平、促进科技进步。第三，规划内容具有较大的共同之处。内容基本上包括规划背景（现状与趋势）、战略与目标、重点领域与任务、措施与保证等方面。核心是确定目标和重大领域与任务。第四，规划工作量大，涉及的部门和行业广。科技规划不仅仅涉及科技本身，还涉及政治、经济以及文化等方面，更涉及国家战略方面。每次科技规划的编制都需要科技界、企业界的积极参加和公众的参与，以及各相关部门的积极配合和不懈努力。

（二）变化分析

纵观历次科技规划，可以看出规划编制自身、规划期限、规划目标以及规划内容都在发生变化。第一，历次科技规划反映了我国在编制规划之际所处的国际国内环境背景以及对于科技发展的需求。第二，历次科技规划反映了规划思路从“计划思想”向“市场思想”，规划形式从“指令性”到“指导性”的转变；从规划期限上看，后几次规划基本上既有长远设想又有近期安排，更多的是给出某些框架性、方向性的规定。第三，从强调科技自身发展到强调科技与经济的结合，从第四次科技规划开始，更强调科技服务于经济建设与自身发展和建设两个方面。第四，随着世界环境和我国国情的变化，规划中我国科技发展战略经历了从科技赶超战略到创新型国家战略的转变，主要内容实现了从引进、学习、借鉴到自主创新，从发展工业到全面推进、重视基础研究的转变。

（三）局限分析

纵观不同时期制定与实施的科技规划，由于科学背景和经济基础的不同，这些科技规划也存在不同程度的局限和弊端，主要体现在四个方面：一是政府意志过于突出，科技规划与经济发展水平脱钩。长期以来，我国局限于发展实用科学体系，在当代科学技术发展历程中，国家在领导科学事业中仍表现出这种偏向，并演变成为整个国家的主导性科技意识，影响着科学发展战略思想、方针、政策的制定和规划。二是规划模式缺乏足够的灵活性与合理性。首先，“面向、依靠”的基本政策限制了科学技术自身的发展，妨碍了科学技术的自主运行，以致妨碍了经济与科学技术的协调发展；其次，科技规划的制定主要是以政府的意志为转移，一定程度上限制了科学自身的发展规律。三是社会环境因素的不稳定干扰了科技规划的实施。在规划和计划指导下发展科技的政策，在长时期内处于主导地位，要求科学行为规范适应社会意识形态规范。四是规划模式对基础研究的限制。科学规划和技术规划有很大的不同，对于技术，国家可以计划方向和项目，对于科学，尤其是基础研究，国家只能规划好体制，创造环境，提供经费，让科技工作者潜心研究。

总体来看，我国历次科技规划在执行期间都取得了较好成果，其发展演变呈现出以下三个特点：一是从重视科技发展本身到更加重视科技对于经济社会发展的支撑引领作用；二是从重视技术突破到更加重视体制机制改革和创新体系建设；三是规划的领域逐步扩展。这些特点的转变，主要是受到全球科技创新发展形势、我国经济社会发展需求以及科技创新实力和能力等因素的影响。特别是进入新时代，科技创新作为提高社会生产力、提升国际竞争力、增强综合国力、保障国家安全的战略支撑，被摆在国家发展全局的核心位置，要充分发挥科技创新的引擎作用和支撑作用，必须推动科技发展规划向科技创新规划转变。

第二节

中国科技规划的制定与实施

科技创新资源配置的模式和路径选择关系到国家科技竞争力的提升、经济与社会发展的转型与可持续的实现。随着全球新一轮科技革命和产业变革的推进，各主要国家纷纷出台科技发展战略与规划，将创新置于经济、社会发展与国家竞争力提升的核心地位，通过选择优先领域、制定发展规划与路线图、出台强有力的措施来保证战略的有效实施。过程视角下的科技规划涵盖了多个流程和环节，其中科技规划的制定与实施是最重要的两个阶段，直接影响规划目标的实现。本章节内容试图基于公共政策过程理论构建科技规划制定与实施的分析框架，为分析主要典型国家科技规划制定与实施的经验奠定理论基础。

一、科技规划的制定："目标约束—方案咨询—政府决策"的框架

科技规划制定过程主要包括科技计划的提出、规划方案的编制等。在政策制定过程中，科技规划议题如何被识别、进入政府决策议程已成为至关重要的一个环节；不进入政府决策议程，科技理念、议题等就没有通过政府加以解决的可能。我们认为科技规划是"科学+国家意志"的产物，是"科学家+政治家"互动的结果，科学利益和国家利益的双赢和最大化是双方共同的目标。因此，我们构建了"目标约束—方案咨询—政府决策"的框架，以此来认知、理解科技规划的制定（见图4-1）。

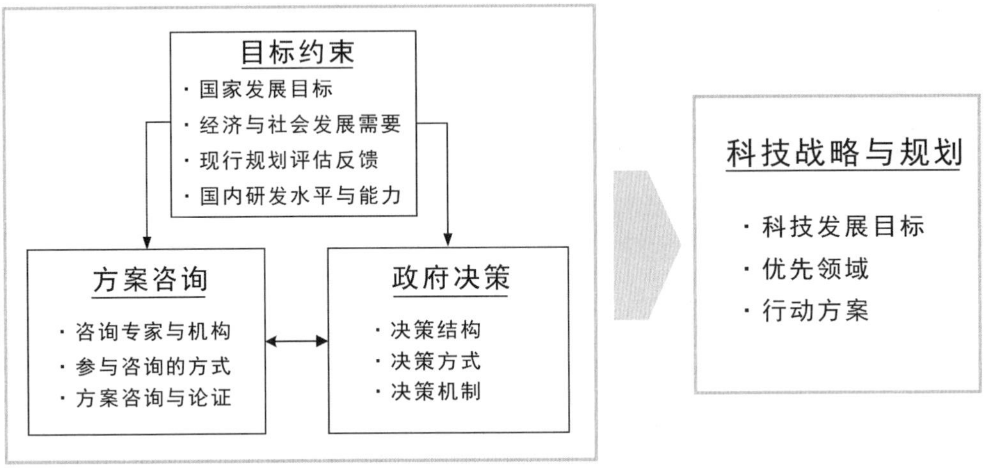

图4-1　科技规划制定的框架：目标约束—方案咨询—政府决策

科技规划的制定主要体现在以下三个方面：科技发展目标的确定、优先领域的遴选和具体的行动方案的编制。影响科技规划制定的因素主要包括目标约束、方案咨询、政府决策三个维度。

目标约束主要指的是科技规划理念、议题的重要程度，包括国家发展目标、经济与社会发展需要、现行规划评估反馈、国内研发水平与能力四个要素。国家发展目标体现了在某科技创新领域的目标是保持领先地位还是追赶先进国家。例如，美国科技发展战略或计划的目标之一就是确保在该领域的世界领先地位。2001年，美国支持国家纳米计划的预算为4.95亿美元；2005年，纳米技术的重要性被国际社会充分认识，日本、欧盟等国家和地区加大了对纳米技术和材料研究的支持力度，为了保持在纳米技术领域的领先优势，美国于2005年、2008年支持国家纳米计划的预算分别是12亿美元和14.45亿美元。经济与社会发展需要是科技规划提出的直接动力。英国萨塞克斯大学科技政策研究中心（SPRU）主任Johan Schot等人提出了创新政策经历研发与规制政策（R&D and regulation）、国家创新系统（national systems of innovation）、转型性变革（transformative change）三个发展阶段，相应地形成了三种理论框架，揭示了科技创新领域从注重科技创新本身向引领社会发展转变，形成了面向可持续发展目标的创新政策范式，体现了科技创新发展与经济、社会可持续发展的紧密互动。科技计划的设立是为了解决经济、社会发展面临的迫切问题，如日本的科技创新计划是根据“实现清洁、经济的能源系统，构建引领国家的健康长寿社会，建设世界领先的下一代基础设施，利用当地资源复苏区域经济，加快灾区重建复兴”等经济、社会发展问题而确定具体研发任务的[1]；最新制定的《第五期科学技术基本计划（2016—2020）》提出了日本要在全球率先实现“超智能社会”（Society 5.0）的目标，体现了为解决经济、社会层面问题进行变革的理念，明确了日本社会发展的方向。现行规划评估反馈影响着该领域规划的未来变迁，如日本综合科学技术创新会议（Council for Science，Technology and Innovation，CSTI）在编制具体的计划之前，会委托日本科技政策研究所（National Institute of Science and Technology Policy，NISTP）和一些商业咨询机构对原有科技基本计划的实施情况进行全面评估，总结评价之前科技计划和政策的效果，以此作为依据影响该领域科技计划的未来制定。国内研发水平与能力决定了科技发展战略、规划目标的设立和实现，盲目地确保或者追赶高水平战略技术目标都会降低科技规划的效能，甚至以失败告终。

科技创新领域的特征、科技规划的特征决定了科学家与政治家在规划制定过程中的互动方式。方案咨询体现了在科技规划制定过程中决策咨询的功能与作用，主要包括咨询专家与机构、参与咨询的方式、方案的咨询与论证三个要素。在科技创新领域，主要发达国家都建立了科技决策咨询制度，为政府决策咨询提供规范性、资源性及稳定性制度保障。在科技规划制定过程中，方案咨询扮演着重要的角色，发挥着知识价值的功能。专家和咨询机构就科技规划的理念、科技发展目标的确定、优先领域的遴选和行动方案的编制等进行研究，提出有针对性的、有价值的、科学的建议或比较方案，为政府决策提供咨询、论证和参考。例如，在英国科技规划和计划的制定过程中，政府科学办公室及商业、创新和技能部将听取来自英国

[1] 中国科学技术信息研究所：《国外科技计划管理与改革》，科学技术文献出版社，2015。

四大科学院、科学技术委员会（CST）[1]、研究理事会、资助委员会、企业等各方相关的科学家、企业界人士的咨询建议，确定对英国未来发展有重大影响的关键科技领域，提出今后的科技规划咨询报告，提交科技界和公众公开咨询。日本在科学基本计划的动议提出、咨询和审议、遴选和编制等环节充分发挥决策咨询的作用。CSTI在计划编制之前，会通过多种方式总结评价之前科技计划和政策的效果，并在下一个计划正式开展的前一年，CSTI的专家议员会向首相建议组建由学者、业界人士、大学负责人等外部专家组成的基本计划专门调查会，负责审议和制定科技基本计划；各省厅根据科技基本计划中的不同领域，邀请相关专家参加科技计划评价研讨会，经过研究、咨询、审议后制订本部门的科技计划。

科技规划是公共政策的一种体现形式，最终由政府审议和颁布。不同国家的政治体制有较大差异，但在政府决策维度有决策结构、决策方式和决策机制三个核心通用要素，影响科技发展目标和内容的选择。决策结构是指参与决策的行为主体（包括个人、组织、机构）之间相互关系的组成方式。各决策行为主体以一定的相对稳定的方式或形式组合起来，从静态层面反映了决策权力在不同的决策行为主体之间的分配关系。决策结构的不同既决定着决策方式的安排和决策机制的设计，也从根本上影响着公共权力运行的整体功能。决策机制是指相互关联的决策环节、步骤、阶段按照一定的先后顺序排列形成的规范、有序的决策流程。政府决策是一个多种因素相互作用、各种利益关系相互博弈的动态过程，决策机制是保障这种动态过程有序化的制度化安排，强调了决策权力的动态运行过程。美国行政系统的科技决策结构和决策机制[2]如图4-2所示。

[1] CST是由英国政府科学办公室资助的国家科技政策和战略方面的最高独立咨询机构。两位联合主席一位是政府首席科学顾问，另一位是独立的科技界人士；成员是来自科技界、企业界和慈善机构的知名专家，由首相直接任命。CST的任务是受政府委托或独立提出科技创新重大议题，组织专家小组形成咨询建议报告。

[2] 周光辉：《当代中国决策体制的形成与变革》，《中国社会科学》2011年第3期。

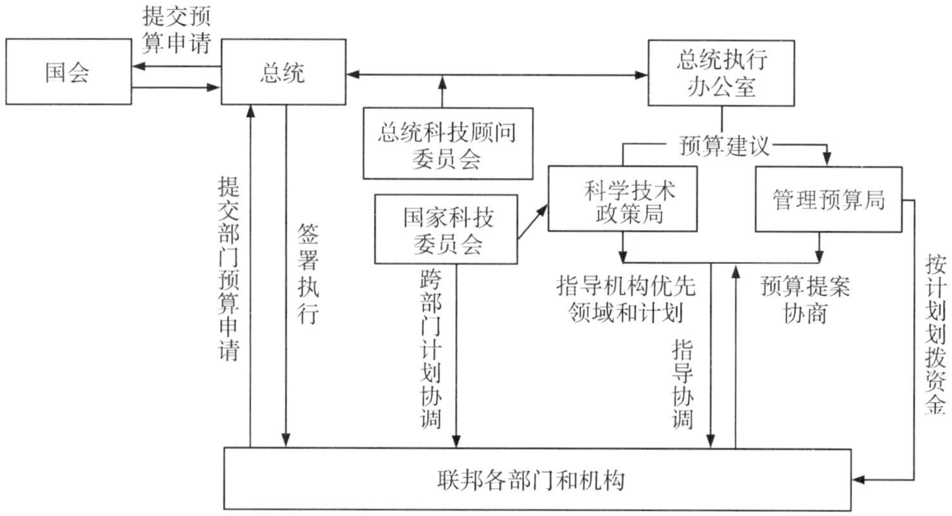

图4-2　美国行政系统的科技决策结构和决策机制

决策方式是指决策行为主体行使决策权力的方法和形式。不同的决策方式不仅会影响决策信息的处理效率，也会营造不同的决策情境，从而最终对政策的产出结果形成影响。技术预见是规划制定过程中常用的方法，如英国政府科学办公室采用Foresight前瞻项目[1]与战略扫描项目组开展的对世界科技发展的最新趋势、本国的社会经济发展现状的相关调研，着眼于长期的机遇和挑战，对未来的科学技术战略进行远期的战略预见与建议分析。Foresight的每个项目都围绕一个主题开展预见活动，通常由政府科学办公室建立一个由企业界精英、学术界精英、政府精英和志愿者组成的专题预测小组，并成立一个专门的相关委员会，负责对未来作出前瞻性预测并提出具体的行动建议。每个专题预测小组都得到来自不同领域的若干任务组的支持，这些任务组负责为专题预测小组提供具体的专业细节分析和研究。各任务组成立后，随即开始广泛的意见征集与整理，包括市场分析、情景分析、分组讨论调查、区域性研讨会，甚至全国性的德尔菲调查等方法。

[1]　目前Foresight前瞻项目已不再开展全领域的技术预见活动，而是以滚动主题项目的方式代替原来的各常设领域专家组，保证时刻都有3~4个主题项目处于运行中。为了有效地选择真正需要的滚动主题开展预见活动，政府科学办公室于2005年成立了战略扫描中心，即目前与内阁办公室共同管理的战略扫描项目组，专门负责系统地调查潜在的威胁、机遇与发展前景，选择预见主题。

欧盟在科技规划制定中采用多种政策选项的情景分析。根据欧盟的影响评价规定（impact assessment guidelines），每一项欧盟财政资助计划出台时必须同时进行事前评价，以确定计划采用政策选项的合理性。2011年11月，“地平线2020”计划制定中就提出了其影响评价报告，指出新计划对欧盟的经济与社会发展有怎样的预期影响。

二、科技规划的实施：系统框架

公共政策的实施或执行是政策过程的重要环节，是实现政策目标和解决问题的直接途径。美国政策学家艾利森曾指出，在实现政策目标的过程中，方案确定的功能只占10%，而其余90%取决于有效的执行。科技规划作为公共政策的体现形式之一，其战略导向目标能否实现取决于规划实施过程中各个环节的顺畅程度和各个要素的有效互动性。因此，我们构建了分析科技规划实施的系统框架以理解规划实施的过程和模式（见图4–3）。

科技规划实施效果体现在三个层面，包括科研产出、目标实现程度和经济社会影响。实施效果的差异主要受目标定位、资源环境、监督管理与执行机构之间互动的影响。

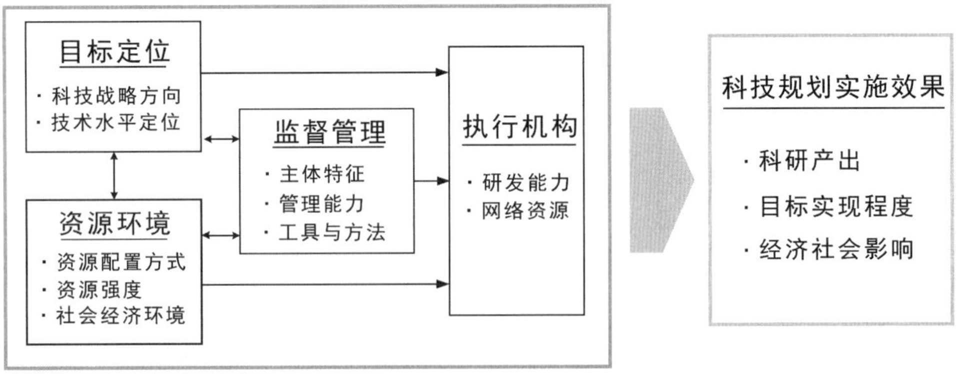

图4–3　科技规划实施的系统框架

政策执行是将政策目标转化为结果的行为及其过程。基于系统的视角则体现为政策、制度安排与执行机构之间的互动产出。在科技规划实施过程中，执行机构是规划从抽象理念转化为实际科研产出及效果的载体，执行机构的科研产出能力可分解为机构的人员构成、知识水平、研发能力以及在研发网络中具有的资源与优势等。

政策是执行的起点。科技规划实施方案的具体政策、制度安排则是规划实施系统的输入，体现为目标定位、资源环境、监督管理三个维度。科技规划实施方案的目标定位包括科技战略方向和技术水平定位两个要素，主要考察要素的明确性、清晰度以及技术问题的复杂程度对执行机构科研产出行为的影响。资源分配和资源环境对执行机构的行为产生重要的影响。政策执行必须要有充足多样的资源和有效的资源配置方式，而政治、经济、社会与文化环境则为科技规划实施提供了背景基础。资源类型包括财务、人力、信息等，资源强度和资源配置方式影响了执行机构的意愿。监督管理是科技规划实施中非常重要的环节。一方面，通过监督管理机构的能力、方法与工具等保证执行机构能够按照实施方案预期开展研发工作；另一方面，监督管理主体能够及时发现规划实施过程中出现的新现象和新问题，及时形成对目标定位和资源环境的政策反馈，调整实施方案的相关安排，以保证规划目标的实现。

第三节

中国科技规划的评估实践

科技规划评估是规划实施的内在组成部分，是提升、改进和调整规划效果的重要手段。20世纪90年代初，为适应政府职能转变与科技体制改革的需要，促进科技资源优化配置，科技部率先启动了科技评估工作，并制定了5年的评估规划，从1995年开始连续对国家攻关规划、国家规划、国家高新技术开发区、国家新产品规划和国家工程技术研究中心等一系列重大科技规划进行了评估。进入21世纪，针对我国规划工作中普遍存在的“重编制、轻实施”问题，提出创新规划实施机制，建立规划评估制度；2006年，科技部启动了对《国家中长期科学和技术发展规划纲要（2006—2020年）》相关配套政策的调研与评估分析工作；2016年，中共中央办公厅、国务院办公厅印发《关于建立健全国家“十三五”规划纲要实施机制的意见》，要求将重点专项规划、区域规划等各类规划实施情况纳入年度监测评估范围，完善各类规划中期评估和总结评估机制。2016年和2017年，我国分别开展了两次“十三五”规划纲要实施年度监测评估，并形成了评估报告。

一、科技规划评估的分类与特点

（一）科技规划评估的分类

与公共政策评估一样，科技规划评估可以分为出台前评估、年度监测、中期评估和总结评估等类型。出台前评估在科技规划正式出台之前开展，主要评估科技规划的必要性、可行性和合理性，以及科技规划出台后的预期效果及可能产生的影响。年度监测在科技规划执行期间开展，主要对核心任务、重大工程等的执行进程进行持续性监测和动态跟踪，并侧重于对量化指标的统计与跟踪分析。中期评估通常在科技规划实施过半时开展，主要针对科技规划的内容与目标，评估总结相关任务的实施与推进，分析判断科技规划目标的实现预期，研究论证是否需要进行必要的调整与修订。总结评估一般在科技规划行将结束时开展，主要评价科技规划的目标实现情况，总结经验与教训，为制定下一个规划提供借鉴参考。

（二）科技规划评估的特点

第一，科技规划的评估目的通常是多重的，不以问责为核心。例如，了解实施进展及目标实现程度，把握执行进程；总结部分典型做法和经验，及时发现存在的问题和困难，提出相应对策建议；审视目标指标是否符合科技发展和国际国内形势的新变化、新要求，研究论证是否需要对科技规划进行必要的调整与修订；通过地方评估、部门评估、调研座谈、专家咨询等评估活动，广泛凝聚共识，加强相关方交流与互动，提升科技规划的透明度和公开程度；回应社会和国际对相关议题内容的关切；等等。

第二，科技规划的评估对象往往是多类型、多层次的，综合性强。科技规划内容涉及相关创新主体培育、重点科技任务布局、体制机制优化完善、基础条件建设及组织保障措施等。评估对象综合了政策、计划、机构、人才等，成为由多种形式评估构成的复合型评估，科技规划所涉及的相关领域，直属单位的专项规划、年度计划等，也属于科技规划评估的对象。以《“十三五”国家科技创新规划》的中期评估为例，评估对象涵盖规划重点任务所涉及的配套政策、专项行动、国家计划项目等，并将规划各方面任务细分形成了32个科技创新专项规划。

第三，科技规划的评估组织协调难度大，所需成本高。科技规划涉及众多利益相关方，因此，需要根据评估目的和实际需求动员和借助各方力量，获取各级执行机构的配合和支持，有时还可能需要行政力量的推动，需要组建高级别的领导小组来协调推进；引入高层次的战略专家、高影响力的智库，或邀请国际智库或研究机构（组织）、国际知名专家开展国际咨询，需要评估主体有相当的影响力和号召力；广泛调查、深入了解各类创新主体、相关管理人员和科研人员等利益相关方的意见与建议，获得他们的信任和支持。

第四，科技规划评估通常会纳入多方主体，共同参与评估。评估主体通常包含相关执行部门、第三方评估机构、战略研究机构与智库、评估专家组等，不同主体在评估中的角色不同。一种可能是：各级执行部门基于所开展的相关工作进行自评估，第三方评估机构设计总体评估方案、把控评估进程、进行质量控制等，战略研究机构与智库开展部分专题分析与研究等，评估专家组承担相关领域的评估分析等。实际情况则需要根据评估目的、实际需求、相关主体的能力等引入相关主体，并划分各自职责；科技规划的评估通常不采取绝对的第三方评估模式。

第五，科技规划评估通常需要充分利用已有的相关结果，避免从零开始。科技规划涉及各类科技政策、专项行动、科技计划、项目等，要充分利用已有的评估、督查、调研结果，这样既能够获取较高质量的评估佐证资料，又精简高效，减轻负担，减少对科研人员的干扰，避免科技资源浪费。

第六，科技规划评估工作周期通常较长，动用的科技资源多。科技规划任务类型多、涉及面广、难度大，评估工作通常需要花费较多的时间，投入较多的人力与物力。如《国家中长期科学和技术发展规划纲要（2006—2020年）》实施情况中期评估历时近1年，组织了国内200多位专家直接参加相关专题评估。

二、《国家中长期科学和技术发展规划纲要（2006—2020年）》实施情况中期评估

2013年，经国务院批准，由科技部牵头并会同有关部门组织实施的《国家中长期科学和技术发展规划纲要（2006—2020年）》（简称《科技规划纲要》）中期评估工作正式启动。此次评估的核心任务是掌握规划纲要的实施情况，特别是围绕规划目标的实现程度、重大专项实施进展、重点领域技术发展、配套政策等，对规划实施的效果和问题进行客观评估；深入分析我国科技发展面临的新形势、新需求、新任务，研究在变化的环境下如何进一步实施自主创新战略，规划纲要中的任务部署是否需要调整以及如何调整，提出后半期规划实施和任务调整的建议。

（一）评估范围和内容

《科技规划纲要》从科技任务和保障措施两个方面进行了部署，共包括109项任务。科技任务包括规划纲要中的重点领域、重大专项、前沿技术和基础研究4个方面，共82项任务。保障措施包括科技体制改革与国家创新体系建设、若干重要政策和措施、科技投入与科技基础条件平台建设、人才队伍建设，共27项措施。此次评估范围为《科技规划纲要》及其配套政策自2006年颁布至2013年的实施进展情况及成效。

一是以规划纲要的任务部署和目标为基本内容，全面调查评估规划纲要的阶段性实施情况。对规划纲要中部署的重点领域及其优先主题、重大专项、前沿技术、基础研究、科技体制改革与国家创新体系建设、配套政策和措施、科技投入与科技基础条件平台建设、人才队伍建设等任务的实施情况进行调查评估，对规划纲要目标的进展作出评价。

二是在全面评估的基础上突出重点。突出对各项评估内容中重要问题的研究，特别是对创新型国家建设目标的阶段性实现、重大专项的实施效果、配套政策的落实情况等重点内容进行深入评估。在对各项内容的评估中，关注我国科技发展面临的新形势、新需求、新任务，特别是要注重实施创新驱动发展战略、适应国际竞争态势变化等，以发展的视角对各项任务的落实情况、实施效果、变化和挑战等进行分析评价。

（二）评估组织架构和流程

评估分为前期准备、综合评估两个阶段。前期准备主要是组织各地方和各部门自评估，开展多种形式的证据搜集和分析，形成专题调研报告（证据报告），作为综合评估的基础。综合评估主要是以前期准备的系列调研报告为基础，开展必要的深度调研，通过集中评估完成专题评估和总体评估，并提出重大建议。中期评估工作由国务院领导牵头，科技部会同其他相关部门共同组织，邀请全国人大、全国政协、全国工商联、民主党派等作为重要参与方，调动各地方、各部门以及社会各界广泛参与。某些领域（如基础研究、国际合作、民生改善等）拟邀请国际专家参加评估。充分体现第三方评估的作用，遵循科学的评估程序和方法，确保评估结果的客观公正。评估过程如图4-4所示。

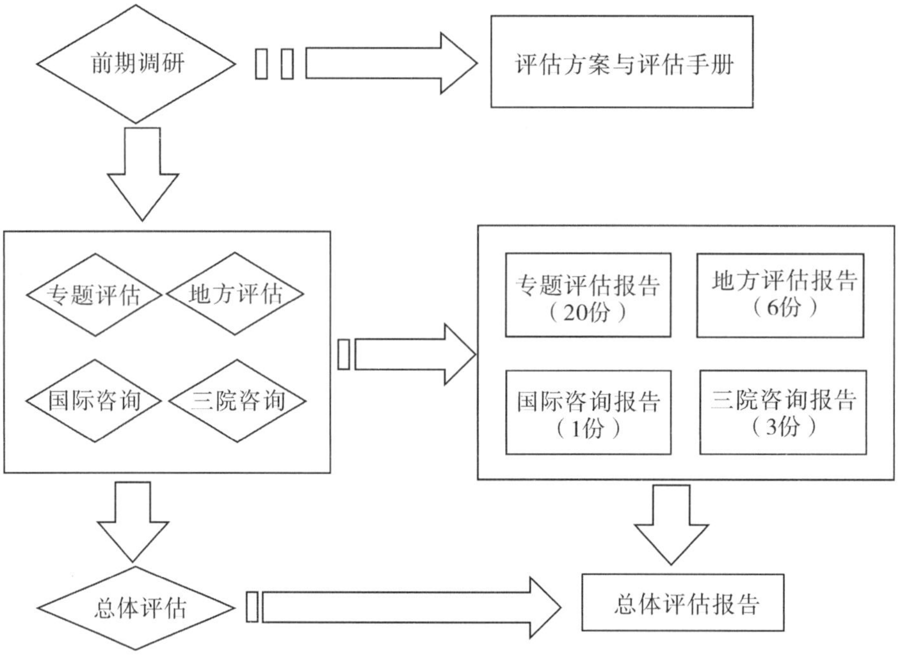

图4-4 《科技规划纲要》中期评估过程

成立评估领导小组。由国务院领导担任组长，科技部领导担任副组长，国家发改委、财政部以及科技口相关部门领导为成员。领导小组负责全面指导评估工作，对评估过程中的重大事项进行决策，包括审批工作方案、听取工作汇报、确定评估组专家名单等。每个成员部门确定一名司局级人员作为本次评估的联络员。

成立综合协调组。以科技部发展计划司为主体，会同科技部其他相关司局、中心，负责组织协调、联络等工作。具体职责包括：①对评估工作进行综合协调，制定工作方案、工作计划等；②组织各部门、各地方开展自评估；③提出总体评估组专家、专题评估组专家建议名单；④向领导小组汇报工作进展；⑤承担领导小组委托的其他事项。

成立技术评估组。依托科技部科技评估中心，由评估专家组成技术评估组，负责为前期准备和综合评估提供技术评估支持。具体职责包括：①设计前期准备和综合评估的具体实施方案；②设计前期准备的技术性文本，包括总体评估和专题评估大纲、自评估提纲、调查问卷等；③组织开展专题调研，撰写调研报告，为综合评估提供基础材料支撑。技术评估组在前期准备阶段依托国内优势单位组织成立多个专题调研组，在综合评估阶段分别为相应的专题评估提供支撑。

成立专题评估组。按照专题邀请专家成立12个专题评估组。具体职责包括：①以前期准备的专题调研报告为基础，开展必要的深度调研，完成专题评估报告，其中2个研究性专题主要由专题评估组参考前期研究成果，提出实施规划纲要的建议；②向总体评估组汇报专题评估的情况。部分专题拟邀请熟悉全球科技发展趋势的国外专家参加，独立提出评估意见与建议。参与评估的国外专家需遵守评估工作规则，签订保密协议等。各专题评估的流程如图4–5所示。

成立总体评估组。由全国人大、全国政协、全国工商联、民主党派，以及中科院、工程院、社科院、国务院发展研究中心等部门的战略专家组成总体评估组，有30人左右。各专题评估组组长一般应作为总体评估组成员。具体职责包括：①审议总体评估和专题评估的内容、框架、方法等；②听取12个专题的汇报；③开展必要的调查；④完成规划纲要实施中期评估总报告，并提出重大建议。

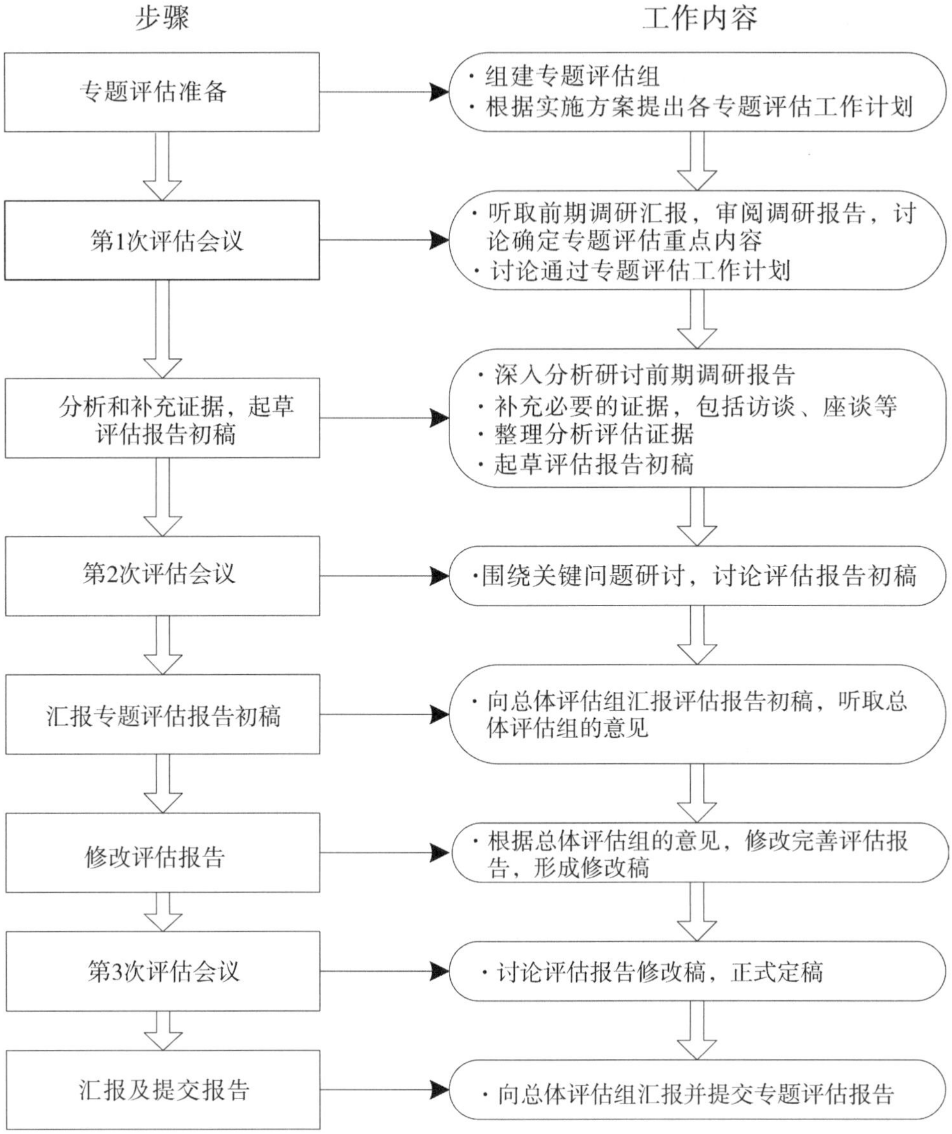

图4-5 《科技规划纲要》中期评估各专题评估流程

（三）评估专题和框架设置

《科技规划纲要》中期评估共设20个专题（见表4-1），其中前13个专题是关于规划纲要的实施情况，其余7个专题是关于配套政策的实施情况。

表4-1 《科技规划纲要》中期评估专题设置

评估内容	评估专题
国家科技重大专项的实施进展与效果	1.重大专项实施情况专题评估 （本专题由工程院牵头另行组织）
各领域科技任务的实施进展与效果	2.能源领域实施情况专题评估
	3.水和矿产资源领域实施情况专题评估
	4 环境领域实施情况专题评估
	5.农业领域实施情况专题评估
	6.制造业领域实施情况专题评估
	7.交通运输业领域实施情况专题评估
	8.信息产业及现代服务业实施情况专题评估
	9.人口与健康领域实施情况专题评估
	10.城镇化与城市发展领域实施情况专题评估
	11.公共安全领域实施情况专题评估
	12.前沿技术实施情况专题评估
	13.基础研究实施情况专题评估
配套政策的实施进展与效果	14.科技体制改革与国家创新体系建设专题评估
	15.若干重要政策和措施实施情况专题评估
	16.国际科技合作专题评估
	17.科学普及与创新文化专题评估
	18.科技投入及其管理专题评估
	19.基础条件平台建设专题评估
	20.人才队伍建设专题评估

根据中期评估目的，各专题从四个角度开展评估（见表4-2）：

部署实施。主要评估《科技规划纲要》中各专题领域部署的实施情况，对实施程度作出判断；对于没有实施或明显实施不足的内容，以及我国近年来实际开展的科技活动及采取的政策措施与《科技规划纲要》的部署相比已经出现的重大调整，分析原因并作出合理性评价；梳理各专题领域实施《科技规划纲要》的机制及途径，并对这些机制及途径的充分性、有效性作出评价。

效果和影响。主要评估各专题领域自《科技规划纲要》实施以来产生的变化，尤其是相应的产业和科技领域创新能力的提高情况、各政策措施领域的环境优化情况等；评价遴选各专题领域具有标志性的重大科技与产业化成果，以及效果显著的重大政策措施，通过深度评价，总结有益经验；从支撑引领产业发展、服务社会事业、应对重大危机、促进政府职能转变和完善市场经济体制等整体层面评价各专题领域对国家发展作出的贡献及其产生的国际影响。

需求和挑战。主要评估世界经济科技发展对各专题领域提出的新挑战，以及我国经济社会发展新阶段对各专题领域提出的新要求；分析制约各专题领域在未来实施中产生更好效果和影响的因素。

调整与完善的建议。在部署实施评估、效果和影响评估、需求和挑战评估的基础上开展综合分析，特别针对当前面临的重大科技决策问题，提出各专题领域需要重点调整突破的关键技术或需要完善的重大政策措施建议，以及新形势下我国推进科技改革发展的建议；针对“十二五”后期和“十三五”科技发展规划，提出各专题领域需要重点调整和发展的优先主题或需要重点强化的政策措施。

表4-2　专题评估框架

评估角度	关键问题（10个）	评估证据
部署实施	1.《科技规划纲要》关于本专题领域的部署在多大程度上得到了实施？实践中是否有实施不足或重大调整？原因是什么及合理性如何	数据（国家科技项目数据、相关政策数据等），专家观点，典型案例
	2.本专题领域实施《科技规划纲要》的机制和途径有哪些？这些机制和途径是否充分、有效	

（续表）

评估角度	关键问题（10个）	评估证据
效果和影响	3.本专题领域总体进展和目标实现情况如何？对2020年本专题领域的发展目标实现程度有何预期	统计与文献计量数据，重大成果或典型政策措施，利益相关者观点，专家观点
	4.本专题领域是否具有标志性的重大成果或重大政策措施？有哪些有益的经验	
	5.本专题领域总体上对国家发展有哪些贡献？产生了哪些国际影响	
需求和挑战	6.世界经济科技发展当前呈现出哪些新趋势？对本专题领域提出了哪些新挑战	相关数据，重要政策，利益相关者观点，专家观点
	7.我国经济社会发展当前呈现出哪些新趋势？对本专题领域提出了哪些新要求	
	8.本专题领域要产生更好的效果和影响，存在哪些制约因素	
调整与完善的建议	9.继续实施《科技规划纲要》，本专题领域有哪些重大科技任务或重大政策措施建议？或对我国的科技发展有哪些总体性建议	综合分析，专家观点
	10.在“十二五”后期和“十三五”规划编制中，优先主题和政策措施有哪些	

（四）《科技规划纲要》定量目标的初步评估

《科技规划纲要》在研究开发投入、科技对经济增长的贡献率、对外技术依存度以及国际论文与专利等方面设定了可检验的定量目标。

1. 研究开发投入

《科技规划纲要》确定：“到2020年，全社会研究开发投入占国内生产总值的比重提高到2.5%以上。”2006—2016年，中国的研发强度已经从1.39%增加到2.11%（见表4-3），虽然与2.50%的目标还有一定距离，但是已经超过了创新型国家的门槛值（2.00%），实现了创新型国家的建设目标。不过，2006年以后基础研究支出比例长期低于5.00%，直到2015年才首次达到5.10%，这一比例明显低于发达国家15.00%左右的水平，这一问题需要政府着力解决。

表4-3　2000—2019年我国研究开发投入

年份	全社会研发支出/百亿元	研发强度/%	企业支出比例/%	基础研究支出比例/%
2000	8.96	0.90	59.96	5.22
2001	10.42	0.95	60.43	5.33
2002	12.88	1.07	61.18	5.73
2003	15.40	1.13	62.37	5.69
2004	19.66	1.23	66.83	5.96
2005	24.50	1.32	68.32	5.36
2006	30.03	1.39	71.08	5.19
2007	37.10	1.40	72.28	4.70
2008	46.16	1.47	73.26	4.78
2009	58.02	1.70	73.23	4.66
2010	70.63	1.76	73.42	4.59
2011	86.87	1.84	75.74	4.74
2012	102.98	1.98	76.15	4.84
2013	118.47	2.08	76.60	4.70
2014	130.16	2.05	77.30	4.70
2015	141.70	2.07	76.80	5.10
2016	156.77	2.11	77.50	5.20
2017	176.06	2.13	77.60	5.50
2018	196.78	2.19	77.40	5.50
2019	221.44	2.23	76.40	6.00

资料来源：历年全国科技经费投入统计公报。

注：研发强度是指全社会研究开发投入占国内生产总值的比重，企业支出比例是指企业研发经费支出占全社会研究开发投入的比重，基础研究支出比例是指基础研究支出占全社会研究开发投入的比重。

2. 科技进步贡献率和对外技术依存度

《科技规划纲要》提出，到2020年，我国要“力争科技进步贡献率达到60%以上，对外技术依存度降低到30%以下”。科技进步贡献率和对外技术依存度是根据大量数据测算的结果，数据处理和测算方法的不同会导致结果出现差异。根据全国科技进步统计监测报告和科技部公布的数据，2016年中国科技进步贡献率达到56.2%（见表4–4），与2003年的40.9%相比有了显著提高，与目标60.0%的差距也在进一步缩小，按表4–4中的数据预测，2020年科技进步贡献率有望达到60%。

对外技术依存度测度是技术引进经费、外资企业的国内技术转让额、外资企业的研发投入经费之和与技术引进经费、国内技术转让总额和国内研发投入总经费之和之间的比率。根据测算结果，2006年以后中国的对外技术依存度总体下降。主要原因在于，与技术引进经费相比，研发投入经费增长更快，对外技术依赖的整体比例变小。2020年对外技术依存度降低到30%以下的目标已经提前实现。

表4–4　2003—2019年我国科技进步贡献率和对外技术依存度（%）

年份	科技进步贡献率	对外技术依存度
2003	40.9	—
2006	—	44.85
2007	—	43.79
2008	—	39.92
2009	—	34.41
2010	—	32.00
2011	—	30.66
2012	52.2	31.20
2015	55.3	—
2016	56.2	—
2017	57.5	—
2018	58.5	—
2019	59.5	—

资料来源：相关年份全国科技进步统计监测报告；范建亭：《开放背景下如何理解并测度对外技术依存度》，《中国科技论坛》2015年第1期。

3. 发明专利和国际科学论文引用

《科技规划纲要》设定了“本国人发明专利年度授权量和国际科学论文被引用数均进入世界前5位”的目标。我们采用三方同族专利（Triadic Patent Families），即来自欧洲专利局（EPO）、日本专利局（JPO）、美国专利与商标局（USPTO）保护同一发明的一组专利，作为比较指标。由表4–5可见，中国的三方专利数量已经从2005年的519件增长到2015年的2889件，世界排名从第13位提高到第4位，完成了进入世界前5位的目标。但是，专利数量与排名第1位的日本相比，差距仍然巨大。

表4–5　中国与日本的三方专利数量比较及中国的世界排名

项目	2005年	2010年	2011年	2012年	2013年	2014年	2015年
日本专利数量/件	17722	18463	18565	18637	17542	17484	17361
中国专利数量/件	519	1425	1501	1946	2169	2477	2889
中国的世界排名	13	7	7	6	6	6	4

资料来源：OECD，Main Science and Technology Indicators。

根据科学引文索引（SCI），中国的国际科学论文被引用数量自2006年以来一路攀升，国际排名从第13位升至第2位（见表4–6），圆满完成了进入世界前5位的目标。

表4–6　2006年以来各十年段科技论文国际排名变化

时间段	国际排名
1996—2006年	13
1997—2007年	13
1998—2008年	10
1999—2009年	9
2000—2010年	8
2001—2011年	7
2002—2012年	6
2003—2013年	5

（续表）

时间段	国际排名
2004—2014年	4
2005—2015年	4
2006—2016年	3
2007—2017年	2
2008—2018年	2
2009—2019年	2

（五）重大专项进展及成效

作为《科技规划纲要》的重要举措，科技重大专项一方面体现出中国集中力量办大事的优势，另一方面也是从单项技术开发向技术系统集成转变。在10个民口科技重大专项中，核心电子器件关键技术取得突破，将与国外的差距由15年以上缩短到5年。通过极大规模集成电路制造装备与成套工艺专项的实施，集成电路主流工艺水平提升了5代。新一代宽带无线移动通信网专项带动4G全球规模商用，建成全球规模最大的4G网络，国内4G用户已超过10亿户，中国主导制定的TD-LTE-Advanced成为4G国际标准之一。高档数控机床与基础制造装备专项的实施，使大型汽车覆盖件自动冲压线等10多类设备达到国际领先水平，实现了进口替代。大型油气田及煤层气开发专项的攻关，使中国继续保持第五大产油国地位并成为世界第六大产气国。通过大型先进压水堆及高温气冷堆核电站专项，压水堆重大专项示范工程CAP1400实现自主化和国产化，突破了国产化标准设计、主设备消化吸收、关键设备超大锻件研制、安全壳制造、核岛建造安装等10项关键核心技术；基本实现中国三代核电技术研发、工程设计、设备制造、试验验证的自主化。水体污染控制与治理专项推动太湖、巢湖示范湖区消除劣V类水体。转基因生物新品种培育专项继续促进中国转基因抗虫棉新品种的培育及其推广，抗虫转基因水稻研究国际领先，专利总数仅次于美国，居世界第2位。新药创制重大专项推动京津冀、环渤海、长三角、珠三角等地区逐步形成相对集中、各具特色的生物医药产业集群。在艾滋病和病毒性肝炎等重大传染病防治专项的支持下，中国建立72小时内鉴定300种已知病原的检测技术体系，有效应对了人感染H7N9禽流感、寨卡热等传染病疫情。

（六）《科技规划纲要》及自主创新战略面临的主要挑战

在实施《科技规划纲要》及自主创新战略的过程中，中国的科技创新仍然面临一系列挑战，需要处理好一些关键问题。

第一，强化政府在科技系统和国家创新体系中的协调作用。作为政府主导的国家创新体系，中国政府的宏观管理和协调非常关键。在国家科委改组为科技部之后，其协调的职能并未得到明确界定。科技部只是国务院下属众多部委中的一个，虽然它获得中央政府科技拨款的比例最大，但是从重要性和影响力来看，科技部仍属“弱势”部门。无论是重点研发计划还是国家科技体制改革和创新体系建设领导小组以及最新的部委机制，均未能从根本上解决科技预算统筹和中央部门协调的问题。为了加强科技体制的宏观管理功能，充分发挥历史上起到过重大作用的“举国体制”的优越性，切实体现科技进步在国民经济和国家安全事务中的重要意义，中央政府应该考虑设立专门的科技事业领导机构，由副总理或相当级别的国家领导人专门负责，进行重大科技事务的协调和决策。另外，在国家层面，可以建立总理科学顾问或由战略科学家组成的咨询委员会，为国家科技领导小组的决策和协调工作提供专业咨询。

第二，创新驱动发展仍然要解决科技经济“两张皮”问题。这一问题的主要症结在于资源配置方式和科技评价导向。一方面，在资源配置上，中央财政科技资金是全社会研发活动的指挥棒。在国家科技计划中，本质上除了国家自然科学基金应坚持面向科学与技术前沿以及共性技术的研究之外，国家科技重大专项、国家重点研发计划、技术创新引导专项（基金）都应该坚持并强化市场需求和国家战略需求导向。而实际上，这些国家科技计划的经费配置在很大程度上并非按照市场原则，而是依据行政机制等进行配置。另一方面，科技绩效评估的导向仍然模糊。学术成果评价应该依靠科学共同体的同行评议，技术开发领域的成果评价应该接受实践和市场的检验，但是实际上，从技术职称评审、科技奖励评定、两院院士遴选到学科评估，中国科技活动的评估已经严重依赖国外学术出版集团提供的影响因子、他引次数、H指数等定量指标，同行评议系统几近失灵。

第三，处理好从跟跑到并跑和领跑过程中的机制转换。随着科技实力的不断增强，中国已经处于跟跑、并跑、领跑并存阶段。三个阶段的路径不同，适用的战略、政策也有很大差异。中国具有丰富的跟跑经验，但现行的科技体制和机制不能适应并跑和领跑的要求。一方面，跟跑主要着力于引进技术而不是创新，在跟跑阶段，有发达国家的发展历程作为样板，我们可以充分运用“举国体制”，发挥后发优势，实现追赶目标。而进入并跑和领跑阶段，引进的回报率逐渐降低，原来适用于跟跑的投资驱动发展的战略和政策因为路径依赖可能成为障碍。另一方面，政府的作用在不同阶段不尽相同。在并跑和领跑阶段，跟跑阶段行之有效的“举国体制”可能并不适合，政府应该注重投资公共品，营造有利于创新的政策环境，建立适应科技、经济、社会发展，具有一定弹性的发展机制，减少创新者面临的制度不确定性。另外，创新体系的参与者在不同阶段的角色也会发生变化。在跟跑阶段，国有大企业常常发挥重要作用，政府喜欢选择赢家并给予各种优惠政策；而在并跑和领跑阶段，中小企业往往更具创新活力，高校和研究机构的作用也从对引进技术的消化吸收转向全球创新的前沿。

第四，做好自主创新战略与国际化之间的政策协调。自主创新战略的出台是以全球化为背景的，但是，在思想认识上人们很容易出现两个错误：一是把自主创新等同于闭关自守，与外界隔绝；二是过于强调自主创新而忽略创新的最终目的，致使开发的技术在国际市场上缺乏竞争力。其实，自主创新与国际化是相辅相成的，充分利用全球化带来的资源共享的便利，会更有益于自主创新战略的实施。同时，在技术进步达到一定水平后，应当注重以我为主，把握一定的主导权，并推动相应的国际化进程。因此，适应国家创新系统的国际化趋势，相应调整和改进国家创新体系的结构和相关的制度安排，以全球化的视野来推动和谋划自主创新，提升企业的自主创新能力，建设创新型国家，是大势所趋。在这个过程中，应当通过政策协调，注重全球高端人才的引进与培养，支持企业利用全球研发资源进行跨国创新，鼓励科研人员积极组织并参与国际科学和工程计划，形成科技创新能力和国际影响力，力争科学研究和产业技术始终处于国际前沿，为实现《科技规划纲要》的目标、提高自主创新能力持续注入活力。

CHAPTER 5

第五章

中国科技资源配置与组织管理

科技资源配置效率始终是科技体制改革的焦点问题和重要抓手，直接关系到我国建设创新型国家和世界科技强国目标的顺利实现。科技体制改革的本质是基于资源约束的资源配置方式改革及调适过程。提升科技资源配置的公平性和效率，创新科研组织方式，弥合科技界与政府、企业和社会之间的需求差异，我国各级政府和社会力量为此作出了不懈努力。其中，国家科技计划项目、国家科技经费管理体制是涉及国家科技资源配置的重要制度，尽管在运行中暴露出些许问题，但整体上看是向着科学化、民主化、法制化方向不断迈进的。

第一节

中国科技经费资源配置格局与演变历程

一、中国科技经费资源配置格局的现状

（一）中国科技经费资源配置的总体规模特征

科技活动经费是开展科技活动的物质基础，也是科技资源配置的核心内容。图5-1和表5-1所示分别为1995—2019年中国科技经费资源规模变化趋势和资源规模具体数据情况。可以看出，在所观察时间截面上，中国科技经费资源总体规模呈持续走高态势，且阶段性特征明显。20世纪90年代至2005年，中国科技经费资源规模在相当长的时期内稳定却增速缓慢，2006年后进入明显加速阶段。

具体而言，自1995年以来，国家财政科技拨款从1995年的3024000万元增长至2019年的107174000万元，增长了近36倍；R&D经费内部支出[1]从1995年的3486900万元增长至2019年的221435800万元，增长了近64倍。从科技拨款占公共财政总支出的比重看，1995—2019年，科技拨款占公共财政总支出的比重起伏不定，无明显稳定趋势，在4%左右上下浮动，其中，2010年达到最高点，为4.67%。

以上分析表明，随着中国经济的快速发展和综合国力的显著增强，以及社会科技创新意识的强化，中国科技经费资源总额呈现快速增长态势，这为中国科技进步与创新提供了坚强的物质保障，有力地促进了中国科技事业的发展，为经济社会又好又快地发展奠定了基础。

---

[1] R&D经费内部支出指企事业单位用于内部开展R&D活动（包括基础研究、应用研究、试验发展）的实际支出。包括用于R&D项目（课题）活动的直接支出，以及间接用于R&D活动的管理费、服务费与有关的基本建设支出以及外协加工费等。不包括生产性活动支出、归还贷款支出以及与外单位合作或委托外单位开展R&D活动而转拨给对方的经费支出。

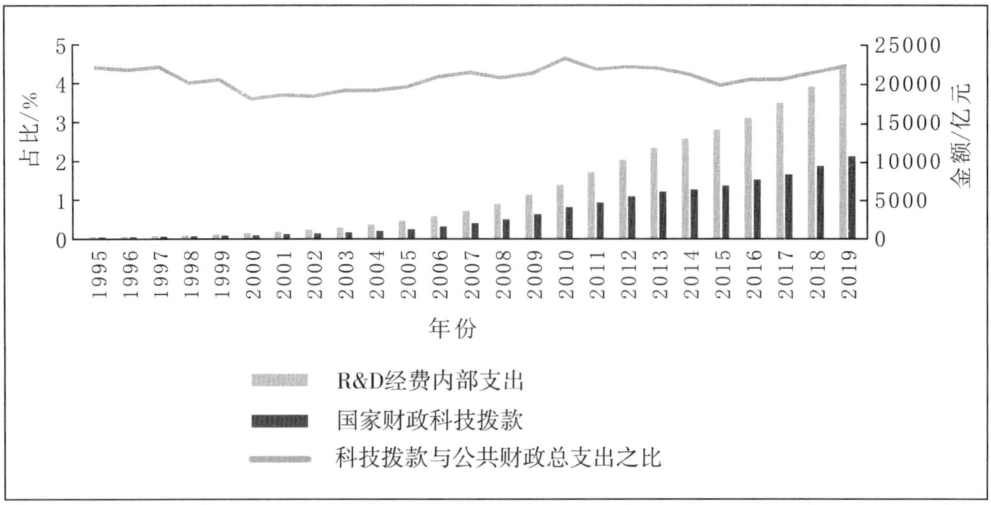

图5-1 1995—2019年中国科技经费资源规模变化趋势

表5-1 1995—2019年中国科技经费资源规模具体数据情况

年份	R&D经费内部支出/万元	国家财政科技拨款/万元	科技拨款与公共财政总支出之比/%
1995	3486900	3024000	4.43
1996	4044800	3486000	4.39
1997	5091600	4089000	4.43
1998	5511200	4386000	4.06
1999	6789100	5439000	4.12
2000	8956600	5756000	3.62
2001	10424900	7033000	3.72
2002	12876400	8162000	3.70
2003	15396300	9446000	3.83
2004	19663300	10953000	3.84
2005	24499700	13349000	3.93
2006	30031000	16885000	4.18
2007	37102400	21357000	4.29
2008	46160200	26110000	4.17
2009	58021100	32768000	4.29

（续表）

年份	R&D经费内部支出/万元	国家财政科技拨款/万元	科技拨款与公共财政总支出之比/%
2010	70625800	41967000	4.67
2011	86870100	47970000	4.39
2012	102984100	56001000	4.45
2013	118466000	61849000	4.41
2014	130156300	64545000	4.25
2015	141698800	70058000	3.98
2016	156767500	77607000	4.13
2017	176061300	83836000	4.13
2018	196779300	95182000	4.31
2019	221435800	107174000	4.49

资料来源：《中国科技统计年鉴》（1996—2020年）。

（二）中国科技经费资源配置的区域特征

中国不同经济区域、行政区域之间存在较大差异，因此科技研发资源配置情况也有较大差异。在地区层面，根据国家统计局的《东西中部和东北地区划分方法》，可将中国的经济区域划分为东部、中部、西部和东北四大地区。图5-2、图5-3所示分别为2019年中国分地区R&D经费内部支出规模和比例情况，从图中可以看出，中国四大经济区域R&D经费内部支出的结构极不均衡，东部地区的R&D经费内部支出占全国R&D经费内部支出总额的66%，是其他三大区域之和的近2倍。

具体而言，从表5-2可以看出，2019年，东部地区11省市R&D经费内部支出总额为146140133万元，占全国R&D经费内部支出总额的比重为66%，中部地区R&D经费内部支出总额为38676425万元，占全国R&D经费内部支出总额的比重为17%，西部地区R&D经费内部支出总额为28585257万元，占全国R&D经费内部支出总额的比重为13%，东北地区R&D经费内部支出总额为8033959万元，占全国R&D经费内部支出总额的比重为4%。

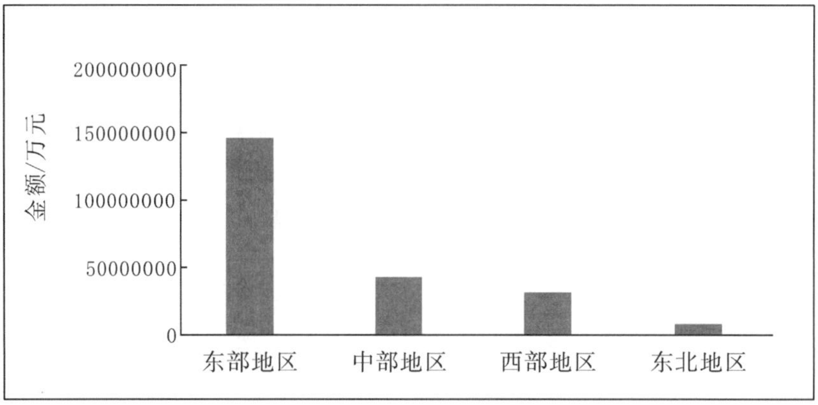

图5-2　2019年中国分地区R&D经费内部支出规模

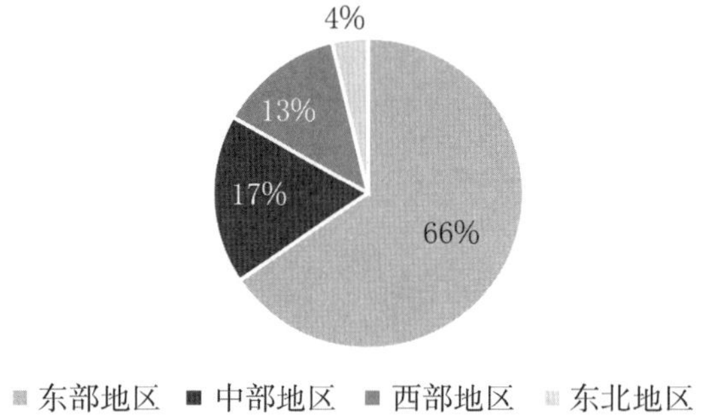

图5-3　2019年中国分地区R&D经费内部支出占比

表5-2　2019年中国各地区按资金来源划分R&D经费内部支出具体数据

单位：万元

地　区	R&D经费内部支出				
	总支出	政府资金	企业资金	国外资金	其他资金
全　国	221435774	45373102	168871507	239108	6952057
东部地区	146140133	28146600	113474975	207437	4311122
中部地区	38676425	5395116	32096353	17862	1167095
西部地区	28585257	9104795	18255585	10511	1214366
东北地区	8033959	2726591	5044594	3299	259475

资料来源：《中国科技统计年鉴》（2020）。

（三）中国科技经费资源配置的部门特征

中国科技经费还存在着央地共投的层级制投入体系。财政部和科技部于2006年出台的《关于改进和加强中央财政科技经费管理的若干意见》指出，“财政科技投入主要用于支持市场机制不能有效配置资源的基础研究、前沿技术研究、社会公益研究、重大共性关键技术研究开发等公共科技活动”。中国政府进行财政科技投入的形式是每年财政支出中的财政科技拨款，数额为中央和地方政府用于科技活动的经费支出总额。由于科技活动包含研发活动以及与研发活动相关的技术推广和科技服务活动，因此，中国每年来自政府资金的那部分R&D经费便包含在中央和地方政府的财政科技拨款中。

财政科技拨款机制是中国政府参与研发经费投入的主要活动形式，对于构建完善的科技研发经费体系、弥补市场配置科技资源的不足具有重要意义。在财政科技拨款机制的影响下，R&D经费的政府资金部分形成了央地共投的层级制科技研发经费体系。在这一央地共投的层级制科技研发经费体系内，中央和地方政府各自以财政科技拨款的形式对包括研发活动在内的各类科技活动给予经费支持。中央和地方政府给予经费支持的形式大致相同，但其投入的资金在总体规模、增长速度以及支出用途方面存在一定的区别。

图5-4所示是1995—2019年中央与地方政府科技拨款规模趋势，从图中可以看出，在财政拨款的总体规模和增长速度方面，呈现出地方财政科技拨款后来居上的特点，1995—2019年，无论是中央财政科技拨款还是地方财政科技拨款，其总体规模均有较大幅度的增长，1995年中央财政科技拨款额为2156000万元，2019年达到了41732000万元，是1995年的19倍，1995年地方财政科技拨款额为868000万元，2019年达到了65442000万元，为1995年的75倍。

在总体规模方面，地方财政科技拨款额逐渐追赶中央财政科技拨款额，并于2007年首次超过中央财政科技拨款额，且从2010年起始终高于中央财政科技拨款额。在增长速度方面，二者的情况略有不同，中央财政科技拨款额在最近几年中虽然保持着增长的趋势，但其增速有所波动；而地方财政科技拨款额一直保持着较快的增长速度。根据往年的情况及趋势可以推测，未来地方财政科技拨款仍将持续增长，且将继续在中国研发经费体系中扮演重要角色。

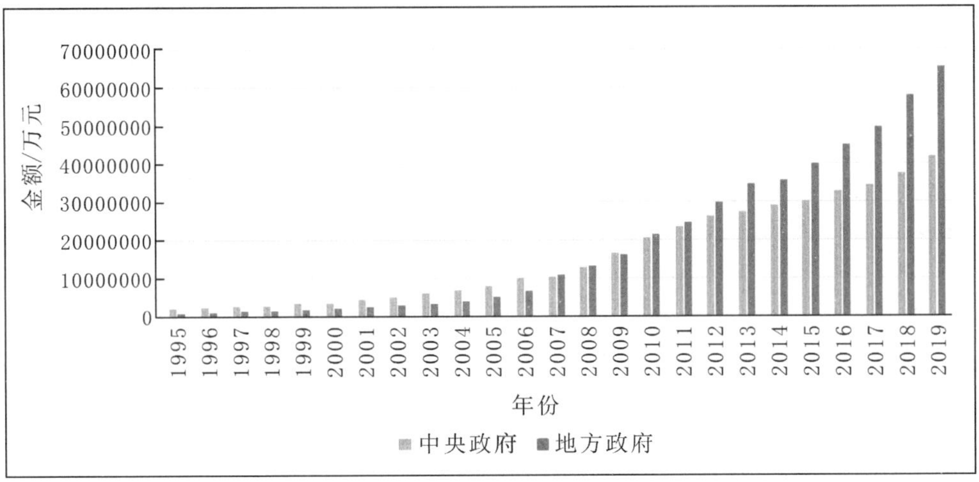

图5-4　1995—2019年中央与地方政府科技拨款规模趋势

图5-5是2000—2019年按执行部门分组的R&D经费内部支出情况，可以看出，在执行方面，中国R&D经费的主要执行部门包括企业、研发机构、高校等。2000—2019年，企业、研发机构、高校各自执行的R&D经费数额均保持增长态势，但是其所占份额的变化情况有所差别。企业R&D经费内部支出在R&D经费内部支出总额中占比最多，且基本保持增长态势；高校R&D经费内部支出占比最小，且较为稳定；研发机构R&D经费内部支出占比则保持下降的趋势。具体来看，在2019年，企业R&D经费内部支出占比达76.42%，与2000年相比增加了16.47个百分点；而研发机构R&D经费内部支出占比降至13.91%，比2000年降低了14.89个百分点。

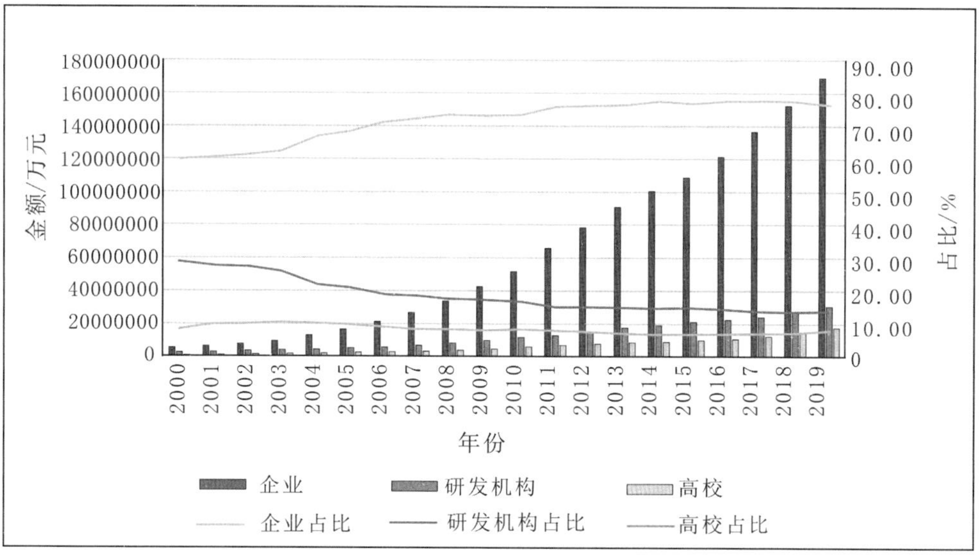

图5-5　2000—2019年按执行部门分组的R&D经费内部支出情况

（四）中国科技经费资源配置的结构特征

科技研发经费主要支持的活动类型包括基础研究、应用研究和试验发展。其中：基础研究针对事物的基本原理，没有特定的应用目的；应用研究则为了实现特定目标而寻找新原理或探寻基础研究成果的可能用途；试验发展则侧重于对现有成果的改进。

图5-6所示是1995—2019年按用途R&D经费内部支出变化趋势，可以看出，1995—2019年，基础研究、应用研究以及试验发展这三种不同类型的研究，大体上的演化趋势没有发生显著的变化，三者的数额全部都保持增长之势。基础研究的占比基本不变；试验发展的占比不断提高；应用研究的占比不断下降。不过在2007年之前，试验发展和应用研究的占比变化幅度较大，而在2007年之后，这两类研究的占比变化幅度降低，趋于平稳。以2019年为例，R&D经费内部支出有183095500万元用于支持试验发展，比例高达82.69%；有2498.46亿元用于应用研究，占比为11.28%；有13355700万元用于支持基础研究，占比为6.03%，这一比例与发达国家

相比差距较大。

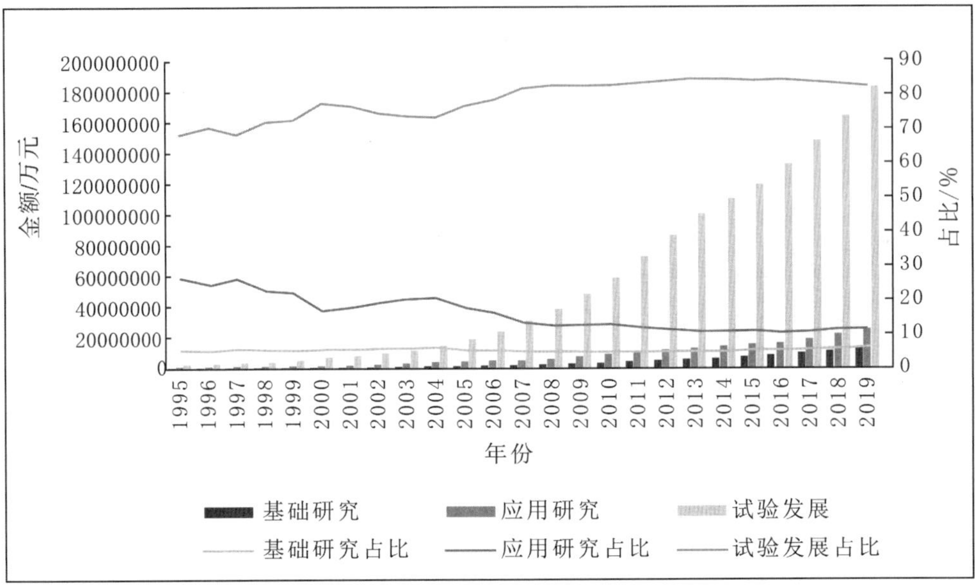

图5-6 1995—2019年按用途R&D经费内部支出变化趋势

图5-7所示是2004—2019年按资金来源R&D经费内部支出变化趋势。从研发经费投入看，中国R&D经费的来源主要包括政府资金、企业资金、国外资金以及其他资金等，其中政府资金和企业资金是最主要的两种R&D经费的来源。2019年，R&D经费内部支出中，政府资金为45373000万元，占比为20.49%；企业资金为168872000亿元，占比为76.26%；国外资金为239000亿元，仅占0.11%。

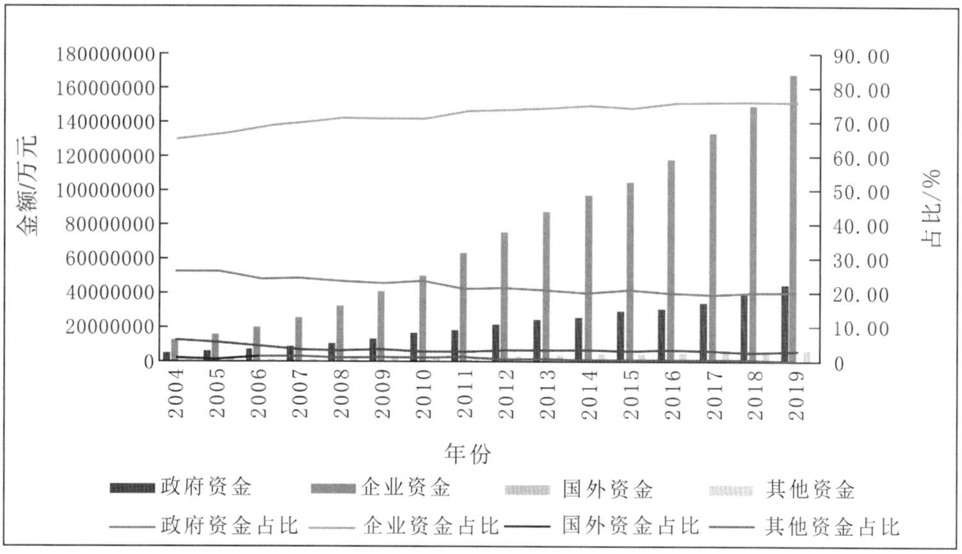

图5-7　2004—2019年按资金来源R&D经费内部支出变化趋势

可以看出，随着中国科技与经济的不断发展，企业在国家创新体系中扮演着越来越重要的角色，逐渐成为创新的主体。2004—2019年，研发经费总量快速增长，而源自企业资金的R&D经费的增加则是研发经费总规模扩大的主要动力。一方面，源自企业资金的R&D经费数额不断增长；另一方面，企业资金在R&D经费来源中所占的比例也不断提高。2019年企业资金在R&D经费来源的构成中占76.26%，达到了R&D经费总量的3/4。此外，2004—2019年，政府资金的数额虽然始终保持增长之势，但其所占比重逐渐下降，2019年来源于政府资金的R&D经费占比仅为1/5。

二、中国科技经费资源配置格局的问题

（一）中国科技经费资源配置区域差异明显

中国科技经费资源配置的区域差距十分明显[1]。从地域上看，一方面，东部发

[1]　王天骄：《中国科技资源配置格局的演变与创新效率》，《经济体制改革》2014年第4期。

达地区的科技经费筹集能力要远高于中西部欠发达地区；另一方面，东部地区科技经费支出要远高于中西部地区。其中，财政科技经费投入呈现相同的态势，即财政投入主要集中在东部发达地区。

造成这种差距的原因主要有三点：一是中央财政科技投入大多偏重于科技基础条件完善、科技实力雄厚和产业基础较好的东部发达地区，而对经济不发达地区和贫困地区投入十分缺乏；二是中国东部地区经济发展程度较高，地方政府财政资金较为雄厚，能用于地方科技创新的财政资金投入，无论是拨款总额还是占地方财政支出的比重，都要远高于中西部欠发达地区；三是随着经济发展方式的逐渐转型和消费结构的不断升级，东部地区企业资金已成为科技投入的主导，而中西部欠发达地区企业的综合实力较弱、创新意识不强，企业研发投入严重不足。

（二）科技经费增长仍然难以满足经济社会发展需求

当前，中国R&D经费主要来自企业，其次是来自政府，国外资金和其他资金所占比重均较小。随着经济的快速发展，政府和企业用于基础研究、应用研究和试验发展的经费支出均大幅度增长，特别是企业的研发投入已占绝对主导地位。从央地结构看，地方财政科技投入已超过中央财政科技投入并将继续拉大差距，随着区域经济发展水平的不断提高和技术进步在地方经济发展中的支撑作用日益凸显，地方政府对科技创新的重视程度和投入力度也不断提高和加大，以往中央财政科技拨款在全国财政科技拨款总额中占据绝对主导地位的局面正在发生改变，地方财政科技投入已经并将继续超越中央财政科技投入的趋势也正在逐步形成。但与GDP规模和公共财政总支出规模相比，R&D经费投入仍然难以满足经济发展对科技创新的需求，有待进一步提升。

（三）中国科技经费支出结构亟待优化

中国科技投入强度已位居发展中国家前列，但同世界发达国家相比，中国科技投入总量仍然不足，投入规模没有形成稳定增长机制，投入结构不尽合理，特别是在基础研究和应用研究方面投入明显不足[1]。这既是国民经济产业结构不合理的主要原因，也是科技自主创新能力提升的关键瓶颈。此外，从政府R&D经费在不同类型单位的分布来看，政府R&D经费主要流向研发机构，其次是高校，而企业则相对较少。

三、中国科技经费资源配置格局的发展方向

（一）确保科技经费资源的两个“法定增长”

《中华人民共和国科学技术进步法》明确规定：“国家财政用于科学技术经费的增长幅度，应当高于国家财政经常性收入的增长幅度。全社会科学技术研究开发经费应当占国内生产总值适当的比例，并逐步提高。”中央和地方各级政府要按照《中华人民共和国科学技术进步法》的要求，逐步提高科学技术经费投入的总体水平，在编制年初预算和预算执行中的超收收入分配时，都要体现法定增长的要求，保证科技经费的增长幅度明显高于国家财政经常性收入的增长幅度，逐步提高国家财政性科技投入占国内生产总值的比例。要结合国家财力情况，统筹安排规划实施所需经费，继续加大对科技研发活动和重大科技基础设施建设的投入，保证科技经费投入的持续稳定增长。

（二）优化科技经费投入结构

正确处理好基础研究和应用研究的关系，适当调整各研究阶段经费投入的比重。科技基础研究是技术创新的源泉，代表着一个国家的科研实力和科技水平，是一个国家科技、经济和社会发展的潜力和后劲所在，加之基础研究具有公共事务属性，因此，科技经费尤其是中央财政科技经费应该更多地关注基础研究。此外，中央财政还要立足国家产业发展战略，在风险高、资金需求量大、社会影响面广的关键产业的研发与试验发展、成果转化与技术推广等方面给予足够的关注和支持，更

[1] 李雪娇、张振宇、陈安：《新中国成立以来科技研发经费体系的发展》，《科技导报》2019年第18期。

好地向各行业共性和关键性技术领域倾斜，以增强产业竞争力和创新实力。地方财政应该立足本地经济社会发展实际，与中央财政和区域产业相配合，重点对基础研究和技术推广服务进行投入。对于产品目标明确、市场竞争程度高、企业有积极性的应用研究与试验发展研发活动，应该更多地调动社会资金。企业可根据自身发展需要和市场定位目标选择差异化的技术创新领域，合理配置企业研发投入，进而提高自身的市场竞争力和盈利水平。

（三）加大中央财政对中西部欠发达地区的科技投入

从政府“促进区域科技资源公平、合理分配的调节职能”而言，中央财政科技拨款除了体现效率目标以外，还应该体现均衡目标[1]。当前，东部发达地区地方政府财政实力较强，科技投入力度也较大，对中央财政科技投入的需求相对较少；中西部欠发达地区则投入不足，需要中央政府通过直接财政投入、重大科技战略布局、科技计划与项目、财政税收和科技金融等各种政策手段，调动优势科技资源向中西部欠发达地区倾斜，特别是把东部发达地区先进的创新资源要素和现代科技理念与管理经验集聚到中西部欠发达地区，通过市场开发与政府引导相结合、基础能力培育与引进消化吸收相结合，着力扶持少数民族地区、边远地区、贫困地区的科学发展和技术进步，促进地区之间科技资源的均衡配置和协调发展。

（四）建立多元化的科技经费投入体系

充分发挥财政科技经费在全社会科技投入中的杠杆作用，通过财政补贴、税收优惠等多种方式，引导全社会多渠道、多形式和多层次地投入研发活动，增强政府调动全社会科技资源的能力，建立政府投入为引导、企业投入为主体、金融信贷与风险投资为支撑、社会投入为补充的多元化、多渠道的科技投融资体系。一是在保证中央财政基本投入的基础上，建立中央与地方投入联动机制，形成财政支持科技活动的强大合力，保证地方科技财政资金的稳定增长。二是全面落实国家相关政

---

[1] 赵腾宇、裴瑞敏、杨国梁：《中国科技研发经费体系的发展与现状》，《科技导报》2019年第18期。

策，引导和鼓励企业增加研发投入，重点支持科技型中小企业和非公企业技术创新和技术改造工作，使企业真正成为研发投入的主体、技术创新活动的主体和技术集成应用的主体。三是进一步完善中小企业技术创新投入机制和科技创新风险投资机制。通过贷款贴息、无偿资助和资本金投入等方式支持科技型中小企业技术创新，吸引企业、科技创业投资机构和金融机构的投资，逐步建立起符合社会主义市场经济规律、支持中小企业技术创新的新型投资机制。四是鼓励金融机构加大对创新型企业的金融支持力度，引导金融部门的投融资政策积极向科技创新项目倾斜；积极发展中小企业信用担保和再担保机构，加快建立科技型中小企业信用担保体系；建立科技成果转化和高新技术风险投资机制，大力发展风险投资基金和风险投资公司；扶持创业投资企业发展并引导其增加对中小企业和高新技术企业的投资。此外，应实施更大力度的研发费用加计扣除、高新技术企业税收优惠等普惠性政策。拓展优化首台（套）重大技术装备保险补偿和激励政策，发挥重大工程牵引示范作用，运用政府采购政策支持创新产品和服务。通过完善标准、质量和竞争规制等措施，增强企业创新动力。健全鼓励国有企业研发的考核制度，设立独立核算、免于增值保值考核、容错纠错的研发准备金制度，确保中央国有工业企业研发支出年增长率明显超过全国平均水平。应完善激励科技型中小企业创新的税收优惠政策。

（五）以国家战略性需求为导向推进科技资源优化配置

以国家战略性需求为导向推进创新体系优化组合，加快构建以国家实验室为引领的战略科技力量。聚焦量子信息、光子与微纳电子、网络通信、人工智能、生物医药、现代能源系统等重大创新领域组建一批国家实验室，重组国家重点实验室，形成结构合理、运行高效的实验室体系。优化提升国家工程研究中心、国家技术创新中心等创新基地。推进科研院所、高校和企业科研力量优化配置和资源共享。支持发展新型研究型大学、新型研发机构等新型创新主体，推动投入主体多元化、管理制度现代化、运行机制市场化、用人机制灵活化。

第二节

中国科技计划体系与组织管理

一、中国科技计划管理体系的演变与发展

国家科技计划项目作为国家科技计划的组成部分及其落地的重要载体，根据项目定位的不同解决了社会发展和科技发展中的各类问题，通过重点解决在经济社会发展中有巨大影响力的科技问题以及在促进行业发展、产业建设方面具有重要意义的重大技术问题，国家科技计划项目已经成为中国科学技术研究活动的主要表现形式，在国家科技发展规划战略落地中发挥了不可估量的作用。

（一）国家科技计划分类

按照科技计划的政策约束强度来分，科技计划可以分为指令性计划和指导性计划。指令性计划是指具有法令性和强制性的科技计划，又称为命令性计划，主要是通过行政办法下达指标实施的，执行单位必须保证完成计划的实施目标。指导性计划是指国家给定引导方向、要求或一定幅度的指标，不强制贯彻执行，部门、地方和企业参照国家的引导方向执行并运用经济杠杆来实现科技发展目标的计划。按照科技计划资助的科技活动类型，可以将科技计划分为基础研究科技计划、应用研究科技计划和试验发展科技计划。按照经费投入的方式，又可以将科技计划分为竞争性科技计划和非竞争性科技计划。

（二）中国科技计划的演变历程

1. 1978—1985年：国家科技计划体系的酝酿和产生

1978 年，党的十一届三中全会确定了将国家工作重点转移到社会主义现代化建设上来，提出了“四个现代化”的国家战略目标。1978年3月，全国科学大会在北京召开，审议通过了《1978—1985年全国科学技术发展规划纲要（草案）》。

1982年，《1978—1985年全国科学技术发展规划纲要》的主要内容被调整为38个攻关项目，并以“六五”国家科技攻关计划项目的形式实施，1983年和1984年又相继出台了“技术开发项目计划”“重点工业性试验项目计划”“重点实验室的建设计划”。“六五” 攻关计划的出台，标志着中国科技计划已从科技发展规划中分离出来，具备了相对独立的形式，成为中国第一个具有高度综合性和可操作性的科技计划，国家科技计划体系也由此开始酝酿和产生[1]。

2. 1986—1990年：国家科技计划三个层次的总体部署

自1986年以来，以《1986—2000年科学技术发展规划》的出台为标志，这个阶段共出台了“863计划”、国家自然科学基金、星火计划、火炬计划等9个国家科技计划。这个阶段的科技计划大致可以分为三类：第一类主要是基础研究，如国家自然科学基金、国际重大科学工程、国家重点实验室计划；第二类是高技术发展，如“863计划”和火炬计划；第三类是面向经济建设主战场的计划，如星火计划、火炬计划、军转民科技开发计划等。

在这期间，随着国家科技计划逐渐充实扩展，我们初步形成了一个三个层次部署的较完整的科技计划体系：第一层次为面向经济建设主战场的科技计划，包括国家科技攻关计划、国家重大技术装备研制计划、国家重点工业性试验项目计划、国家技术开发项目计划、国家重点新技术推广项目计划、星火计划、科技扶贫工作、军转民科技开发计划、国家重点新产品计划、国家科技成果重点推广计划。第二层次为促进高技术及其产业发展的科技计划，包括“863计划”、火炬计划。第三层次为加强基础研究的科技计划，包括国家自然科学基金、 国家重大科学工程、国家重点实验室计划。

3. 1991—2000年：国家科技计划体系的完善、补充和调整

“ 八五”期间，经济体制改革和政治体制改革进入了新阶段，中国按照“一个中心、两个基本点”的基本路线，全面实行改革开放。在此战略背景下，国家出

[1] 李丽亚、李莹：《国家科技计划体系及其管理的演变》，《中国科技论坛》2008年第8期。

台了《中华人民共和国科学技术发展十年规划和“八五”计划纲要（1991—1995—2000）》，启动了国家工程技术研究中心建设、国家高新技术开发区建设和攀登计划。

“九五”期间，国家科技计划在深度和广度上得到进一步拓展和延伸，国家科委、国家计委联合编制了《全国科技发展“九五”计划和到2010年远景目标纲要》，国家科技计划也进行了相应的调整，在科教兴国的战略指导下，产生了多个科技计划，科技计划的数目有了跳跃式的增长，如新出台了社会发展科技计划和技术创新工程。其中，社会发展科技计划是第一个按领域设置的全程科技计划。

4. 2001—2005年：中国特色的科技计划体系的初步形成

在科教兴国战略的背景下，2001年国家计委和科技部联合发布了《国民经济和社会发展第十个五年计划科技教育发展专项规划》，实施了“人才、专利、技术标准”三大战略，并根据“十五”科技工作重点在促进产业技术升级和提高科技持续创新能力两个方面对科技计划体系的结构和内容进行调整，形成了“十五”期间的“3+2”科技计划体系。这一体系由三个主体计划（“863计划”、科技攻关计划、基础研究计划）和两个环境建设计划（研发条件建设计划和科技产业化环境建设计划）构成，后来演化为“十一五”的科技计划体系。自1982年出台第一个国家科技计划以来，已经有30多个科技计划从不同角度支撑着国民经济和社会发展以及科技自身的发展，这些计划相互补充，形成了一个有机整体。

5. 2006年至今：面向自主创新的国家科技计划体系得以发展

2006年，《国家中长期科学和技术发展规划纲要（2006—2020年）》的出台是中国科技发展的新里程碑。此纲要提出了中国科技发展的总体目标：自主创新能力显著增强，科技促进经济社会发展和保障国家安全的能力显著增强，为全面建设小康社会提供强有力的支撑；基础科学和前沿技术研究综合实力显著增强，取得一批在世界具有重大影响的科技成果，进入创新型国家行列，为21世纪中叶成为世界科技强国奠定基础。在此目标下，该纲要确定了11个国民经济和社会发展的重点领域，重点安排了16个国家科技重大专项；超前部署前沿技术和基础研究，安排了8个技术领域的27项前沿技术，18个基础科学问题，4个重大科学计划。2015年，国家整合国家重点基础研究发展计划（“973计划”）、国家高技术研究发展计划（“863计划”）、国家科技支撑计划、国际科技合作与交流专项、产业技术研究与开发基金和公益性行业科研专项等，形成国家重点研发计划，主要针对事关国计民生的重大社会公益性研究，以及事关产业核心竞争力、整体自主创新能力和国家安全的战略性、基础性、前瞻性重大科学技术问题、重大共性关键技术和产品，为国民经济和社会发展主要领域提供持续性的支撑和引领。

二、中国科技计划及管理现状与问题

（一）中国科技计划的结构体系

作为公共科技政策工具之一，科技计划是以解决经济、社会发展及科学技术自身发展的重大科学问题为导向，由政府组织进行科学研究和技术开发活动的基本形式和政策单元，是政府配置公共科技资源，推动科技发展的基本渠道和主要模式。自1985年科技体制改革以来，政府先后推出了国家高技术研究发展计划（863计划）、国家重点基础研究发展计划（973计划）、国家科技重大专项等40余项科技计划，这些计划成为政府开展公共科技活动的基本形式。当前中国科技计划体系可分为五大类，即国家科技重大专项、国家自然科学基金、国家重点研发计划、技术创新引导计划、基地和人才专项。

国家科技重大专项是中国第十一个五年计划期间开始实施的，为了实现国家目标，通过核心技术突破和资源集成，在一定时限内完成的重大战略产品、关键共性技术和重大工程。该计划聚焦国家重大战略产品和产业化目标，解决“卡脖子”问题。

国家自然科学基金是1986年成立的，旨在推动自然科学基础研究的发展，促进基础学科建设，发现、培养优秀科技人才的重大科技计划。30多年来，国家自然科学基金已逐渐形成了由研究项目、人才项目和环境条件项目三大系列组成的资助格局。

国家重点研发计划由原来的国家重点基础研究发展计划（“973计划”）、国家高技术研究发展计划（“863计划”）、国家科技支撑计划、国际科技合作与交流专项、产业技术研究与开发基金和公益性行业科研专项等整合而成，主要针对事关国计民生的重大社会公益性研究，以及事关产业核心竞争力、整体自主创新能力和国家安全的重大科学技术问题，突破国民经济和社会发展主要领域的技术瓶颈的重大科技计划。

技术创新引导计划是按照企业技术创新活动不同阶段的需求，对国家发改委、财政部管理的新兴产业创投基金，科技部管理的政策引导类计划、科技成果转化引导基金，财政部、科技部等四部委共同管理的中小企业发展专项资金（基金）中支持科技创新的部分，以及其他引导支持企业技术创新的专项资金（基金）进行分类整合而成的科技计划。

基地和人才专项是将科技部管理的国家（重点）实验室、国家工程技术研究中心、科技基础条件平台、创新人才推进计划，国家发改委管理的国家工程实验室、国家工程研究中心、国家认定企业技术中心等合理归并，优化布局，按功能定位分类整合而成的科技计划，旨在支持科研基地建设和创新人才、优秀团队开展科研活动，促进科技资源开放共享。

（二）中国科技计划的组织管理方式

第一，层级化管理。国家科技计划体现出层级化管理的特征，不同类型的项目由不同的项目立项组织管理单位负责管理。项目立项组织管理单位是最上层管理机构，直接管理对象是项目承担单位，负责发布项目指南和申报通知、受理项目申请、组织专家评审、监督项目实施、组织结题验收等。项目承担单位承担各项目立项组织管理单位的科研任务，并接受它们的管理，同时对本单位各项目组的课题申报、执行、结题情况进行管理。各项目组对其所属的项目组成员进行管理。国家科技计划项目呈现出一种自上而下的层级化管理特性[1]。

第二，课题化管理。课题是国家科技计划的基本组织单位。国家科技计划项目在组织管理模式上最大的特点就是实行课题制管理，课题负责人对所承担的课题任务全权负责，这是国家科技计划中一项重要的制度创新。课题制是指按照公平竞争、择优支持的原则，确立科学研究课题，并以课题为中心、以课题组为基本活动单位开展课题组织、管理和研究活动的一种科研管理制度。课题制的管理模式给予作为课题负责人的科研人员较大的自主权，他们可以根据课题的实际需要，跨部门、跨单位择优选用课题组成员，这有利于营造宽松自由的研究环境，实现科研人员的优势互补和科技资源的最优配置。但同时也会造成研究组织分散，不利于科技计划立项部门进行全程监督管理。

第三，集中化管理。国家科技计划的指南发布、项目调研、项目受理和评审、项目验收等环节都由专门部门负责组织管理。虽然各类项目均已建立了较为完善的管理规范机制，但就整个管理过程而言，项目组织管理部门的权力过于集中，尤其是在立项评审和结题验收两个关键环节，可能会对项目立项成功与否产生人为因素影响，对项目立项成功与否和验收通过与否发挥着至关重要的作用。

（三）中国现阶段典型科技计划

1. 国家重点研发计划

（1）目标与定位。

国家重点研发计划由中央财政资金设立，面向世界科技前沿、面向经济主战场、面向国家重大需求，重点资助事关国计民生的农业、能源资源、生态环境、健康等领域中需要长期演进的重大社会公益性研究，事关产业核心竞争力、整体自主创新能力和国家安全的战略性、基础性、前瞻性重大科学技术问题、重大共性关键技术和产品研发，以及重大国际科技合作等，加强跨部门、跨行业、跨区域研发布局和协同创新，为国民经济和社会发展主要领域提供持续性的支撑和引领。

---

[1] 卫新锋：《国家主体科技计划项目治理模式的演变》，《中国科技论坛》2020年第4期。

（2）组织与管理。

国家重点研发计划按照重点专项、项目分层次管理，项目是国家重点研发计划组织实施的基本单元。国家重点研发计划纳入公开统一的国家科技管理平台，充分发挥国家科技计划（专项、基金等）管理部际联席会议、战略咨询与综合评审委员会、项目管理专业机构、评估监管与动态调整机制、国家科技管理信息系统的作用，与国家自然科学基金、国家科技重大专项、技术创新引导专项（基金）、基地和人才专项等加强统筹衔接[1]。

科技部是国家重点研发计划的牵头组织部门，相关部门和地方通过联席会议机制推动国家重点研发计划的组织实施，国家科技计划（专项、基金等）管理部际联席会议负责审议国家重点研发计划的总体任务布局、重点专项设置、专业机构遴选择优等重大事项。战略咨询与综合评审委员会负责对国家重点研发计划的总体任务布局、重点专项设置及其任务分解等提出咨询意见，为国家科技计划（专项、基金等）管理部际联席会议提供决策参考。项目牵头单位负责项目的具体组织实施工作，项目管理专业机构根据国家重点研发计划相关管理规定和任务委托协议，开展具体项目管理工作，对实现任务目标负责。

2. 国家自然科学基金

（1）目标与定位。

国家自然科学基金是20世纪80年代初，为推动中国科技体制改革，变革科研经费拨款方式，由中国科学院89位院士（学部委员）致函党中央、国务院建议设立，邓小平同志批准成立的，旨在支持国家基础研究的基金。30多年来，国家自然科学基金在发展中逐渐形成了由研究项目、人才项目和环境条件项目三大系列组成的资助格局，在推动自然科学基础研究的发展，促进基础学科建设，发现、培养优秀科技人才等方面取得了巨大成绩。

---

[1] 侯婉莹、刘蓉蓉、戴培刚、张江丽、刘涛、王萌：《对国家重点研发计划组织管理的思考与建议》，《农业科技管理》2017年第2期。

（2）组织与管理。

国家自然科学基金的经费主要来源于中央财政拨款。国家鼓励自然人、法人或者其他组织向国家自然科学基金捐资。中央财政将国家自然科学基金的经费列入预算。国务院科学技术主管部门对国家自然科学基金工作依法进行宏观管理、统筹协调。国务院财政部门依法对国家自然科学基金的预算、财务进行管理和监督。审计机关依法对国家自然科学基金的使用与管理进行监督。

国家自然科学基金的专门管理机构是国家自然科学基金委员会，科学技术部负责管理国家自然科学基金委员会，依法对国家自然科学基金工作进行宏观管理、统筹协调和监督评估。国家自然科学基金委员会相对独立运行，负责资助计划、项目设置和评审、立项、监督等组织实施工作。

3. 国家科技重大专项

（1）目标与定位。

国家科技重大专项是自实施《国家中长期科学和技术发展规划纲要（2006—2020年）》以来，为了实现国家目标，通过核心技术突破和资源集成，在一定时限内完成的重大战略产品、关键共性技术和重大工程。国家科技重大专项是通过充分发挥社会主义制度集中力量办大事的优势和市场机制的作用，力争取得突破，努力实现以科技发展的局部跃升带动生产力的跨越发展，并填补国家战略空白。国家科技重大专项的目标是：充分发挥企业在研究开发和投入中的主体作用，以重大装备的研究开发作为企业技术创新的切入点，更有效地利用市场机制配置科技资源，国家的引导性投入主要用于关键核心技术的攻关。

（2）组织与管理。

重大专项的组织实施由国务院统一领导，国家科技教育领导小组统筹、协调和指导。科技部、国家发改委、财政部建立三部门工作机制，研究解决重大专项组织实施中的重大问题，各司其职，共同推动重大专项的组织实施。其中，科技部负责协调重大专项与科技计划的衔接；牵头组织研究制定重大专项实施相关的科技配套政策；汇总重大专项各类信息，提出信息汇总的统一要求；向国家科技教育领导小组、国务院汇报年度工作计划、年度执行情况；对重大专项实施方案或实施计划相关内容的调整进行备案，承担重大专项日常组织协调和联络沟通工作等。国家发改委牵头组织研究制定重大专项组织实施中的相关产业配套政策，负责协调重大专项与国家重大工程的衔接等。财政部负责研究制定重大专项相关财税配套政策，负责提出重大专项经费预算编制的要求，审核并批复重大专项年度经费预算；负责重大专项资金使用监管；对重大专项实施中的预算调整进行审核；提出重大专项与相关财政专项投入的衔接要求等。科技部重大专项办公室负责会同有关方面拟定民口科技重大专项的实施办法，审核实施计划，提出方案调整和相关配套政策建议，跟踪和监督实施过程，协调解决重大问题，组织评估和验收及相关综合信息管理。

（四）中国科技计划组织管理存在的问题

1. 体制困境：权责匹配的失衡

中国科技计划组织管理制度的主要困境在于职责与职权在执行层面和环节上的不匹配[1]。具体而言，即是国家科技计划管理中的“两条线”问题。一是计划管理的技术和财务两条线问题，二是计划管理和行政管理两条线的问题。因此，执行过程中常出现实体部门跨计划管理线进行管理的问题，而相应责任由负责计划管理线的人员来承担，存在权责模糊和责任主体不明确的问题。

2. 目标困境：知识创新与国家战略选择

科技计划组织管理者有两个任务：一是学习和认识科技发展的自身规律，按照科技发展的自身规律制定政策规范；二是科技计划项目要体现国家的意志和需求，而科技计划项目的提出，通常是由专家组及业内专家提出并参与决策的，专家的知识特性决定了他们在决策过程中不可替代的作用，而专家的需求与国家需求之间也存在着一定差异，专家更强调自身所在的技术领域和方向以及科学技术中可能具备

[1] 嵇智源、智强：《国家科技计划执行研究：困境及对策初探》，《中国科技论坛》2014年第8期。

理论性意义的方向，而国家强调对经济社会发展具有支撑和推动作用的方向，科技计划组织管理者面临着知识创新还是落实国家战略的权衡，需要前瞻思考与综合考虑。

3. 风险困境：科技研发的不确定性

国家科技计划项目往往围绕国家科技和经济发展中的热点、重点、难点问题立项，相对一般研究项目而言，失败的风险极高。一方面，国家科技计划项目具有战略性和前瞻性，很多项目属于开创性项目，需要反复尝试，偶然性极大，具有很大的不确定性。另一方面，国家科技计划项目具有规模大型化和技术复杂化的特点，项目的实施涉及众多的单位和科研人员，各单位之间的协调配合、科研人员之间的分工协作效率，都可能是影响项目能否按计划进度执行的重要因素。因此，如何容忍风险、控制风险、管理风险、评估风险，是当前科技管理面临的一个重要命题。

三、中国科技计划管理体制的发展方向

（一）科技计划组织管理的专业化

目前，中国的科技计划管理在宏观上体现为政府管理优先的核心特征，这一特征使得科学活动的规律与政府管理的特征之间产生了冲突，带来了科技计划管理的效率问题。因此，中国应当在原则上转变传统的行政管理优先逻辑，从科技发展本身的规律出发，建立以科技自身发展规律为基础的科研管理体制机制，这种管理体制机制的核心特征应当是专业化。具体而言，就是在机构设置、人员安排、决策流程、监督问责等方面都以专业化为主要特征，尽可能减少行政化管理干预。

（二）厘清科技计划组织管理的权责体系

清晰的责任、合理的授权和严格的问责是保障科技计划目标实现的基本制度特征。中国当前主要科技计划的管理在权责的配置上，由于参与主体较多，纵向层级复杂，加上跨部门、跨领域协调工作小组的出现，责任主体变得越加模糊。行政组织、跨部门协调工作小组、常设办公室，这些功能主体的交叉设置使得科技计

划管理在机构和人员上都缺乏清晰的权责配置，产生了权力上收与责任下放之间的失配。因此，科技计划的管理应当避免多套管理制度产生交叠，建立单一的管理机制，使得管理权力实体与责任实体一致，参与管理的机构与人员在其权力和责任上具有明晰的界定，避免多主体、多层级的混合治理状况。

（三）科技计划组织管理机构的扁平化

在科技计划组织管理机构设置上，中国是依靠行政科层的纵向结构来进行设置的，这不利于专业化管理，机构间设置边界不清晰，权力和责任不具有一致性，不符合科学技术的发展规律。因此，中国在科技计划管理上对管理机构进行调整，形成专项计划专门机构的管理方式，机构在与其主管部委的隶属关系上应具有相对刚性的边界，确保决策权和责任被清晰地定义于专业化管理机构当中，实施扁平化管理。

改革重大科技项目立项和组织管理方式，给予科研单位和科研人员更多自主权，推行技术总师负责制，实行“揭榜挂帅”“赛马”等制度，健全奖补结合的资金支持机制。健全科技评价机制，完善自由探索型和任务导向型科技项目分类评价制度，建立非共识科技项目的评价机制，优化科技奖励项目。

（四）科技计划的分类管理

科技计划的技术规律与特征主要基于两个方面：一是科技计划所支持的创新阶段；二是科技计划所支持的创新目标来源于市场需求侧还是国家目标。前者包括基础研究、应用研究、示范应用；后者主要包括使命导向的自下而上的技术目标以及根据研发者需求的自下而上的技术探索。我们应分别从创新阶段和创新目标来源两个方面来考虑科技计划的分类管理。在自下而上，也就是需求侧驱动的科技项目中，应当建立基于分离模式的、自下而上的、以同行评议为主要方式的制度；对于国家使命导向的重大技术目标管理，应当建立自上而下的专家管理制度。

（五）科技计划组织管理的法制化

科技计划的管理在长期发展来看，依赖于有效合理的法律制度环境。在西方科技计划成功背后，存在着一套完善的、与科技计划相关的法律，例如，美国通过预算法、采购法等一系列法律，很好地规制资金管理、技术投入等方面的行为，使得科技计划的管理能够更加专业化地集中于技术性的决策与管理。因此，有必要完善中国科技计划的相关法律制度，使得科技计划能够在良性的法律制度中可持续地运行。

（六）加强原创性引领性科技计划攻关

在事关国家安全和发展全局的基础核心领域，制订实施战略性科学计划和科学工程。瞄准人工智能、量子信息、集成电路、生命健康、脑科学、生物育种、空天科技、深地深海等前沿领域，实施一批具有前瞻性、战略性的国家重大科技项目。从国家急迫需要和长远需求出发，集中优势资源攻关新发突发传染病和生物安全风险防控、医药和医疗设备、关键元器件零部件和基础材料、油气勘探开发等领域关键核心技术。

（七）加大科技计划对产业共性基础技术研发的支持力度

加大科技计划对产业共性基础技术研发的支持力度，集中力量整合提升一批关键共性技术平台，支持行业龙头企业联合高校、科研院所和行业上下游企业共建国家产业创新中心，承担国家重大科技项目。支持有条件的企业联合转制科研院所组建行业研究院，提供公益性共性技术服务。打造新型共性技术平台，解决跨行业跨领域关键共性技术问题。发挥大企业引领支撑作用，支持创新型中小微企业成长为创新重要发源地，推动产业链上中下游、大中小企业融通创新。鼓励有条件的地方依托产业集群创办混合所有制产业技术研究院，服务区域关键共性技术研发。

第三节

中国科技经费管理体制的演变与发展

一、中国科技经费管理体制的演变与现状

（一）中国科技经费管理体制的总体演变历程

从改革开放以来中国财政科技研发经费管理政策的沿革看，从政府主导、大包大揽的科技拨款模式逐步转变为引导社会投入、多元化的科技投入模式[1]。

1978—1984年：政府主导的科技经费投入体制。1978年，全国科学大会指明“四个现代化，关键是科学技术的现代化”，重申“科学技术是第一生产力”的论断，发出“向科学技术现代化进军”的口号。在此大背景下，科研经费投入与管理模式是政府主导，通过体制内的科研机构拨款，组织科研机构开展科学研究，投入方向也从之前的国防、重工业研究逐步调整到轻工业和社会发展方向上，其中国防领域仍是重要的一块。

1985—1994年：科技经费拨款体制的初步改革。1985年，《中共中央关于科学技术体制改革的决定》的出台是改革科技经费拨款体制的开始，该决定改变了过去重点对科研机构的资助方式，依据科技活动的不同特点实施科研经费的分类管理，建立了针对基础研究的基金资助制度，逐步减少技术开发工作和具有实用价值的应用研究工作的事业经费。根据国家研发经费管理制度的调整，中国科学院于1985年调整了研发经费的管理制度，由拨款制调整为基金制和合同制。

1995—2005年：科技经费管理体制的深化改革。此阶段科研经费投入体制改革的重点在于：进一步减轻国家财政的科研事业费负担，促进应用型科研机构和设计单位实行企业化转制，减少对科研机构事业费的拨款；将科技计划经费归口科技部

[1] 马名杰、张鑫：《中国科技体制改革：历程、经验与展望》，《中国科技论坛》2019年第6期。

管理，减少科研经费的条块分割；将科研经费的管理方式从机构式的管理模式转变为课题制管理模式。

2006—2014年：科技经费管理体制的优化改革。在该阶段，中国提出“自主创新，建设创新型国家”的战略目标，部署实施《国家中长期科学和技术发展规划纲要（2006—2020年）》。在经费管理方面，加大财政科技投入，出台各类科技计划等专项经费管理办法，规范科研课题经费的使用与监督；加大税收激励、金融支持力度，发挥财政经费对企业自主创新的引导作用；优化科技经费投入结构，引导社会投入；逐步放宽科研经费的使用对科技活动的限制，探索科研经费“包干制”等，激发科研人员的积极性和创新活力。

（二）中国科技经费预算体制的演变与现状

科技经费预算是国家财政预算的重要内容，是指国家在分配财政科技资金时按照法定程序编制、审查、批准的国家财政科技收支计划，是对国家财政资金进行筹集、分配、管理和宏观调控的重要工具。

中华人民共和国成立以来，对中国政府预算管理制度进行了一系列改革。根据中国社会主义经济体制以及中国政府预算的发展特点，中国政府预算管理制度主要经历了三个发展阶段：起步发展阶段、精细发展阶段、完善发展阶段。预算编制的改革不可避免地对科技经费的管理体制、管理范围、经费预算带来重大影响。改革开放以来，中国以科技经费预算拨款制度改革为突破口，对科技经费预算体制进行了重大改革，初步形成了较为系统的科技经费预算及管理体系，对促进科技与经济结合，改变传统的科研活动经费预算组织管理模式与运行机制发挥了良好的作用。在各项改革中，实施部门预算对科技经费预算影响最大。实施部门预算后，科技经费的管理发生了巨大变化，正常经费的管理权划归财政部门，由其按预算体制进行管理和编制预算。

从政府预算科目分类的角度来看，2006年以前，中国财政科技支出包括科技三项费、科学事业费、科研基建费和其他科研事业费。其中，科技三项费是指新产品试制费、中间试验费和重大科研项目补助费。科学事业费是指各级科技行政主管部门归口管理的科学事业费及中国社会科学院系统的科学事业费。科研基建费是指政府预算安排的基本建设支出科目中用于科研机构基本建设的资金。以上政府预算收支科目分类是中华人民共和国成立初期参照苏联的财政管理模式设计而成的，与计划经济体制下的建设型财政管理体制相适应。2006年3月，国务院正式批准了《政府收支分类改革方案》，这次改革将科技活动分为研究与发展活动、成果应用与科学技术教育和培训活动、与研发密切相关的科技服务活动三类，同时考虑目前中国科技经费管理的特殊需要，将以上科技活动归入“科学技术”大类中，统一反映国家用于科学技术方面的支出。

（三）中国科技经费拨款体制的演变与现状

1. 中国科技经费拨款体制的演变

改革开放前：以计划指令为特征的财政科技拨款体系。中华人民共和国成立初期，中国的科技体系以苏联为模板，建立了一套强调政府规划、行政管理的科技发展模式。与计划体系相适应，当时的财政科技经费投入以稳定的制度性拨款为主导，拨款途径包括科研事业费、科技三项费。科技经费的投入实行中央与地方分级管理的制度，全国科研经费在上年度统一核定年度预算支出的基础上，分部门、分领域、分地区层层划拨，突出特征是计划指令、分块切割、统抓统管。这种通过行政力量统筹调配资源，并以计划指令方式进行分配的方法，有利于将有限的资金投入最为迫切的领域，取得了良好的效果。

1985—2000年：以竞争性的科研项目为主导，以财政事业拨款为辅。从1985年开始，国家对科技拨款体制进行了大幅调整，常规性的事业费被逐渐削减，财政科技拨款开始以财政专项资金的形式安排国家科技计划或基金，逐步将其作为科研经费拨款的主要渠道。由此，财政科技拨款的初始配置渠道逐渐形成了以竞争性的科研项目为主导、以财政事业拨款为辅的局面。

2000年以后：科技经费拨款体制的深刻调整。从2000年开始，随着科技中长期规划纲要的颁布，财政科技拨款体系经历了新一轮的调整。2006年8月，科技部和财政部联合出台了《关于改进和加强中央财政科技经费管理的若干意见》，中央政府相继设立了一系列新的科研拨款渠道，以改变过去20年间过分依赖竞争性项目机制的状况。首先，在目标设定上，科研专项不再以服务经济建设为主，而是更多地偏向基础工作。其次，在拨款机制上，新设立的科研经费分配渠道并没有采用竞争机制，而是以稳定的制度性拨款为主。

2. 当前中国科技经费拨款的主要渠道

中国科研拨款结构采取增量调整的模式，即通过设立新的专项来改变经费分配结构，这使得庞大的经费分散在大量不同的渠道中，由诸多部门负责，导致经费配置呈现多头管理、纷繁复杂的格局。

在功能性部门层面，科技部扮演最重要的角色，其科技经费拨款主要以各类科技计划的形式予以分配。财政部在科技预算的制定、财政拨款过程中扮演着举足轻重的角色。教育部所掌握的科研经费主要包括教育部直属高校和直属科研事业单位所承担的科学技术研究以及重大科学工程等项目的支出。

在行业性部门层面，行业性部门的主要职能在于负责所在领域的科学技术发展与产业化，其下属的公立科研院所皆承担重要科研工作，也掌握着一定的科研经费。以农业农村部为例：一是农业农村部用于基础研究或重点研究工作的经费，包括一些基本建设支出以及重点实验室经费等；二是应用研究经费，主要包括公益性行业科研项目资金与中央级公益性科研院所基本科研业务费；三是民口科技重大专项经费，主要用于下属科研院所重大专项的支出；四是用于改善科学技术发展条件的经费，包括中央级科研院所修缮购置专项经费等。

（四）基于项目的中国科技经费管理体制的演变与现状

1. 中国典型科技计划经费管理体制

（1）国家重点研发计划经费管理体制。

重点研发计划资金实行分级管理，分级负责。财政部、科技部负责研究制定重点研发计划资金管理制度，组织重点专项概预算编制和评估，组织开展对重点专项资金的监督检查；财政部按照资金管理制度，核定批复重点专项概预算；专业机构是重点专项资金管理和监督的责任主体，负责组织重点专项项目预算申报、评估、下达和项目财务验收，组织开展对项目资金的监督检查；承担单位是项目资金管理使用的责任主体，负责项目资金的日常管理和监督。

（2）国家自然科学基金经费管理体制。

财政部根据国家科技发展规划，结合国家自然科学基金资金需求和国家财力可能将项目资金列入中央财政预算，并负责宏观管理和监督。国家自然科学基金委员会依法负责项目的立项和审批，并对项目资金进行具体管理和监督。依托单位是项目资金管理的责任主体，通过“统一领导、分级管理、责任到人”的项目资金管理体制和制度，加强对项目资金的管理和监督。项目负责人应当依法据实编制项目预算和决算，并按照项目批复预算、计划书和相关管理制度使用资金，接受上级和本级相关部门的监督检查。

（3）国家科技重大专项经费管理体制。

重大专项资金实行分级管理，分级负责。科技部、国家发改委、财政部负责组织重大专项实施方案（含总概算和阶段概算）编制论证，开展阶段实施计划（含分年度概算）；财政部会同科技部、国家发改委制定重大专项资金管理制度，审核专项总概算和阶段概算；出资的地方财政部门负责落实其承诺投入的资金，提出资金安排意见，并加强对资金使用的管理；牵头组织单位负责制定资金管理实施细则；项目承担单位是项目资金使用和管理的责任主体，负责编制和执行所承担的重大专项项目（课题）预算。

2. 市场导向型项目的后补助经费管理

后补助是指从事研究开发和科技服务活动的单位先行投入资金，取得成果或者服务绩效，通过验收审查或绩效考核后，获得经费补助的财政资助方式。后补助包括事前立项事后补助、奖励性后补助及共享服务后补助等方式。

事前立项事后补助是指单位根据科技部发布的国家科技计划或专项项目指南，结合自身发展需要提出申请，按照规定的程序立项后，单位先行投入资金组织开展研究开发活动，取得成果并通过验收后获得相应补助。具体管理流程为：发布指南—提交申请—立项论证—预算备案—签订任务书—组织验收—验收结果公示—经费拨付。奖励性后补助是指单位根据市场需求及自身发展需要先行投入资金开展创新活动，取得了有助于解决重大经济社会发展问题的科技创新成果，通过审查验收后，获得相应补助。共享服务后补助是指对面向社会开展公共服务并取得绩效的国家科技基础条件平台，经科技部、财政部绩效考核通过后，给予相应补助。共享服务后补助的管理流程为：发布通知—申报材料—绩效考核—绩效考核结果公示—实施补助。

3. 科研项目经费管理的“包干制”

“包干制”项目经费管理实行“一取消、三自主”。一是取消项目预算编制。项目经费实行定额资助，不再分为直接费用和间接费用，无须编制项目预算。二是自主安排经费支出。经费支出不设定科目限制和具体比例限制，赋予科研承担单位和科研人员更大的自主权。三是自主安排绩效支出。绩效支出由项目负责人根据实际科研需要和相关薪酬标准自主确定，承担单位按照现行工资制度进行管理。四是自主填报经费决算。项目验收时，项目负责人根据实际使用情况自主编制项目经费决算，经承担单位财务、科研管理部门审核后，按程序报送验收机构。

“包干制”要求组织实施单位“两监督”。一是项目承担单位内部监督。承担单位要在项目验收前，在单位内部公开项目经费决算、项目结题和成果报告，接受广大科研人员监督。二是省科技、财政部门监督。结合项目管理，定期开展经费使用情况抽查，建立科研诚信“黑名单”，监督项目承担单位落实主体责任，加强科研经费内部管理。

二、中国科技经费管理体制的问题

（一）中国当前科技经费预算体制的问题

1. 科技预算编制不科学

首先，在预算编制时间上，部门预算编制与政府工作计划在时间上不同步，这也制约着科技部门预算推进的进程。其次，在预算编制方法上，部门预算定额标准仍然具有“基数法”的痕迹。定额不是根据单位的工作任务和财力而计算，而是根据历年的决算数据倒推而来的，无法真实反映部门单位的职能大小和权责轻重。最后，在预算编制的分配上，科技预算都不能全面地反映科研活动的全部支出情况，经费预算规定的支出条款与完成项目实际支出内容不能完全相符。

2. 科技经费存在重复投入现象

从宏观角度来看，中国科技计划预算缺乏统筹性。在缺乏有效统筹的情况下，多部门、多渠道分配有限资源，导致科研经费分散使用，科研项目重复设置，容易造成浪费，使资源难以共享。从微观角度来看，中国科技项目预算管理各自为政，存在脱节现象。在中国，科研管理部门和财务部门是两个相对独立的部门，项目管理与经费管理各自为政，科研管理与经费管理相脱节。科研管理部门只重视争取项目，对于经费使用的合理性和有效性却认为不在职权范围内；财务部门对科研管理、经费管理相关规定不熟悉，以致科研经费在使用的过程中缺乏有效的控制。

3. 科技预算管理缺乏约束性

人大对科技预算的监督缺乏一定的约束性。人大审议部门预算只能进行总体性、一般性审查，且没有建立对科技部门预算编制质量和项目绩效的考核机制，在具体编制过程中，由于项目缺乏可比性，可行性论证也不够充分，难以做到分清轻重缓急。许多单位存在着追求预算最大化的倾向，财政支出仍然呈刚性增长，收支紧张的状况未能从根本上得以改变。

（二）中国当前科技经费拨款体制的问题

1. 科技经费拨款机制问题

第一，过分依赖于竞争性项目。这大大削减了科研人员使用科研经费的时间，使得科研人员不得不为了争取稳定持续的经费而淹没于文山会海中，乃至将大部分时间和精力投到申请项目和应付项目评审与验收上。第二，以项目为单位的拨款方式及系列评价机制导致短期行为。这使得科研人员为获得经费倾向于采取短期行为，重研发产出的数量而非质量。第三，竞争性经费的分配缺乏监督。相当一部分竞争性项目的决策过程缺乏严密、科学的制度规范和规则约束，存在寻租空间，一旦科学共同体自律缺失，项目经费的分配很可能就变成“竞争性”掩饰下进行的利益分配。

2. 科技经费资助结构问题

长期以来中国科学技术的发展呈现出了明显的功利性，过分注重短期目标，多聚焦于经济发展领域，对基础研究重视不够。特别是改革开放后，“为经济建设主战场服务”“科学技术是第一生产力”的理念使得有限的经费大多用于技术开发和产业化工作中，促使科技发展与经济建设的结合更为紧密，国家投入基础科学的经费比重不高[1]。

3. 科技经费分配格局问题

第一，科技经费分配较为分散。中央不同部门的科技经费主要的分配方式是拨给科研院所事业费，拨给各项竞争性科技计划与基金以经费，以及拨给各类以稳定支持为原则的科研专项以经费等，这种分配格局让项目重复现象与支持不足状况同时存在。第二，科技经费分散于不同阶段的科技计划之中，各个科技计划、专项、基金之间的交叉重复也难以避免。第三，科技经费分散于综合性科技计划和部门自主安排的项目之中。

[1] 陈实、王亮：《中美财政科技预算的比较与启示》，《中国科技论坛》2013年第8期。

（三）基于项目层面的中国科技经费管理体制的问题

1. 科研项目间接成本补偿问题

第一，间接成本比例较低。间接成本是高校日常运转不可缺少的费用，需要受益对象根据受益大小合理分摊，按照政府归口管理部门目前规定的科研管理费比例，科研活动没有分摊足够的间接成本。第二，间接成本预算管理不科学。长期以来，科研预算编制重直接成本轻间接成本，间接成本预算流于形式，间接成本规定比例过低，直接成本缺乏严格的限制，导致实际编制出的科研预算间接成本分摊过少，直接成本过大。第三，间接成本拨款和核算体系不合理。通常情况下，直接成本和间接成本以一个总额下达，未分别注明两部分具体金额。第四，科研项目间接成本政策不一。至今未制定包括直接成本和间接成本的费用明细、分摊标准计算方法在内的统一的、系统的、完整的科研成本管理规定。

2. 科研项目人力成本补偿问题

第一，科研人员保障性工资收入低。科研方面的人力资本投入在基本工资中没有得到体现，且在课题经费的使用过程中，也无法得到合理的补偿。第二，见物不见人。科研经费主管部门对科研项目的人员经费开支范围和开支比例过度限制，项目经费绝大部分只能用来置办实验装置等加强实体建设，却无法合理补偿科研人力资本的虚体投入。

三、中国科技经费管理体制的发展方向

（一）宏观层面，调整科技拨款结构

1. 改革科技拨款机制，提高保障性经费的比例

1985年科技体制改革以来所形成的科技拨款中以竞争性项目经费为主导的格局，使得以服务国家战略目标为使命的公立科研机构在承担国家重大科研任务的同时却又缺乏相应的经费的稳定支持。改革现行的科技拨款机制，适当地提高保障性科研经费所占的比重显得尤为重要。必须进一步增加对公立科研机构和高校的保障

性拨款，使得保障性经费和竞争性经费达到一个较为合理的比例。对于基础研究，特别是研究周期较长、短期内无法取得成效的研究，应该在竞争和同行评审的基础上给予长时期的稳定支持。

2. 加大对基础研发的扶持力度，扩大社会基础研究投入

当前中国基础研究投入不足，不利于基础研究水平的提升和科技可持续发展潜力的增大，改善科技服务的首要一点就是要加大对基础研发的扶持力度，在全社会形成大力支持基础研究投入的文化氛围和学术研究氛围。长远来看，基础研究投入不足会成为经济社会进一步发展的瓶颈。基础研究是科技创新的源头，是发展核心技术的关键所在。加大对基础研发的扶持力度对提高科研基础水平、促进科技可持续发展具有不可替代的重要作用。

因此，国家应强化应用研究带动作用，鼓励自由探索，制订实施基础研究十年行动方案，重点布局一批基础学科研究中心。加大基础研究财政投入力度，优化支出结构，对企业投入基础研究实行税收优惠，鼓励社会以捐赠和建立基金等方式多渠道投入，形成持续稳定的投入机制，基础研究经费投入占研发经费投入比重提高到8%以上。建立健全符合科学规律的评价体系和激励机制，对基础研究探索实行长周期评价，创造有利于基础研究的良好科研生态。

3. 统筹部门经费管理，改变经费多头管理格局

当前，中国多元分散型的科技投入管理体制，使得科技活动与经济、社会发展的全局性要求和中心任务难以密切结合，科技资源得不到有效配置。这就要求改革科技投入管理体制，统筹协调，改变经费多头管理格局。一种做法就是强化专业对口管理，改革项目经费管理方式。另一种做法则是建立第三方经费管理平台，而第三方经费管理平台根据经费管理政策对科技计划预算和最终决算进行审核，三者之间职责与功能互不重叠又能统筹协调，并且能够起到相互制约的作用。

4. 改革科技项目决策机制，审慎选择拨款资助项目

科技项目决策机制应当依据科技活动类型、政策阶段和政策目标作出差异化的选择。在基础研究和前沿探索类科技项目决策中，在议程设置、目标选择等环节，应该赋予科学家决策主导权，高度尊重科学家和充分发挥科学家的作用，从而保证必要的科技知识供给。在面向应用和产业化的科技项目决策中，应着力完善和规范专家咨询机制，特别要注意专家结构的均衡和合理，充分发挥来自企业界的技术专家和经济、管理、政策等方面的非技术专家的作用，避免只重技术指标、不顾市场应用的决策导向。在面向企业和公众需求的科技项目决策中，应建立制度化的利益协调平台，向企业和公众代表开放政策参与途径，确保企业、产业部门等利益诉求的充分表达和平衡。对于具有战略意义和明确国家目标的重大科技计划和工程，政府应在决策中发挥主导作用。

（二）中观层面，改革科技预算制度

1. 改革预算编制体系，建设独立科技预算机构

为适应科技事业发展及科技活动规律对科技预算管理的要求，有效地避免财政科技资金分配中的交叉、分散、重复及运作中互相扯皮的现象，科学、合理地编制政府科技预算极其必要，建议设立相对独立的科技预算组织机构，可由国家科技教育领导小组领导，成员由熟悉中国科技发展需求的战略科学家、财经专家等构成。该机构的职责为：负责每年全国的科技预算编制及相关工作，使科技预算在政府预算的编制体系中有相对独立的地位，保证科技预算的连续性。对该机构的要求是，要根据国家制定的长远科技规划和年度计划开展工作，协调各重大科技计划中目标、内容相近的科技项目，全面、均衡地编制国家科技预算，统筹国家财政科技支出，并组织、协调各相关部门的工作。

2. 加强预算方案审核，合理配置科研资助资源

中国政府部门预算的审核由全国人大和地方各级人大负责，但长期以来，人大对部门预算的监督作用没有充分发挥出来，这也导致了科技预算缺乏一定的约束性。目前人大审议部门预算只能进行总体性、一般性审查，最终流于形式。为了避免这一现象，应该实行预算编制、预算执行和预算监督互相分离的制度，防止“教练员”兼“运动员”“裁判员”现象。

3. 细化科技预算管理，规范科技预算程序

当前中国的科技预算机制一方面在一定程度上依然存在着计划经济体制时代所具有的随意性特征，这使得在科技项目决策过程中政府官员的作用变得很重要，但又缺乏行之有效的监督，另一方面又存在着市场经济体制所具有的分散性、部门作用突出等特点。因此，中国亟待解决的问题就是从宏观上对科技预算机制进行梳理，加强制度建设，细化科技预算管理和各大科技计划管理，以避免财政资源的重复投入，提高国家科技投入的效率。整个科技预算从预算管理、部门预算、项目类型预算三个维度构筑完整的一套预算机制，真正实现科技预算程序的规范化。

（三）微观层面，充分补偿科研成本

1. 改革成本补偿机制，建立科学的成本补偿制度

良好的科研成本补偿机制对确保科研机构科研经费的健康管理和科研活动的有序开展起着不可替代的作用。当前的科研成本补偿机制对科研的间接成本投入和人力资本投入补偿不足，亟待建立一套科学的成本补偿制度。首先，要从科研项目经费预算编制着手，有效降低科研直接成本，提高间接成本比例，实现科研预算的结构性调整；其次，改革当前的科研拨款体制，真正建立以项目为中心的管理体系，并在科研项目经费中允许列支一定比例的人力资源使用费；最后，政府应制定适合所有项目归口管理部门及各类科研机构的科研成本管理制度，改变当前政出多门、政策不一的现状。

2. 提高间接成本比例，精确衡量间接成本支出

应根据政府制定的科研项目间接成本分摊方法结合自身情况计算本机构的科研间接成本，通过政府与科研机构两套管理机制的配合，把间接成本计算过程和结果向政府及社会披露，从而加强社会监督，优化科研机构自身内部管理，并且有助于对科研经费预算进行及时到位的监管。而且通过计算综合管理成本的构成和比例，有助于科研机构及时发现科研成本管理中的不合理费用，从而采取相应措施，提高经费管理效率。

3. 参照市场平均价格，加大人力资本补偿力度

长期以来，科研机构科研人员的人力资本价格双轨制非常明显，不仅科研机构科研人员的工资收入远远低于其他知识密集型行业，政府科技项目经费使用见物不见人，“人工费”列支标准比例过低，也使得科研经费无法合理补偿科研人力资本投入。因此，在科研机构的科研人力资本定价上应提高现有标准，以及提高现有科研绩效支出标准。

4. 扩大试点科研项目经费“包干制”

推广科研项目经费“包干制”，经费不再分为直接费用和间接费用，而是实行定额包干资助。项目申请人提交项目申请和项目获批后获批项目负责人签订任务书时，均无须编制项目经费预算，经费支出不设具体比例限制。同时，赋予项目负责人经费支配权，项目经费由项目负责人及研究团队根据实际需要自主决定使用，并对经费支出的合理性、真实性负责[1]。

[1] 何维兴、焦朝辉：《高校科研经费“包干制”实施路径的探讨——基于财务工作视角的分析》，《中国高校科技》2020年第11期。

CHAPTER 6

第六章

中国科技创新的主体力量之公立科研院所

公立科研院所是我国科技创新体系中的关键主体之一，包括国务院直属科研机构、部委下属科研机构、省市等地方研究机构、转制科研机构、新型研发机构等多种。在百余年的发展历程中，我国公立科研院所既是科技体制机制发生变革的载体，也是科技创新体系变革的实践者，可谓我国科技创新体系演变和发展的缩影。本章首先概述公立科研院所发展及改革的历程，进而分别以中国科学院、中国农业科学院、广东省科学院为案例，对主要类型的公立科研院所探索现代科研院所制度的历史和现状进行剖析。

第一节

公立科研院所的发展及改革历程

一、中华人民共和国成立初期至“文革”前的公立科研院所（1949—1965年）

在中华人民共和国成立初期及其后的一段时期内，我国逐步形成由中国科学院、国防科研机构、高校、部委科研机构和地方科研机构组成的五路科技大军。除去高校这一路大军，其他四路大军都属于公立科研院所。这些公立科研院所有些是从民国政府的中央研究院、北平研究院以及伪满政府的大陆科学院演变而来的，有些是根据国家工业发展需要建立起来的。中华人民共和国成立后如何对这些公立科研院所进行有效管理，使它们在共和国建设中发挥作用，成为摆在新政府面前的重要问题。总的来看，由于以“一边倒”为国策，中华人民共和国成立初期至“文革”前我国科技事业全面向苏联学习，科学研究的计划成为整个国家计划体制的一部分。在这种体制下，我国公立科研院所从上到下实施以计划为特征的集中式管理机制也成为必然。这个时期，我国公立科研院所体系的几个特点如下。

1. 中国科学院行使全国科技管理部门的职责

中华人民共和国成立初期，国家按照政务院下属部门的方式成立中国科学院。1954年《中华人民共和国宪法》颁布后，中国科学院不再是政府的组成机构之一，同年，一届全国人大一次会议通过的《中华人民共和国国务院组织法》也不再把科学院列为政府部门。尽管如此，1957年6月国务院科学规划委员会举行第四次扩大会议，聂荣臻在讲话中指出“我国统一的科学研究体系是由中国科学院、高等学校、中央各产业部门的研究机构和地方研究机构四个方面组成的。在这个体系中，中国科学院是全国的学术领导和重点研究中心，高等学校、中央各产业部门的研究机构（包括厂矿实验室）和地方所属的研究机构则是我国科学研究的广阔的基地”。此后，1958年11月，经全国人大常委会批准成立国家科学技术委员会。几年之后，由于与科学院各学部重复，国家科委下设的数学组、物理组、化学组、力学组和生物组这5个学科的工作安排交由中国科学院学部负责。可见，尽管没有国家科技管理部门的实名，中国科学院在中华人民共和国成立以来的较长一段时间内行使着全国科技管理部门的职责，直至1979年之后国家层面逐渐恢复和加强国家科委的职能。

2. 从经济恢复中找课题，服务国家建设

中华人民共和国成立初期，我国“一五”“二五”计划将东北三省作为中华人民共和国重工业基地，号召全国人民为社会主义工业化添砖加瓦。在建设东北重工业基地的过程中，科技界也积极响应国家号召，为东北工业的恢复和建设提供科技支援。1948年后东北工业部接管并领导大陆科学院，并在其基础上成立东北工业研究所。1950年6月，东北工业部组织东北科学技术考察团，考察东北各主要厂矿，主要目的是使科学研究工作密切结合实际，为东北工业的恢复和建设提供科学技术的支持。这次考察共收集亟待解决的科学技术问题70余项，经分解后，分配给东北工业研究所等不同研究机构开展研究。这个时期，我国公立科研院所大多处于新建或恢复期，科研的整体实力较弱，加上中华人民共和国成立初期百废待兴，因此，一大批公立科研院所以解决各类厂矿中的技术问题为主要任务。

3. 科研工作计划配合计划经济体制建设

这个时期公立科研院所是在计划经济体制下参照苏联模式建立起来的，研究工作要配合国家建设来进行有计划的部署，具有政府主导的典型特点，主要表现为：科研机构的设立服务于国家建设的迫切需求，科研机构的事业费和科研经费由政府财政全额拨款，项目任务和课题由政府计划下达并且无条件完成，机构人事实行行政化管理。例如，自1950年起，为支援东北建设，中国科学院成立东北分院，在长春综合研究所等单位的基础上成立了几个新的研究所，并把上海和北京的几个研究所迁往东北。又如，东北工业部组织4000名科技人员到东北安家立业，使得东北工业部下属的几个公立科研院所（东北科学研究所、东北地质调查所等）的实力得到增强。再如，东北科学研究所从1949年下半年开始探索制订研究工作计划。

4. 以任务带学科，优先布局国家重大需求相关的学科领域

1956年1月，党中央召开全国知识分子问题会议，周恩来作了《关于知识分子问题的报告》，要求“把世界科学的最先进的成就尽可能迅速地介绍到我国的科学部门、国防部门、生产部门和教育部门中来，把我国科学界所最短缺而又是国家建设所最急需的门类尽可能迅速地补足起来，使十二年后，我国这些门类的科学和技术水平可以接近苏联和其他世界大国”。这成为制定“十二年科技规划”（1956—1967年）的指导思想。根据这一要求，1956年4月，科学规划委员会召开专门会议，确定制定“十二年科技规划”的基本原则和方法是“任务为经，学科为纬，以任务带学科”，适当集中有限的力量，放到经济建设、国防建设和科学发展最急需、最关键的方面。最终，《1956—1967年科学技术发展远景规划纲要》提出57项任务，下分616个研究课题。此后，根据周恩来的指示，科学规划委员会进一步提出国民经济和国防建设中最为重要、最为紧急、最有意义的六项紧急措施（分别是原子能、导弹、无线电电子学、自动化、电子计算机、半导体）作为优先发展的六个学科领域（当时中国对外公布的紧急措施只有后四项）。

这六项紧急措施中的后四项，主要由中国科学院负责落实。例如，为了发展半导体事业，中国科学院应用物理所设立半导体研究室，邀集来自南京大学、武汉大学、二机部11所、一机部电器科学研究院、北京工业学院等单位的同志到半导体研究室进行半导体研究的集中攻关。1960年9月6日，经国家科委批准，在半导体研究室的基础上成立了中国科学院半导体研究所，该研究所成为我国半导体研究的重要机构[1]。与此类似，中国科学院为了发展无线电电子学、自动化、电子计算机，分

[1] 顾永杰、高海：《简述半导体研究应对〈十二年科学规划〉的紧急措施》，《山西大同大学学报（自然科学版）》2013年第1期。

别成立了电子学研究所、自动化研究所、计算机研究所。

这六项紧急措施中的前两项与我国几乎同期部署的“两弹一星”工程紧密关联。“两弹一星”工程作为重大的国家需求和战略部署，以任务带学科，设立了一批国防部直属的公立科研院所。例如，按照中央和军委的决定，1956年10月中国第一个导弹研究机构——国防部第五研究院正式成立，1961年6月国防部第六研究院（航空研究院）正式成立。同时，“两弹一星”工程还催生了一些中国科学院和国防科委共同领导的公立科研院所，例如1956年成立的、由钱学森担任所长的中国科学院力学研究所。

同期，我国还根据经济建设和国防建设的需要，部署了其他一批公立科研院所。例如，1958年，在原一机部电器工业局上海试验所的基础上，扩建成立一机部直属的上海电器科学研究所，该研究所成为以研究电器为主的综合性研究所。1961年，当时的三机部发文，批准成立三机部直属的计量检定所（现航空工业计量所的前身），开展长度、温度、化学、力学等领域的计量检定工作。

历史证明，上述以集中计划为特色、以任务牵引建设起来的科研体系对我国经济社会发展起到了积极的推动作用，以国家需求为导向形成了一个比较完备的科技体制，成为我国科技发展的重要基础。应该说，当年的这种选择是符合中国国情的。在中华人民共和国成立初期及社会主义初级阶段热火朝天的工业化建设中，中国公立科研院所找到了用武之地，得到了快速的恢复和发展。

二、“文革”结束至全面科技体制改革之前的公立科研院所（1977—1984年）

我国公立科研院所在“文革”时期经历了极大的动荡，尤其是非国防科技系统的中央级别公立科研院所大量下放到地方，或合并至国防科技系统，甚至有的被撤销。例如，1970年国家科委并入中国科学院后，中国科学院一度仅保留10个直属研究所[1]。“文革”结束后，恢复科学规划工作是恢复正常科研工作秩序的一项重大措施。1977年5月，尚未正式复出的邓小平同志约见主持中国科学院工作的方毅和李昌，明确提出要制定科技发展规划。随后，中国科学院先后主持召开了各部委科技规划座谈会和全国基础科学学科规划会议，全国科学技术规划会议也在北京召开。1978年，全国科学大会审议通过了《1978—1985年全国科学技术发展规划纲要》。这份规划纲要明确提出，中国科学院和国务院各部委要集中力量恢复、加强和新建一批重点科学研究机构，到1985年要建成门类齐全、相互配套、布局合理、协调发展、专群结合、平战结合、军民结合的全国科学技术体系。由此，1978年全国科学大会召开之后，中国农业科学院、中国林业科学研究院等公益类科研院所得以恢复，中国科学院收回、恢复、新建了许多研究机构，国务院各部委积极响应国家发展基础工业的号召，纷纷恢复或重建自己的科研院所。

三、全面科技体制改革中的公立科研院所（1985—1997年）

改革开放以来，尤其是随着经济体制改革的日益深入，过去高度集中的科技体制的弊端逐渐显露出来。宏观上，国家直接管理过多过死，不利于调动基层研究机构的积极性和活力，科研活动逐渐与社会需求脱节，科研机构效益效率低下，科技管理呈现条块分割状态；微观上，一些研究单位自成系统、自我封闭，人员结构和知识结构僵化，并最终抑制了科技人员的积极性和创造性，不利于科学技术的发展[2]。在这样的背景下，有识之士一致认识到我国科技体制非改革不可。20世纪70年代末、80年代初期，我国开展了一系列有关科技体制改革的探索和试验。1985年3月，《中共中央关于科学技术体制改革的决定》把科技体制改革工作提到党的重要议事日程，作为科技战线的首要任务。1988年9月5日，邓小平提出了“科学技

[1] 王扬宗：《中国科学技术事业的历史性转变——回望1978年全国科学大会》，《中国科学院院刊》2018年第4期。

[2] 周成奎主编《中国科技体制改革的若干问题研究》，机械工业出版社，1992。

术是第一生产力”的重要理论，拉开了我国公立科研院所全面改革的序幕。具体来看，这个时期我国公立科研院所体系的改革又可以分为两个阶段。

（一）第一阶段（1985—1992年）：“堵死一头，网开一面”

在这个阶段，我国科技体制改革的指导思想是科学技术面向经济建设，经济建设依靠科学技术，政策走向是“堵死一头，网开一面”“放活科研机构，放活科技人员”“科技长入经济”。政策措施主要包括改革拨款制度、开放技术市场、调整组织结构、改革人事制度、建立高新技术产业开发试验区。就公立科研院所而言，这一时期改革涉及的机制变化主要有：

科研事业费财政拨款制度改革（“堵死一头”）。国家启动公立科研院所的拨款制度改革，对全国各类科研机构的科研事业费实行分类管理：对主要从事技术开发的科研机构在5年内逐年削减事业费，直至完全或基本停拨；对主要从事基础研究的科研机构实行基金制，国家只拨给一定额度的事业费；对从事社会公益性研究工作和农业科研工作的机构，国家仍拨给事业费，实行包干；对从事多种类型研究工作的机构，经费问题视具体情况通过多种渠道解决。核减下来的事业费，2/3留给国务院主管部门用于行业技术工作和国家重大科研项目，1/3由国家科委用作面向全国的科技委托信贷资金和科技贷款。1991年，中央级科研院所的分类结果中，开发类占37%、基础研究类占21%、社会公益类（含农业）占42%，这些公立科研院所实现了事业费减拨全部到位，而地方公立科研院所事业费减拨到位率也达到80%，打破了长期形成的“大锅饭”制度。

鼓励公立科研院所开拓技术市场（“网开一面”）。《中共中央关于科学技术体制改革的决定》明确提出技术成果商品化的观点，这就从方针路线上为技术市场的开拓铺平了道路。此后，国家颁布了《中华人民共和国专利法》《中华人民共和国技术合同法》及相应的实施条例，为技术开发、技术转让、技术咨询、技术服务等各种技术交易制定了基本规则。这一措施与拨款制度改革相辅相成，目的是通过经济利益加强研究机构同生产单位的联系，使生产对科技的要求迅速转变为研究的课题，研究的成果及时应用于生产。1988年5月，《国务院关于深化科技体制改革若干问题的决定》颁发，提出“科技长入经济”。1988年中期，时任中国科学院院长的周光召提出“一院两制”的改革措施，中国科学院通过拨款制度改革、基金制和合同制的推行，加强了研究所的分类管理，并引入竞争机制，促进科研力量向研究与开发两个方向分流重组，逐步形成了包括产品开发、工程开发、市场开发在内的技术开发体系，在前一阶段建立的以技术贸易为主的科技公司的基础上，发展出了一批技工贸一体化的大型科技开发公司，如四通、希望、联想等。

与此同时，国家还实施了若干与上述“堵死一头，网开一面”相配套的政策。①建立科学基金制度。1986年2月，在国务院直接领导下，国家自然科学基金委员会在原中国科学院科学基金的基础上设立并接受项目申请。国家自然科学基金委员会的主要任务是根据国家发展科学技术的方针、政策、规划，有效地运用科学基金，指导、协调、资助基础研究和部分应用研究工作。一方面引入科学基金制度，为基础类科研机构和基础性研究工作开辟了新的资金支持渠道，促进了基础类科研院所的稳定发展，另一方面引入了国际上科技界通行的同行评议机制，使科技人员有平等竞争的机会，也在科技界发挥了“守门人”的作用。②简政放权，赋予公立科研院所自主权。以中国科学院为例，在它于1984年11月上报中共中央书记处和国务院并得到批复同意的《关于改革问题的汇报提纲》中，提出“放手使研究所搞活，并按照各自的情况增强同产业部门、地方、企业和高等院校的横向联系”。具体而言，中国科学院下属研究所的自主权有了更多的保障，“要坚决地把权力下放给研究所，使研究所依据自己的实际情况，创造性地把工作搞活搞好，保证完成国家下达的科研任务，提高科学技术水平，独立负责地发展本门科学技术”。同时，中国科学院在1984年8月实施的计算所、物理所试行所长负责制的基础上，于1985年4月开始全面实行所长负责制，由所长全权领导研究所的业务、行政工作。所党委主要负责思想政治工作，所长决定业务方针、政策和其他重大问题。③实施专业技术职务聘任制度。1986年2月，发布了《国务院关于实行专业技术职务聘任制度的规定》，随后陆续出台了具体的试行条例和实施细则。实施专业技术职务聘任制度，目的是在建立科研人员正常的专业水平评价机制的同时，通过专业职务的设定，建立岗位责任制，形成以岗定人的用人机制，调动科研人员搞好岗位本职工作的积极性，并促成科研人员的合理流动，改变积压、浪费人才的状况。同时，通过评聘合一，与待遇挂钩，相应提高科研人员的收入水平。这项制度在一定范围取得了显著成效，解决了"文革"以来职称评定多年停滞带来的问题，激发了科研人员的工作积极性，使专业队伍结构更趋合理。

（二）第二阶段（1993—1997年）："稳住一头，放开一片"

在前一时期的改革中，科技界逐步认识到，一方面科技体制改革不可能在缺乏外部经济环境的条件下单兵突进，另一方面科技在自身取得发展的基础上才可能对国民经济发展作出贡献。基于此，1992年以后科技体制改革的核心表现在两个方面：一是加强"科技长入经济"的环境建设，表现在经济体制改革严重不到位的情况下，科学技术主管部门主动通过政策供给为科技长入国民经济创造经济环境；二是提出"稳住一头，放开一片"的院所改革方针[1]，将改革初期"一刀切"的政策调整到分类改革的轨道上，在一定程度上扭转了前一时期忽略科学技术自身发展的现象。就公立科研院所而言，这一时期改革涉及的机制变化主要有：

稳住科学研究特别是基础研究队伍（"稳住一头"）。由于认识到科学研究自身的发展是服务国民经济发展的根基，这一时期国家层面通过立法和专项资金为科学研究提供更有力的经费保障，旨在稳定科学研究特别是基础研究的队伍。例如，1992年3月，国家启动实施攀登计划，专门选择具有重大科学价值或应用前景的重

[1] 1992年8月，国家科委和国家体改委联合发布了《关于分流人才、调整结构、进一步深化科技体制改革的若干意见》，提出了"进行分流和调整的基本路子是稳住一头，放开一片"。其基本点是：稳定支持基础性研究和基础性技术工作；放开放活技术开发机构、社会公益机构、科技服务机构；按照政策引导、市场牵引、典型示范、舆论推动的原则，辅之以必要的行政措施，优化科技系统的组织结构，吸引和推动科技机构、高等院校分流出相当力量投入经济建设主战场，兴办科技企业，发展高新技术产业，开拓与科技进步有关的新兴第三产业。力争通过3～5年的不懈努力，基本完成科技系统的结构调整。

大基础性研究项目连续地给予支持，这成为我国支持战略性基础研究的突出代表。1993年10月，全国人大颁布《中华人民共和国科学技术进步法》，以法律的形式规定“国家逐步提高科学技术经费投入的总体水平”，且“国家财政用于科学技术经费的增长幅度，应当高于国家财政经常性收入的增长幅度”。

面向经济建设主战场（“放开一片”）。放开各类直接为经济建设和社会发展服务的公立研究开发机构，开展科技成果商品化、产业化活动，使之以市场为导向运行。如鼓励这些研究开发机构实行技工贸一体化，与企业合作经营，鼓励科研机构实行企业化管理（即变为企业、进入企业成为企业的技术中心，或与企业结合这三种方式），支持和扶植技术中介机构等。1996年10月3日，《国务院关于“九五”期间深化科技体制改革的决定》进一步重申“稳住一头，放开一片”的原则，提出科技体制改革要以独立科研机构特别是中央部门所属科研机构为重点，促进科技资源合理优化配置，使科研机构形成合理布局。

在“稳住一头，放开一片”的院所改革中，与各类公立科研院所的分类定位同步推进的，还有在以基础研究为主的公立科研院所中对现代院所制度的探索。这部分公立科研院所是国家希望稳住的科研力量，但是稳住的同时则要求这些公立科研院所探索建立现代科研院所的组织体制与机制。1994年2月，国家科委和国家体改委在《适应社会主义市场经济发展，深化科技体制改革实施要点》中提出要“形成开放、流动、竞争、协作的科学研究机制”，“建立现代科研院所制度、现代科技企业制度和具有数量与质量相对优势的跨世纪人才梯队”，改革内容包括院所长负责制，理事会决策制，监事会监管制，固定编制与人员流动相结合、职务工资与课题工资相结合的双层人事和分配制等。以中国科学院为例，这个时期中国科学院党组开始更系统地考虑中国科学院研究所的改革问题，先后启动了旨在从单项改革推向综合配套、系统改革的“综合配套改革”和“结构性调整”的部署。但是，从实际执行效果来看，扩大科研院所自主权和院所长负责制实行顺利，双层人事制和工资制度改革有较大进展，但理事会和监事会制度则没有落实，一些新的矛盾和问题也在改革中出现。

总的来看，1985—1997年这个阶段公立科研院所的改革都是围绕科技与经济的结合问题进行的。这个阶段为后来公立科研院所治理的许多重要方面奠定了基础，如所长负责制、竞争性科研项目、岗位聘用、分类定位等。但是，这个阶段的改革也没有完全达到预期效果。特别是由于当时整个科技界都弥漫着“短平快”和“经济效益”的价值导向，加上国家财政对于基础类、公益类公立科研院所的投入仍然严重不足，造成“稳住一头”的效果不佳，绝大部分科技人员工作条件较差，生活待遇较低，骨干人员流失现象严重。

四、国家创新体系建设中的公立科研院所（1998—2020年）

“国家创新体系”这一概念的核心是强调政府支持与市场机制的有机结合，通过制度安排建立体系中不同主体（政府、企业、科研机构、大学等）之间的网络或关联，共同推动一国经济社会领域的创新发展。1987年英国学者克里斯托夫·弗里曼基于日本在集成电路等产业创新中的实绩提出“国家创新体系”理论[1]。同期，美国学者理查德·纳尔逊、丹麦学者本特-雅克·郎德维尔以及经合组织等也都不约而同从国家制度安排的角度来研究创新，认为创新与国家竞争力之间存在直接关联[2][3]。20世纪90年代，“国家创新体系”理论被引入中国，逐渐对中国科技体制改革产生影响，并最终成为中国科技体制改革的理论支撑，也指明了中国公立科研院所的发展方向。

我国公立科研院所的跨越式发展，伴随着国家创新体系的建设。其中，对国家创新体系建设具有重要影响的事件是中国科学院的知识创新工程的实施以及中央对242个行业科研院所的转制。这一时期的科研机构改革，可以说是在之前的分类改

[1] Chris Freeman，*Technology Policy and Economic Performance*：*Lessons from Japan*（London：Pinter press，1987）.

[2] 王春法：《关于国家创新体系理论的思考》，《中国软科学》2003年第5期。

[3] 张俊芳、雷家骕：《国家创新体系研究：理论与政策并行》，《科研管理》2009年第4期。

革的基础上，进一步朝着“对不同类型、分属不同部门的科研机构实行分类改革”的方向全面推进，是我国全面推行公立科研院所分类改革的重大尝试，也取得了重要的改革成果，奠定了目前我国公立科研院所体系的基本结构。

（一）国家创新体系建设的大背景

我国公立科研院所的跨越式发展，伴随着国家创新体系的建设。从时间先后顺序来看，作为科教兴国战略的重大举措，高等教育界首先于1995年11月经国务院批准后正式启动“211工程”，旨在面向21世纪，重点建设100所左右的高等学校和一批重点学科。1996年11月，国家经贸委制定了《“九五”全国技术创新纲要》并上报国务院，同年正式启动实施技术创新工程，依托重点国有企业，旨在“九五”期间初步形成以企业为主体、政府宏观指导、社会服务组织积极参与以及各方面协同配合的技术创新体系及运行机制，到2010年基本形成适应社会主义市场经济体制和现代企业自身发展规律的技术创新体系和运行机制。

1997年12月9日，中国科学院向中共中央、国务院呈报题为《迎接知识经济时代，建设国家创新体系》的战略研究报告。该报告分析了知识经济背景下我国面临的机遇和挑战，阐述了建设国家创新体系在日益激烈的国际竞争中的重要意义，提出我国国家创新体系建设的总体构想，建议在不断完善和继续推进技术创新工程、“211工程”和国家其他重点科技计划的同时，依托组织实施知识创新工程，在国家宏观层面，形成完整的建设国家创新体系的总体战略布局。1998年6月，党中央、国务院批准中国科学院实施知识创新工程，将其作为建设国家创新体系的试点。从此，中国科学院进入新的历史发展阶段，在凝练科技目标、调整科技布局、改革管理体制、优化队伍结构、培育引进人才、加强条件建设、扩大开放联合、培育创新文化、促进成果转化等方面采取了一系列重大改革举措，为建设中国特色国家创新体系积累了经验[1]。

[1] 中国科学院：《中国特色国家创新体系建设的成功实践：知识创新工程（1998～2010年）评估报告》，科学出版社，2012。

2001年3月5日，第九届全国人民代表大会第四次会议通过我国“十五”计划纲要，首次在国家层面明确提出“加强国家创新体系建设”、实现“跨越式发展”的宏伟战略。2006年，《国家中长期科学和技术发展规划纲要（2006—2020年）》指出，“国家创新体系是以政府为主导、充分发挥市场配置资源的基础性作用、各类科技创新主体紧密联系和有效互动的社会系统”。为落实中长期科技规划纲要，2012年9月印发了《中共中央　国务院关于深化科技体制改革加快国家创新体系建设的意见》，提出“按照科研机构分类改革的要求，明确定位，优化布局，稳定规模，提升能力，走内涵式发展道路。公益类科研机构要坚持社会公益服务的方向，探索管办分离，建立适应农业、卫生、气象、海洋、环保、水利、国土资源和公共安全等领域特点的科技创新支撑机制。基础研究类科研机构要瞄准科学前沿问题和国家长远战略需求，完善有利于激发创新活力、提升原始创新能力的运行机制。对从事基础研究、前沿技术研究和社会公益研究的科研机构和学科专业，完善财政投入为主、引导社会参与的持续稳定支持机制。技术开发类科研机构要坚持企业化转制方向，完善现代企业制度，建立市场导向的技术创新机制”。该意见还提出，“充分发挥国家科研机构的骨干和引领作用。建立健全现代科研院所制度，制定科研院所章程，完善治理结构，进一步落实法人自主权，探索实行由主要利益相关方代表构成的理事会制度。实行固定岗位与流动岗位相结合的用人制度，建立开放、竞争、流动的用人机制。推进实施绩效工资。对科研机构实行周期性评估，根据评估结果调整和确定支持方向和投入力度”。总之，国家创新体系建设成为新时期我国公立科研院所改革的重要背景。

（二）公益类科研院所（包含基础类科研院所）的分类改革

2000年《关于深化科研机构管理体制改革的实施意见》提出，“社会公益类科研机构分别不同情况实行改革。国土资源部等部门所属公益类研究和应用开发并存的科研机构，有面向市场能力的（占总数一半以上）要向企业化转制；以提供公益性服务为主的科研机构，有面向市场能力的也要向企业化转制；主要从事应用基础研究或提供公共服务、无法得到相应经济回报、确需国家支持的科研机构，仍作为事业单位，按非营利性机构运行和管理，其中具有面向市场能力的部分，也要向企业化转制并逐步与原科研机构分离。其他科研机构要向中介服务方向发展”。

截至2001年，公益类科研机构分类改革的推进相对缓慢，尤其是和技术开发类科研机构相比。这类机构主要依靠政府财政投入的局面没有得到有效改变，一些院所生存和发展面临着较大困难；受体制、机制和观念的制约，科技第一生产力的作用和科研人员的积极性未能得到充分的发挥，科研实力和成果水平远不能满足发展的要求；在相当一部分公益类科研机构中，只有1/3左右的科研人员长期承担政府科研项目，而1/2以上的人员从未承担过政府任务，大部分经费用来养人，造成科技资源的浪费；全国公益类科研机构有2400多个，机构分属于不同的部门和地方，交叉重复现象严重[1]。

同一时期，中国科学院实施的知识创新工程试点进展顺利，并以此拉开了国家创新体系建设的序幕，为我国基础类和公益类的公立科研院所带来了重要的发展机遇。借鉴中国科学院知识创新工程的经验，中国农业科学院、中国社会科学院等公立科研院所也在党中央、国务院的批准下启动了类似的创新工程。其中，中国社会科学院于2011年9月正式启动哲学社会科学创新工程，通过严格认真的检查考核，符合准入资格、达到各项准入条件的院属签约单位分批次进入创新序列。2013年1月，中国农业科学院正式启动实施科技创新工程（2013—2025年），围绕服务产业重大科技需求、跃居世界农业科技高端两大使命，以建设世界一流农业科研院所为目标，着力突出体制机制创新，进一步提高创新活力和创新效率，解决我国现代农业发展中的重大科技问题。顺利完成知识创新工程试点的中国科学院，根据2013年7月习近平总书记在中国科学院考察工作时对中国科学院未来发展提出的“四个率先”的更高要求，于2014年启动实施率先行动计划。这些工程和计划，不仅仅是之前“稳住一头”方针的延续，更体现了国家创新体系建设时期党中央、国务院对我

[1] 徐冠华：《坚定信心，积极进取，努力开创社会公益类科研机构改革工作的新局面》。

国基础类和公益类的公立科研院所更好发挥作用的期许。

（三）技术开发类公立科研院所的转制

对于与市场更为接近的技术开发类公立科研院所而言，科技体制改革以来始终处于科技与经济如何更好结合的风口浪尖上。20世纪90年代末期，“科学技术是第一生产力”的理念已经广为人知，但是科技与经济脱节的问题仍然十分突出，同时，科研机构队伍庞大、机构重复、人浮于事，政府行政干预过多。在这样的背景下，1999年8月《中共中央国务院关于加强技术创新，发展高科技，实现产业化的决定》，提出“推动应用型科研机构和设计单位实行企业化转制”，2000年《关于深化科研机构管理体制改革的实施意见》提出，“技术开发类科研机构实行企业化转制。国家电力公司、中国石油化工集团公司、中国石油天然气集团公司、中国建筑工程总公司、中国汽车工业总公司等企业所属科研机构已经进入企业，要办理事业单位注销手续；作为独立企业法人的要办理企业登记手续。建设部、铁道部、交通部、信息产业部、药品监管局等部门所属技术开发类科研机构，要通过转为企业或进入企业等方式向企业化转制，与原部门脱钩；为国家经济和社会发展提供重大基础性或共性技术服务、无法得到相应经济回报的个别科研机构，通过调整结构、优化组合形成一支精干队伍，这些科研机构可以由原部门（单位）继续按事业单位管理。承担军事科研任务的科研机构，原则上也要向企业化转制，具体转制方式和管理体制另行制定”。这两份文件正式拉开了我国中央所属技术开发类科研院所转制的序幕。

对于技术开发类公立科研院所改革的目的和作用，1999年5月，时任中共中央政治局常委、国务院副总理李岚清在参加国家经贸委管理的10个国家局所属242个科研机构改革座谈会时谈及，“242个科研机构的转制将对全国科技体制改革起到重要的示范带动作用，这次242个科研机构与原主管部门脱钩，也是实行政事分开的试点工作，为全面开展事业单位的改革探索道路、积累经验”。2000年7月，李岚清同志出席国务院其他部门属科研机构体制改革座谈会时再次提出，“通过企业化转制使技术创新的巨大能量释放到市场中去，解决长期以来科技与经济‘两张皮'和科技成果转化难的问题，培育和发展出一批具有强大技术创新能力的高新技术企业""有利于科技成果面向市场，实现产业化，促进我国经济结构的优化和发展，也有利于政府机构的改革和职能的转变，使政府部门能更好地集中精力于全行业的宏观管理，做好政府应当做的制定行业规划和政策法规并监督执行等工作"。

此后，绝大部分中央所属技术开发类公立科研院所先后通过转制为科技型企业或中介服务型企业、进入企业、相互重组为企业、与企业实行并购等模式，增强了技术创新能力和产业化能力，实现了企业化转变。此次转制改革始于1999年，分两批实施。1999年，第一批涉及煤炭局、机械局、冶金局、石化局、轻工局、纺织局、建材局、有色局、烟草局所属242个研发机构；2000年，第二批涉及建设部、铁道部、交通部、信息产业部、药监局、中科院、国电公司、中石化公司、中石油公司、中建总公司、中汽总公司所属134个研发机构。两者合计共涉及376个研发机构。改革的结果是：转为企业或进入企业的研发机构317个，转为中介机构的32个，撤销、合并或进入大学的27个。尤其是在转制最为密集的2004—2009年，每年转制到位的科研院所都有360家左右。

从转制效果来看：①只有一些原来实力很强的国家级行业性科研院所仍在发挥为行业服务、为企业服务的作用，绝大多数转制院所将生存放在首要位置，把为行业服务、为企业服务放到次要位置。②在谋生存和发展的过程中，转制时定位准确与否直接关系到技术开发类科研院所的生存与发展。从中冶建筑研究总院有限公司、中钢集团洛阳耐火材料研究院有限公司、中国重型机械有限公司等成功企业化转制科研院所介绍的实践经验来看，在它们做强的过程中一般经历了求生存、谋壮大、争领先等三个不同的发展阶段，而在不同发展阶段中企业化转制科研院所的定位和发展目标至关重要。③相当一批转制科研院所（无论是原中央部委的大科研院所还是地方中小型科研院所），由于没有长远的目标和没有解决当前企业面临的主要发展问题，且国家对转制科研院所的发展目标缺乏一个正确定位，因此这些转制科研院所面临很多困难。

近年来，坚持技术开发类科研院所企业化转制，仍然是我国公立科研院所改革所坚持的方向。但是，也为部分转制科研院所回归公益提供了途径。2015年，中共中央办公厅、国务院办公厅印发的《深化科技体制改革实施方案》指出，对于承担较多行业共性任务的转制科研院所，可组建产业技术研发集团，对行业共性技术研究和市场经营活动进行分类管理、分类考核。推动以生产经营活动为主的转制科研院所深化市场化改革，通过引入社会资本或整体上市，积极发展混合所有制。对于部分转制科研院所中基础能力强的团队，在明确定位和标准的基础上，引导其回归公益，参与国家重点实验室建设，支持其继续承担国家任务。

（四）当前我国公立科研院所体系的结构

经过中华人民共和国成立以来特别是科技体制改革以来长达半个多世纪的探索，我国公立科研院所形成了服务国家创新体系（尤其是知识创新体系和技术创新体系）建设的总体体系（见图6-1）。该体系主要由以下几个部分组成：国务院直属科研机构（中国科学院等）、部委下属科研机构（中国农业科学院等）、省市等地方科研机构（广东省科学院等）、转制科研机构（中国航天科工集团有限公司等）、新型研发机构（中国科学院深圳先进技术研究院等）。其中，地方科研机构、转制科研机构和新型研发机构等之间存在一定的交叉。

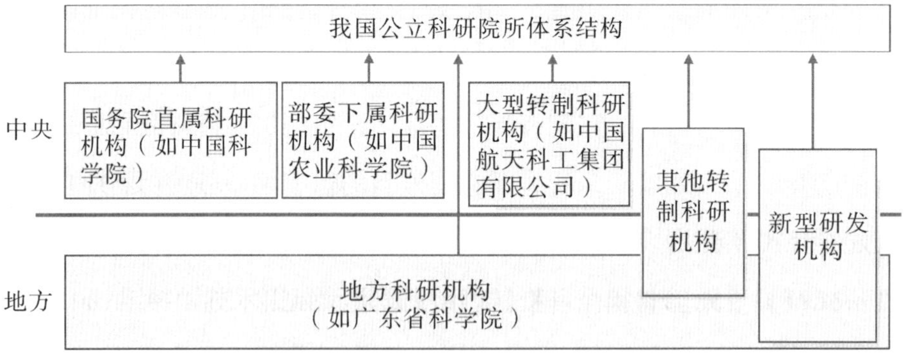

图6-1　我国公立科研院所体系的结构

第二节

中国科学院的改革与发展

一、中国科学院发展历程概述[1]

（一）初创时期（1949—1955年）

中国科学院（简称“中科院”）成立于1949年11月1日，是在原中央研究院、原北平研究院、原静生生物调查所等机构的基础上调整改组而成的。从1949年11月到1950年4月，中国科学院共接收了26个科研机构。如何调整原有的这些科研机构，如何设立中国科学院的整体架构，是中国科学院成立之初最为核心的工作。这项工作不仅关乎中国科学院自身的发展，而且对于中国科技体系的形成也是至关重要的。

早在筹建初期，1949年9月由参加筹建中国科学院的丁瓒和钱三强两人写的《建立人民科学院草案》，明确提出在中国科学院下设15个研究机构的框架设计。1949年11月4日，在此份草案基础上修改完成的《科学院组织条例草案》经郭沫若签发送呈政务院审核。那么，如何将历史背景和研究水平都有较大差异的各类科研机构统一收编至中国科学院？中国科学院在这个过程中充分尊重专家们的意见：通过分学科召开座谈会听取院内外知名科学家的意见和建议；院领导及有关职能部门负责人到被接收单位了解情况和听取意见；通过信函听取全国各地科学家代表的意见和建议；等等。1950年8月，对原有科研机构的接收和调整工作全部结束，中国科学院在此基础上共设立20个研究机构。这些研究机构主要集中在北京、上海和南京三地。为改变地区上分布不平衡的状况，以及落实中央把发展东北重工业放在突出地位并予以各方面支持的精神，中国科学院于1950年5月开始派考察团到东北了

[1] “文革”时期（1966—1976年）由于具有特殊性，暂不纳入本篇范围。

解伪满时期日本在东北创建的大陆科学院，并把上海和北京的相关机构迁往东北，最终于1954年建立了拥有8个研究机构的东北科研基地。由此，中国科学院延续至今的院所两级制度基本建立。

这个时期，中国科学院还在《科学院组织条例草案》中提出建立针对主要学科的专门委员制度[1]。事实上，专门委员制度后来也没有建立，只是分学科推选了若干专门委员，专门委员具有一定的学术评议的作用。按照1950年8月1日政务院文教委员会核准中国科学院报送的《中国科学院各种学科专门委员聘任暂行办法》，专门委员具有中国科学院学术顾问性质，为名誉职，由院长聘任。专门委员可参与的工作：被商请研讨中国科学院各研究部门的工作计划、执行情况与工作报告；高级研究人员、技术人员的聘任和升级；与院外的合作；对院外各种学术研究的补助；科学发现发明和著作的审核；国际学术合作；等等。中国科学院进行上述学术事项商讨时，除依其性质随时向个别专门委员征求意见外，还可召开某一组专门委员会议或几组专门委员的联席会议。按当时中国科学院已经成立的17个研究所与正在筹备的3个研究所，将专门委员分成相对应的20个学科组。到1953年初，专门委员人数达253人[2]。

1954年9月，《中华人民共和国宪法》颁布，中国科学院不再是政府的组成机构之一，而是被规定为国家最高学术机构。1954年9月21日，一届全国人大一次会议通过《中华人民共和国国务院组织法》，其中不再把中国科学院列为政府部门。这种归属性质的改变，意味着中国科学院不再肩负国家对科学的行政领导和学术领导的双重职责，转为以提高自身学术能力、当好全国科学事业学术领导为重心。此前（1954年6月），中央批准中国科学院提出“各学部由所属各所所长及院内外有关专家组成学部委员会，分别负责各该部所属研究单位的学术领导工作；……各

[1] 宋振能：《中国科学院建立专门委员制度的回顾》，载《中国科学院院史拾零》，科学出版社，2011。

[2] 《中国科学院编年史（1950年）》，http://www.cas.cn/jzzky/ysss/bns/200909/t20090928_2529002.shtml。

研究所设立学术委员会，由本所所长及所内外有关专家组成，使之成为研究所学术领导的核心”的改革方案。由此，促成了1955年6月中国科学院学部成立大会在北京的举办。首批选定的233位学部委员，是当时全国科学技术各领域优秀专家的代表，全国最高学术机构中国科学院成为全国科学家汇集的科学院。

（二）发展时期（1956—1966年）

建院初期，中国科学院只有研究人员212人，当年的经费额为287.2万元。到1956年初，中国科学院已拥有44个研究机构，科技人员增加到2496人，经费总额增长了21倍。此后十年（1956—1966年），中国科学院继续发展成为一支具有5万人的科学大军，研究工作取得一些引人注目的成果（如参与“两弹一星”工程、人工合成牛胰岛素），在贯彻落实知识分子政策、制定《1956—1967年科学技术发展远景规划》、贯彻“双百方针”和“科学十四条”等方面取得了明显成效，但也受到反右派斗争和“大跃进”运动的干扰。

这段时间，中国科学院的发展逐步成熟。1955年经过与高等教育部及其所属院校多次磋商，自1956年起中国科学院与高等学校合作建立了一批科研机构，如1956年1月与北大和清华共建力学研究所，1956年3月与南京大学共建心理研究所等。此外，中国科学院自身还通过多种方式新建了一批自然科学领域的科研机构，如把原有机构中一些基础较好的部门分出来单独建所，继续接收有一定研究基础的院外机构，以及为填补重要学科空白或发展重要但薄弱的学科而建立新机构等。与此同时，中国科学院于1956年和1957年新设立了一批社会科学方面的研究机构（从1961年起，社会科学方面的机构先后从中国科学院中独立出来）。

这个时期，中国科学院借鉴苏联经验，探索与计划体制相适应的科研管理制度。1953年3月，中国科学院首次派出访苏代表团，访苏代表团在访问结束后提出中国科学院可借鉴或效仿的几个经验[1]，其中，有目的、有计划、有重点地开展研究工作，尤其是集合国民经济建设需要和本门科学发展需要开展联合攻关是一个

[1] 武衡：《科技战线五十年》，科学技术文献出版社，1992。

重要的经验[1]。具体来看，苏联科学院每年5月末到6月初开始制订计划，8月15日以前，提交部长会议审查，获批后执行。据统计，当时苏联科学院的全部计划中，结合经济建设实际需要的课题约占2/3，探索性的或者一般理论性的研究约占1/3。结合经济建设实际需要的课题中，部长会议批准的任务占20%，政府各部门提出的任务占35%，共产主义建设工程提出的任务占10%，合计约65%。在苏联科学院内部，先由主席团根据国民经济计划向科学院提出要求，拟订计划的方向，然后再由下面讨论，采取自上而下和自下而上相结合的方法来制订科学计划。此外，苏联科学院还将自己的计划交给政府各部门征求意见，使科学计划更加符合国民经济计划的要求[2]。

上述苏联经验被吸收至1954年初中国科学院向政务院提交的《关于中国科学院的基本情况和今后工作任务的报告》中。该报告提出中国科学院首要和基本的任务是对全国现有的科学基础和科学力量进行全面的调查和了解，并据此制订切实可行的工作计划与发展计划，从而使全国的科学力量有效地在国家社会主义建设中发挥最大的作用。同时，该报告也对中国科学院的领导机构与领导方法提出了具体要求，诸如：借鉴苏联经验，在院务会议下设立学术秘书处，由科学家担任秘书；院对研究所进行分学部领导，4个学部由所属各所所长及院内外有关专家组成学部委员会，负责学术领导，不管行政事务。该报告经政务院第204次政务会议批准，成为此后至1962年中国科学院的指导方针和行动纲领。1954年3月，中共中央对该报告作了一份很长的批示，谈及科学工作的重要性，科学家的团结，新生科研力量的培养，中国科学院的定位、学位制和科技奖励制度等，开启了中国科学院的新纪

[1] 另有三个方面的经验总结：其一，重视培养干部，主要通过研究生院及博士生院，给予利用业余时间学习的科学工作者以“考试—论文答辩—获得学位”的机会；其二，各科研机构之间既明确分工又互相配合，形成一个有机整体，且研究人员可在大学任教或兼任产业部门的研究工作；其三，培育健康的学术风气，如举办各种学术讨论会，设立以著名学者命名的奖金，院领导同时也开展科学研究工作等。

[2] 武衡：《科技战线五十年》，科学技术文献出版社，1992。

元[1]。例如，关于中国科学院的定位，这份批示明确提出“科学院是全国科学研究的中心，除了应以主要力量组织本院的科学研究工作外，还必须密切联系全国科学工作者，协助各方面的科学研究工作”。

1956年，中国科学院在国家计划委员会的领导和协调下，参与了《1956—1967年科学技术发展远景规划》的制定。自1956年1月中旬到2月下旬，中国科学院认真调查了自身的科学队伍和各门学科情况，按照4个学部分别完成了各自学部的规划，进一步明确了未来发展的方针和3个方面的任务，即重大的基础科学理论、世界上最新的科学技术以及共同性和综合性重大研究任务。根据上述任务，中国科学院有重点地设置研究机构，具备了一定的科学实力和知识储备，这使中国科学院后来有能力去满足国家科学技术发展和国防任务的需要。同期，各产业部门和高等教育部门也分别提出了本部门的规划草案。自3月起，以中国科学院4个学部为基础，集中全国600多位科学家对各部门的规划草案进行整合和审查。8月，国务院科学规划委员会扩大会议对规划草案进行总结性讨论，并通过了《关于科学规划工作向中央的报告》，圆满完成了此次科学规划任务。

（三）“文革”后的恢复调整时期（1977—1985年）

“文革”期间（1966—1976年），中国科学院所属各研究所的研究工作几乎全部被运动冲掉，基础理论研究被戴上“理论脱离实际”“三脱离”的帽子，科学研究工作被迫停顿或延缓。院内各级领导干部大多数都被作为“走资派”而不断地被批斗和“靠边站”，许多科学家被指责为“反动学术权威”而横遭批判与迫害。“文革”开始前的1965年，中国科学院已拥有106个研究所，24714名科技人员，基本形成学科比较齐全的自然科学综合研究中心。“文革”期间，大批研究机构被撤销，科技人员被遣散，基础理论研究几乎全部停止。到1973年，中国科学院直属研究机构只剩下13个，另有43个双重领导的研究所，机构的重大变化直接影响了中国科学院整体的性质和任务，到“文革”结束时，中国科学院已经失去了比较齐全的

[1] 武衡：《科技战线五十年》，科学技术文献出版社，1992。

学科布局和综合配套的优势，被逼到了解体的边缘。

1979年1月15日，中央批复同意中国科学院学部恢复活动。恢复学部，意味着中国科学院的院部机构要重新进行调整。健全学部机构，是这次院部机构调整的一个核心内容。1980年7月中国科学院办公厅发文《关于我院一二三四五各专业局和有关学部合并的通知》，通知提出，“将我院一、二、三、四、五五个专业局的机构和工作，分别与我院物理学数学部、化学部、生物学部、地学部和技术科学部合并，撤销一局、二局、三局、四局和五局的建制。在各学部下分别设立办公室，属司局一级机构”。以各专业局的人员为基础，组建各学部相应的办公室。

1980年3月的院党组扩大会议，一方面讨论了增补学部委员、恢复学部的问题，另一方面讨论了建立以任务为导向的专门委员会的问题。从1980年开始，中国科学院设立了若干个委员会，如农业现代化研究委员会、能源研究委员会、环境科学委员会等。

学部恢复工作的同时，中国科学院开始组建班子负责起草中国科学院的章程。1981年5月中国科学院第四次学部委员大会通过了《中国科学院试行章程》。该章程把学部委员大会作为中国科学院的最高决策机构，由它来选举产生院长。在中国科学院第四次学部委员大会上，作为科学院历史上唯一的一次，全体学部委员以无记名投票的办法选举产生了由29人组成的中国科学院主席团，选举严济慈、李昌、吴仲华为主席团执行主席，推选卢嘉锡为新任中国科学院院长，钱三强、胡克实、冯德培、李薰、严东生、叶笃正为副院长，任命郁文为秘书长。

该章程尽管获得了学部委员大会的通过，但事实上并没有完全执行。1983年11月，中共中央书记处决定，学部委员大会不再是中国科学院最高决策机构而是国家在科学技术方面的最高咨询机构[1]。1984年1月，在中国科学院第五次学部委员大会开幕式上，时任国务委员方毅再次说明“学部委员大会作为学术评议和咨询机构比较适当。学部委员大会和中国科学院主席团的职能是，组织学部委员研究国家的科

[1] 宋振能：《中国科学院院史拾零》，科学出版社，2011。

学技术发展和现代化建设中的科学技术问题，积极参与国家重大科学技术决策和经济决策活动，并对中国科学院及其研究所的重大学术工作进行评议和指导”。这实际上意味着，1981年的章程失效。

（四）全国体制改革时期（1986—1997年）

在1984年11月7日上报中共中央书记处和国务院的《关于改革问题的汇报提纲》中，中国科学院党组提出，中国科学院的改革将主要围绕两个问题进行：一是简政放权，扩大研究所的自主权，放手使研究所搞活，并按照各自的情况增强同产业部门、地方、企业和高等学校的横向联系。二是充分调动全院职工，特别是广大科技人员的积极性，支持和鼓励更多的科技人员直接投身到社会主义现代化建设的实践中去，或转到地方和企业 。中共中央、国务院在11月22日的批复中表示原则上同意，并指示积极组织实行，通过实践不断总结经验，使之逐步完善。至此，在《中共中央关于科学技术体制改革的决定》即将发布之际，以扩大研究机构的自主权和促进科技面向经济为核心内容的中国科学院运行机制改革全面展开。

1985年国家启动科技体制改革，“堵死一头，网开一面”“放活科研机构，放活科技人员”“科技长入经济”成为20世纪80年代中后期的政策导向。在这个大背景下，中国科学院于1987年初确定了“把主要精力投入为国民经济建设服务的主战场，同时保持精干队伍从事基础研究和高技术跟踪”的办院方针，并从1988年开始“一院两种运行机制”（“一院两制”）新体制的建设。“一院两制”的基本点是：对中国科学院的科学研究和技术开发两种不同类型的工作，根据其不同的特点和规律，采取不同的运行机制、管理体制和评价标准，以发展一批具有国际水平的研究所和一批外向型的高技术企业。到1987年底，仅在北京中关村地区电子一条街的科技企业中，中国科学院及下属研究所创办的企业就有50多家，占1/3。

进入20世纪90年代，中国科学院的改革发展开始朝着系统改革和综合配套改革的方向推进。1992年，中国科学院党组开始更系统地考虑中国科学院的研究所改革问题：研究所改革不能是单项的、局部的，应该考虑研究所的综合因素，从研究所作用的充分发挥、创新能力的提高、整体优势的塑造出发，把各种因素考虑进来进行综合配套改革。为此，中国科学院于1992年6月向国务院报送《关于中国科学院进行综合配套改革的汇报提纲》，把改革从单项改革推向综合配套、系统改革的新阶段。两年后（1994年），中国科学院作出“进行结构性调整”的部署，旨在构筑新的结构框架。当时，中国科学院提出的新结构框架宏观特征包括：由一批全国最高学术水平的科学家组成的学部；一批具有国际先进水平、对国内外开放、联合的自然科学与高技术研究和开发实体；一批与中国科学院有明确、规范资产关系的高技术企业。这些特征之间相互联系，形成有利于科学发展与技术创新、有利于科技与经济结合、有利于中国科学院动态发展的有机体系。相应的结构格局包括：在总体上建成高水平的科学研究基地、人才培养基地和高技术产业发展基地；在研究与开发工作上，按照四大体系，即基础型研究所、应用发展型研究所、社会公益型研究所、综合型研究所四类进行布局；在组织体制上，继续实行“院所两级、所为基本单元”的管理体制；在经费投入结构上，建立适应多元化投资来源的竞争性预算体制，以争取国家、地方、企业等多渠道支持为主，扩大资源总量，提高对外竞争力。

（五）“知识创新工程”试点时期（1998—2010年）

1998年，党中央、国务院作出建设国家创新体系的重大决策，决定由中国科学院率先开展“知识创新工程”试点。总体目标是：“到2010年前后，把中国科学院建设成为瞄准国家战略目标和世界科技前沿、具有强大和持续创新能力的国家自然科学和高技术的知识创新中心，成为具有国际先进水平的科学研究基地、培养造就高级科技人才的基地和促进我国高技术产业发展的基地，成为有国际影响的国家科技知识库、科学思想库和科技人才库。”基本任务是：“形成和保持强大的国家知识创新能力，加速最新科技知识的传播，全面推进知识和技术转移，为国家宏观决策提供科技咨询，建设和保持一支具有国际水平的科技队伍，不断加强国家知识创新基地建设。”

为了推进“知识创新工程”试点，中国科学院从科技布局、人才队伍建设、体制机制改革、加强学部建设等多个方面入手。其中，体现中国科学院院部体制机制变革的主要举措包括以下几个方面：

1. 明晰战略定位，调整科技布局

1999年，江泽民总书记视察“知识创新工程”试点并为中国科学院建院50周年题词，要求中国科学院攀登科学技术高峰，为我国经济发展、国防建设和社会进步作出基础性、战略性、前瞻性的创新贡献。2002年，中国科学院认真学习贯彻江泽民总书记题词精神，在“知识创新工程”实践基础上，提出了新时期办院方针：面向国家战略需求，面向世界科学前沿，加强原始科学创新，加强关键技术创新与系统集成，攀登世界科技高峰，为我国经济建设、国家安全和社会可持续发展不断作出基础性、战略性、前瞻性的重大创新贡献。围绕新时期办院方针，中国科学院一方面调整领域方向，明确重点领域，在“知识创新工程”试点的不同阶段各有侧重，另一方面通过对研究所调整、整合与新建等方式优化研究机构设置。院属法人研究机构由1997年的123个调整为2010年的99个。

2. 深化人事制度改革

中国科学院于1999年率先推行全员聘用合同制，打破计划经济时期形成的“铁饭碗”和终身制，同年在全国率先实施“基本工资 + 岗位津贴 + 绩效奖励”的“三元”结构分配制度，以激发各类人才的创新活力。2001年，中国科学院开始实施岗位聘用制，形成了人员能进能出、职务能上能下、待遇能高能低的新局面，并通过设立创新岗位和实施项目聘用制度，形成固定人员和流动人员相结合的灵活用人制度，为中国探索新型科研机构用人机制提供了经验。在实施各类人才计划方面，中国科学院在全国率先实施了高目标、高标准和高强度支持的人才引进与培养计划——“百人计划”，并陆续根据不同类型人才的成长规律和科技创新活动规律，适时制订和实施了“西部之光人才培养计划”“引进国外杰出人才计划”等多项人才计划，并设立了“卢嘉锡青年人才奖”，形成了“高层次人才培养引进”“优秀青年人才培育”“支撑与管理人才培养”“海外智力引进与人才国际交流培养”相互配套、有机衔接的人才计划体系。

3. 探索建立现代研究所制度

2006年，中国科学院发布《中国科学院中长期发展规划纲要（2006—2020年）》，结合建设中国特色国家研究所制度提出：充分发挥研究所竞争发展自主权，构建自觉向上、不断创新、竞争合作、协同发展的环境。包括：进一步规范研究所事权，保证其全面履行作为国家科研机构与事业法人的相关管理职责；尊重研究所作为国家科研机构的科技创新自主权；扩大研究所作为基本组织单元的管理自主权；建立完善科学民主的决策机制和有效的监督机制；明确研究所作为独立事业法人的权责；加强综合管理，建立标准体系；加强考核评估，实行分档制度。2007年，中国科学院启动研究所综合配套改革试点工作，选择计算技术研究所、高能物理研究所、微生物研究所、寒区旱区环境与工程研究所、上海技术物理研究所、大连化学物理研究所和物理研究所七个代表性研究所，重点从科研活动组织、人力资源管理、资源配置、科技评价四个方面，探索适合不同类型研究所发展的体制与管理模式，完善中国科学院研究所分类管理的政策制度，通过典型先行、分类指导、以点带面、有序推进，带动全院研究所加快发展。

4. 改革经济资源配置模式

根据国家财政预算改革的总体要求，结合科技创新活动的规律和特点，中国科学院加强经济资源的整体规划和宏观调控，确定了“知识创新工程”试点经费的院所宏观控制比例为35：65，即65%的经费直接核定到研究所，由研究所自主管理，院机关统筹的经费主要用于推进跨所科技布局和组织结构调整、组织跨所重大项目和重要基础设施建设。对于直接核定到试点单位的试点经费，在“知识创新工程”启动阶段（1998—2000年），实施“基本事业费+创新经常性经费”的配置模式，重在推动研究所的改革工作；在“知识创新工程”全面推进阶段（2001—2005年），配置模式适时改变为“总量不变、取消基数、结构调整”，重在提高资源配置与研究所运行需求的一致性，推动研究所整体学科建设与发展；“知识创新工程”三期（2006—2010年），采用以“基本运行费+基本科研费”为核心的资源配置模式，重在提升研究所运行保障和前瞻布局能力。对于院机关统筹的经费，根据科技创新活动的内在规律，合理确定院机关统筹经费的总体结构，包括组织科技创新活动经费、人才队伍建设与研究生教育经费、科技基础设施建设经费、科技布局调整经费等，并根据不同阶段的发展重点，确定各部分经费5年的资源配置总量。通过整体规划和滚动预算相结合的管理模式，各项工作能够在总体规划的框架下，目标明确、重点突出、协调有序地推进。同时，建立绩效优先的资源配置机制。根据研究属性不同分类实施了试点单位的绩效考评制度，并根据考评结果分档配置试点单位的资源。

5. 探索建立矩阵式网格化科技创新组织管理模式

“知识创新工程”一期和二期重点明晰院所两级管理职责，分级分层组织科技项目。调整院所科研项目组织，明晰院所两级在科研项目组织方面的职责，形成了由领域前沿项目、重要方向项目和重大项目构成的三个层次、相互衔接的项目组织体系。“知识创新工程”三期以提高科技创新能力为主线，建设科技创新基地，探索建立以研究所为点、以“1+10”科技创新基地为阵的矩阵式网格化科技创新组织管理模式。

6. 改革评价制度与奖励制度

在“知识创新工程”实践中，中国科学院坚持“质量优先、分类评价、科学规范、公开公正”的原则，坚持实际绩效、发展状态和未来需求的有机统一，坚持发挥鼓励竞争、衡量绩效、体现导向、支撑决策、咨询诊断的作用，不断发展、丰富、完善评价方法，逐步建立了符合国立科研机构特点的科技评价体系。形成了国家对院、院对研究所、研究所对研究室（组）、研究室（组）对个人的相互衔接、相互支撑的评价体制，构建了由支撑院战略管理的科技评价、促进研究所竞争发展的科技评价、体现院政策导向的专项科技评价构成的三层次科技评价体系（见图6-2），以及评价指标库、数据库和专家库等支撑平台，并落实为制度规范。

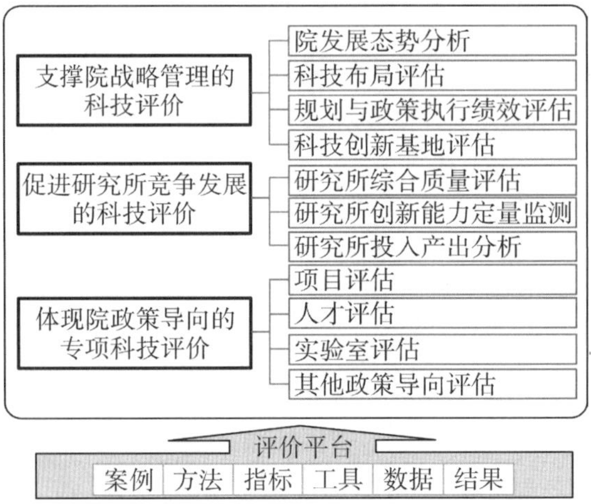

图6-2　中国科学院的三层次科技评价体系

总而言之，“知识创新工程”试点期间，中国科学院立足国情院情，遵循当代科技发展规律，以深化改革为动力，积极吸纳现代科学管理理念和方法，着力破除制约其发展的体制机制壁障，适时推出重大改革举措和制度创新。坚持依法办院、以德兴院，不断将被实践证明行之有效的经验规范化、制度化，探索建立现代科研院所制度，保证了“知识创新工程”的顺利实施，为国家创新体系建设积累了宝贵的经验。

（六）“率先行动”计划时期（2014年至今）

2013年7月17日，习近平总书记视察中国科学院并发表重要讲话，充分肯定了中国科学院60多年来的创新成就，指出中国科学院是“党、国家、人民可以依靠、可以信赖的国家战略科技力量”，希望中国科学院发挥集科研院所、学部、教育机构于一体的优势，不断出创新成果、出创新人才、出创新思想，要求中国科学院“率先实现科学技术跨越发展，率先建成国家创新人才高地，率先建成国家高水平科技智库，率先建设国际一流科研机构”。

为贯彻落实习近平总书记提出的“四个率先”要求，中国科学院党组在深入调查研究、充分集思广益的基础上，研究制订了“率先行动”计划并上报党中央、国务院。2014年8月8日，习近平总书记对“率先行动”计划作出重要批示，给予充分肯定，要求中国科学院“面向世界科技前沿，面向国家重大需求，面向国民经济主战场”，抓好“率先行动”计划的贯彻落实，早日使构想变为现实，为把我国建成世界科技强国作出贡献。

“率先行动”计划针对影响和制约中国科学院改革创新发展的关键性、根本性问题，提出了推进研究所分类改革、调整优化科研布局、深化人才人事制度改革、建设国家高水平科技智库、全面扩大开放合作5个方面25项重大改革发展举措[1]。

（1）推进研究所分类改革，对科研机构进行分类定位，构建适应国家发展要求、有利于重大成果产出的现代科研院所治理体系。举措包括：面向国家重大需求，组建若干科研任务与国家战略紧密结合、创新链与产业链有机衔接的创新研究院；面向基础科学前沿，建设一批国内领先、国际上有重要影响的卓越创新中心；依托国家重大科技基础设施，建设一批具有国际一流水平、面向国内外开放的大科学研究中心；依托具有鲜明特色的优势学科，建设一批具有核心竞争力的特色研究所；依据上述四类科研机构的不同定位，建立分类管理的制度体系和运行机制。

（2）调整优化科研布局，进一步把重点科研力量集中到国家战略需求和世界科技前沿。举措包括：瞄准若干战略必争领域，占领国际科技制高点；立足重要基础科学和交叉前沿领域，跻身世界领先行列；加强国防科技创新，着力破解我国武器装备发展的技术瓶颈；围绕战略性新兴产业，组织开展技术研发和协同创新，显著提升相关产业的国际竞争力；面向人口健康和可持续发展的急迫需求，推动科技创新和成果更多惠及民生；围绕上述五大板块和主攻方向，组织实施“一三五”规划和战略性先导科技专项等国家重大任务；探索建立新的资源统筹配置模式，促进科研布局调整优化。

[1] 《中国科学院“率先行动”计划主要改革发展举措》，http://www.cas.cn/zt/sszt/cassxxdjh/fzjc/201408/t20140819_4186926.shtml。

（3）深化人才人事制度改革，建设国家创新人才高地。举措包括：深入实施人才培养引进系统工程，进一步提高吸引和凝聚优秀人才的国际竞争力；积极推进院士遴选和管理制度改革，维护院士称号的学术性和荣誉性；健全开放流动、竞争合作的用人机制，提升队伍的整体水平和能力；发挥科技资源优势，探索科教融合培养高层次创新人才之路；优化创新生态系统，为科研人员安心致研、施展才干创造良好环境；创造条件，积极探索，逐步推进研究所去行政化改革。

（4）探索智库建设的新体制，强化产出导向，建设国家高水平科技智库。举措包括：统筹相关研究力量和资源，建立科技战略咨询研究院；完善重大课题选题机制，提升战略研究和咨询的综合性、系统性和针对性；以重大产出为导向，持续推出高影响力的品牌产品。

（5）深入实施开放兴院战略，全面扩大开放合作，提升科技服务和支撑能力。举措包括：建设科技服务网络，促进知识和技术成果的转移与转化、辐射与扩散；围绕国家区域发展重大战略，促进区域创新体系建设；实施国际化推进战略，提升我国科技创新水平和国际影响力；建设国际一流的国家科技资源公共平台，面向社会全面开放共享。

二、中国科学院的实践经验

中国科学院在过去的70余年间，探索形成了诸多方面的有益经验。现在，主要从人才吸引和培养、重大科研项目组织、研究所评价三个方面对中国科学院改革发展的实践经验进行阐述。

（一）高端人才计划的实施

科技体制改革以来，中科院通过深化人事制度改革以及实施各类人才计划，吸引和培养了一大批优秀人才。这里，重点以中科院知名度最高的“百人计划”为例，介绍中科院在高端人才计划方面的经验和挑战。该计划是我国科技界最早启动的科技人才计划，也是中科院引进和培养高水平学术技术带头人的主干计划，自

1994年启动以来，已成为中科院吸引凝聚高层次科技人才、推动重大科技成果产出的品牌计划。

20世纪90年代，由于“文革”和“出国潮”的影响，我国科技发展面临着严峻的人才断层问题。为实现人才队伍的“代际转移”，解决人才队伍中优秀的学术技术带头人相对缺乏，真正一流的、在国际上有一定知名度的年轻科学家寥寥无几的问题，中科院决定加大人才吸引和培养力度，集中有限资源有重点地向优秀人才投入，加快吸引、培养和造就一大批优秀的跨世纪年轻学术技术带头人。在这样的背景下，“百人计划”应运而生。“百人计划”在过去近30年发展历程中主要经历了三个发展阶段。

第一阶段（1994—1997年），“百人计划”启动之初，中科院先后出台《中国科学院关于实施“百人计划”的意见》《关于积极做好“百人计划”首批人选推荐工作的通知》《“百人计划”实施中的几个问题》等文件，明确了该计划主要由中科院自有经费支持，实施目标为“到20世纪末，选拔100位左右的优秀年轻人才，以科学（工程）中心、开放实验室、青年实验室等为主要基地，以重点加强和发展的学科（工程）为需要，因事设岗，按需培养带头人”。

第二阶段（1998—2014年），在获得国家财政专项经费的支持下，1999年中科院正式颁布《中国科学院关于引进国外杰出人才的管理办法》《关于规范“百人计划”招聘及分类管理的实施意见》等文件，加大海外优秀人才的引进力度，启动实施“引进国外杰出人才”计划，将其作为“百人计划”的主干计划。此后，逐步形成由引进海外杰出人才（A类）、引进国内优秀人才（B类）、以项目支持引进海内外优秀人才（C类）、支持“国家杰出青年科学基金”获得者（D类）、支持“青年千人计划”入选者（Y类）、用人单位自筹经费引进海内外优秀人才（Z类）等构成的人才引进培养体系。

第三阶段（2015年以来），根据实施“率先行动”计划的新要求，中科院优化调整并启动实施“百人计划”，坚持按需设岗、按岗招聘，与“四类机构”建设紧密结合，与国家引才计划有效衔接，设置了“学术帅才”“技术英才”“青年俊才”三类资助项目，坚持引进培养杰出人才与优秀青年人才有机结合，坚持引进培养科研人才与工程技术人才有机结合，强调各类优秀人才的协同发展。2019年进一步优化调整，立足服务国家重大战略实施，加强规划布局，突出“高精尖缺”和干事导向，强化用人单位主体作用，强调科学分类评价和按需精准引才，加大关键核心技术人才引进力度，着力提升引才实效。由原来三类项目改为两类项目——“百人计划”项目和“百人计划”青年项目，取消了非学术性的人才“帽子”标签，进一步拓宽了技术人才的引进渠道。

近30年来，中科院通过“百人计划”摸索了一套人才计划管理的宝贵经验，体现了“百人计划”在吸引和培养科技领军人才方面的巨大成就。首先，从效果来看，“百人计划”实施以来从海内外引入了一大批优秀的科技人员，推动了中科院科技创新队伍的结构优化和梯队建设，目前已累计引进人才3000多位，其中有74位成长为两院院士，700多位获得“杰青”项目资助，200多位成为所局级及以上领导干部，现任100多位研究所所长中有1/3是“百人计划”入选者，在获得“杰青”基金、获得院杰出成就奖、领衔“创新研究群体”、发表SCI/SSCI Top 1%论文、国内十大科技进展、承担国家重大项目、承担中科院先导专项、荣获国内外重要奖项、担任国际学术组织要职、指导学生荣获中科院院长奖等方面“百人计划”入选者占总数的1/3乃至1/2。其次，从影响来看，“百人计划”作为我国科技领域最早的人才计划，既为中科院引入了大量优秀人才，也通过人才的流动为国内科技界输入了一批杰出人才，在国内外产生了较大影响，形成了很好的外溢效应。最后，“百人计划”作为我国人才计划的先行者，带动了我国其他人才计划的发展，“百人计划”的管理经验也被国内其他人才计划所借鉴。

“百人计划”经过20年的不断发展和完善，探索出了人才引进和培养的成功模式，积累了人才计划管理的宝贵经验，对之后各类人才计划的出台起到了积极的示范作用。这些经验主要包括：

1. 审时度势，将传统的人才工作提升为院层面的人才品牌计划

20世纪80年代初期，我国刚刚结束了特殊的“文革”时期，百废待兴。中科院作为国家最高学术机构，深刻地认识到科学技术将成为新一轮经济竞争乃至国家竞争的战略制高点，而人才则是参与国际竞争的根本。基于这样的认识，中科院启动了“百人计划”，首次以高规格、大规模的方式，不拘一格从全球范围招聘真正把握科技前沿、在海外经历过正规科学训练、具备先进的科学知识和管理经验、有能力开展国际学术交流的人才，充分体现了当时中国政府、中科院对人才的重视，以及中科院党组的胆识和魄力。

2. 打破平均主义，集中资源支持优秀人才

从国际上来看，科技界普遍采取择优资助的方式，集中优势资源投入相对少数的精英科学家。“百人计划”启动初期，国家科技经费还十分紧缺，科技界的平均主义仍然盛行。中科院在当时资源相对匮乏的条件下，顶住各方压力，为每一个“百人”提供高达200万元的经费支持，极大地改善了科研条件和入选者的个人待遇，同时突破常规，直接给予其研究员的身份，支持其建立独立的研究团队，为吸引海外高层次科技人才回国工作营造了良好氛围，充分体现了中科院求贤若渴、集中力量解决人才瓶颈问题的决心和勇气。

3. 人才计划与科技布局和科研项目相结合

“百人计划”实施过程始终强调按需设岗、按岗招聘，强调与中科院战略重点部署、学科布局和科研项目的紧密结合。2006年，启动项目“百人计划”，强调科研项目与人才培养的密切结合，创新人才凝聚和培养模式。2007年，启动自筹“百人计划”，鼓励研究所自筹经费引进急需的优秀人才。中科院严格按照下属研究所的定位和创新目标，对其“百人计划”岗位设置进行审查筛选，同时，对于新建研究所则在岗位设置数量上给予倾斜，对前沿交叉学科急需的人才给予特殊支持。

4. 重视后期择优和淘汰，发挥用人单位主体作用

人才计划需要建立一套好的管理机制，包括选拔机制、任用机制、资源配置机制、评估及淘汰机制等多个方面。从根本上来看，最关键的是通过这套管理机制保障人才的高质量。中科院“百人计划”始终强调人才工作的责任主体意识，特别是实践了研究所先招聘，然后中科院统一组织择优评估，并按90%的支持率确定聘用人选的模式，通过择优淘汰不合格的人选，创造了人才引进的动态择优遴选的科学机制。

5. 立足良好的科研氛围，人才引进和培养相结合

在激烈的人才竞争中，中科院清醒地认识到，相比于大学和企业，中科院在薪酬和后勤保障方面优势不足，但是，学术自由、潜心致研、鼓励交流与合作的科研氛围是中科院吸引人才的重要优势，也是人才在中科院成长和真正发挥作用的重要保障。因此，中科院“百人计划”不是单纯靠高薪吸引人才，而是更注重为入选者营造良好的科研环境，使他们在这种环境中得到培养和锻炼，更好地实现自身价值。

6. 不断规范和完善管理工作

中科院多次根据国家相关政策及当前任务的需要，对“百人计划”管理办法进行修订和完善。如2002年之前，“百人计划”采取“所先行推荐，院评审决策”的方式，主要由中科院院部来组织评审并确定最终人选。2003年，为充分调动研究所在人才引进工作中的主动性，中科院将“百人计划”的评审方式调整为“所自主决策，院择优支持”，将人才引进的决策权交给研究所，鼓励研究所根据发展需要，制定人才规划，建立人才公平竞争的平台。正是由于保证入选者质量、加强过程管理、做好择优支持工作、加强终期评估和严格经费核拨等，“百人计划”才得以在国家和中科院人才培养引进工作中发挥主干计划的重要作用。

（二）重大科研项目的组织

中科院战略性先导科技专项（简称“先导专项”）是2010年经国务院第105次常务会议批准，由中科院自主部署和组织实施的重大科技任务。先导专项旨在发挥中科院的建制化优势，通过跨学科、跨领域的协同创新，着力突破事关我国国际竞争力、经济社会长远持续发展、国家安全及新科技革命和产业变革的重大前沿科学问题、战略高技术问题和“卡脖子”关键核心技术问题，取得一批重大原创成果、重大战略性技术与产品和重大示范转化工程（简称“三重大”），提供更多有效和中高端科技供给。先导专项一共分为A、B、C三类：

1. A类先导专项

A类先导专项侧重于突破战略高技术、重大公益性关键核心技术问题，解决“心腹之患”，促进技术变革和新兴产业的形成发展，服务经济社会可持续发展。根据全院统一部署，截至2020年4月，共部署25个A类先导专项。在管理制度上，主要有以下几个特点：

（1）实施项目专员制度，加强过程管理与服务。项目专员由院机关相关业务处室负责人或业务骨干担任，主要职责为：协助项目负责人督促课题、子课题围绕项目既定的目标按期完成任务；协助和提醒项目负责人围绕专项设立的总体目标部署各项任务；在院机关层面促进学科领域和处室业务的交叉，统筹协调专项间相互关联的工作，避免重复，加强成果集成。

（2）打破任务5年终身制，实施年度目标考核与任务调整制度。要求各专项在保持总体目标稳定的前提下，按年度设定具体工作目标并进行考核评估，强调阶段性成果产出；在现阶段经费预算客观上不能全额满足的条件下，各专项要“保重保优”，不能简单地等比例压缩经费；参考年度考核结果，对排名靠后的课题、子课题进行动态调整（扣减经费、取消番号等）；围绕项目聚焦的“1＋1”核心成果产出目标，动态调整与核心成果关系不紧密的内容。

（3）专项总体组下设专题工作组，在专项层面分别抓总相关工作。如地球大数据科学工程专项设立了数据共享、总体技术、科学应急等6个工作组，泛第三极环境变化与绿色丝绸之路建设专项设立了联合攻关、青藏科考、“一带一路”联盟等5个工作组，美丽中国生态文明建设科技工程专项设立了美丽中国建设第三方评估中心，等等。为促进数据共享，成立了专项间数据共享联合办公室，逐渐形成了专项总体组/办公室和专题工作组的协同工作机制。

（4）重点工作建立督办机制。对专项重要工作事项，制定明确的工作时间表和产出目标，建立督办机制，确保工作进度和成果目标的顺利完成。如推动地球大数据原型系统建设、编制《地球大数据支撑可持续发展目标报告（2019）》和《关于我国冰川变化影响及对策的报告》等工作，均采用了督办机制，取得显著效果。

（5）建立权责明晰、科学规范的专项管理体系。坚持“顶层设计、精心组织、成熟一项、启动一项”的原则，按照“目标清、可考核、用得上、有影响”12字方针，在尊重科学家自主权的基础上，实行领导小组统一领导、总体组具体组织实施、各级任务承担单位负责的管理模式与责任体系，以“两线”（行政指挥线、技术指挥线）、“两书”（任务书、责任书）、“两会”（年初年度工作会、年底管理工作会）、“两查”（监理检查、经费检查）等机制，有效强化目标驱动与过程管理。注重评价成果转化情况以及成果的突破性和带动性，并以同行评价、市场评价和用户评价为主。

（6）与国家科技计划有机衔接。A类先导专项恪守战略性、先导性定位，在立项论证和验收等环节都接受国家有关部门指导，与国家重大需求紧密结合，确保与国家各类科技计划相衔接，在牵引和推动国家相关重大科技计划方面发挥了先导作用。如“科技创新2030—重大项目”中的“量子通信与量子计算机”“重大疾病防治研究”以及国家科技重大专项“重大新药创制”等，均是通过先导专项前期支持引导出的国家重大科技任务。通过先导专项的实施，为国家重大科技基础设施中的“加速器驱动嬗变研究装置”、“科技创新2030—重大项目”中的“网络空间安全”“地球深部探测”“煤炭清洁高效利用”“种业自主创新”“深海空间站”以及国家重点研发计划“干细胞与转化医学”“生物医用材料”等论证提供了技术支撑。目前，正在以先导专项的成果建议面向2035年国家重大科技项目，如“空间科学”“网络空间安全”“原创新药研制”“干细胞与器官重塑”“农业生物精准设计”等。

（7）集成优势、协同创新。A类先导专项组织实施和四类机构建设紧密结合、统筹推进、形成合力，目前90%以上A类先导专项依托单位牵头或者参与四类机构建设。一方面，通过A类先导专项的组织实施，在产生更多更亮的重大成果、支撑国家战略需求的同时，探索跨单位、跨领域、大团队协同攻关模式，为探索国家实验室运行模式提供支撑；另一方面，通过联合院内外优势力量，协同攻关，集中力量办大事，积极推进新型科研组织体制机制建设，健全完善重大科技任务的组织管理模式，更好地保障先导专项的重大成果产出。

2. B类先导专项

B类先导专项侧重于瞄准新科技革命可能发生的方向和发展迅速的新兴、交叉、前沿方向，取得世界领先水平的原创性成果，占据未来科学技术制高点，并形成集群优势。截至2019年底，共启动实施了32项B类先导专项，主要布局在物理、化学、地球科学、生命科学、信息科学、材料科学等学科领域。

中科院结合B类先导专项前瞻性、原创性研究的特点和实际需求，在管理制度上B类先导专项始终以面向世界科技前沿，促进重大原创成果的产出为目标，坚持领衔科学家负责制，突出顶层设计，加强项目过程管理和动态调整，不断完善专项运行和管理机制，确保重大成果产出。

（1）加强科学选题，聚焦重大原创成果产出。通过广泛征求建议、充分研讨交流、设立培育项目、国际同行函评、会议评审遴选、实施方案论证，面向国际科技前沿凝练科技目标，遴选促进跨所跨学科交叉融合、有望产出引领性重大原创成果的项目。

（2）加强制度建设，创新管理模式。制定了《中国科学院前沿科学与教育局关于战略性先导科技专项（B类）加强管理的意见》《中国科学院战略性先导科技专项（B类）实施管理细则》等管理文件，进一步完成了专项制度化和运行管理机制的建设。明确领衔科学家负责制，由领衔科学家负责专项的总体协调与组织实施，最大限度地保障任务的完成，也充分体现了国家“放管服”的要求。

（3）加强过程管理，搭建交流平台。通过召开专项年度工作交流会，了解各专项的阶段工作进展，加强各专项间的交流，促进不同学科领域开展交叉合作研究；通过ARP–B类先导专项管理系统建设，加强专项的数据集成；密切关注国家的新形势新要求、科学前沿的新变化和新进展，参照中期评估绩效考核、专项内部工作检查结果和专家咨询意见，在科研经费、人才队伍、研究方向和组织结构等方面进行及时、科学、高效的动态调整；创办《B类先导动态》（每季度一期）和出版《B类先导专项亮点成果汇编》，加强专项亮点成果的报道和跟踪，促进专项之间的交流。

3. C类先导专项

2018年，中美贸易摩擦发生以来，中科院面向关键核心技术自主可控的国家需求，紧急启动了C类先导专项（关键核心技术攻坚专项），侧重于聚焦国家战略需求和国民经济建设中的“卡脖子”问题，突出问题导向、需求牵引和应用目标，开展关键核心技术攻坚，破解“燃眉之急”，力图从根本上改变相关领域和产业受制于人的被动局面，为引领支撑经济社会高质量发展和保障国家安全、抢占国际竞争制高点提供有效和中高端科技供给。截至2020年4月，共部署实施8个C类先导专项。

通过实施上述三类先导专项，中科院在组织重大科研项目方面形成了以下几个方面的主要经验：

（1）坚持“三个面向”“四个率先”，不断强化国家战略科技力量的使命与担当。

中科院先导专项的部署实施，以引领支撑经济社会高质量发展、保障国家安全为战略目标，以抢占国际科学技术竞争制高点为出发点，以及时有效提供中高端科技供给为基本要求，以支撑建设实体经济、科技创新、现代金融、人力资源协同发展的产业体系为根本检验，进一步强化了国家科学院、人民科学院的历史使命与责任担当。

（2）提升科技创新的战略谋划能力，建立科学合理的重大选题机制。

先导专项选题始终坚持目标导向、需求导向与问题导向，注重顶层设计、统筹谋划与科学决策。一是注重与国家重大需求和经济社会发展的紧密衔接。先导专项在策划选题、立项咨询等各环节，以多种形式充分听取国家有关部门负责人、行业专家和企业家代表的意见，凝聚最大共识，切实避免“两张皮”和重复布局等问题。二是注重把准科技发展的大势。在选题过程中，通过学科交叉研讨不断凝练和聚焦科学问题，保障科学上的领先性与合理性，然后通过小同行、大同行和国际同行专家的评议，修正科学路径，优化发展方案，挑选出最有竞争力的研究队伍。三是注重实施科学决策。先导专项先由相关业务部门部署预先研究，通过比选提出专项遴选建议，再由院学术委员会进行咨询论证，按照必要性、科学性、可行性等原则，向院长办公会议提出咨询意见建议，最后院长办公会议根据整体布局，统筹协调，集体决策。

（3）深化科技体制机制改革，探索新时代集中力量办大事的新模式。

在科技活动组织上，先导专项积极探索形成了“1 + N + X”（一个核心、N个重要节点、众多机构与人员参与）等管理模式，明确重大科技攻关的核心力量与主体力量，灵活机动，广泛汇聚各方优势，推动科技创新效率最大化，形成了集中力量办大事的模式。如“海斗深渊前沿科技问题研究与攻关”专项以深海科学与工程研究所（简称“深海所”）为核心，以生物、地质、环境、材料、先进制造等方面的研究机构为骨干，汇聚院内13家单位、院外10余家单位共同参与，成功推动我国海斗深渊科考迈进万米时代。先导专项探索的这种集中力量办大事模式可概述为：以崇高使命激发情怀，以发展前景增强动力，以卓越科学家凝聚力量，以代表性科研机构作为依托，以集中稳定资源形成保障，以责任担当强化约束，大力开放协同，系统稳步推进。

（4）恪守“三重大”产出导向，全面科学实施先导专项分类管理。

先导专项组织实施中，始终以“三重大”产出为导向，尊重不同性质科研活动的内在规律，积极实施分类管理，提升科技创新绩效。对于A类先导专项，根据其规模体量大、系统性强、集成度高等特点，提出了“目标清、可考核、用得上、有影响”12字方针，在尊重科学家自主权的基础上，以“两线”（行政指挥线、技术指挥线）、“两书”（任务书、责任书）、“两会”（2月年度计划会、8月年中推进会）、“两查”（监理检查、经费检查）等流程和机制，有效强化目标驱动与闭环管理；对于B类先导专项，根据其学科交叉性强、前沿变化快、不确定性大等特点，实行领衔科学家负责制，同时强调以高质量、国际化的学术交流评议取代流于形式的工作汇报和外在干预，以保持先导专项的快速响应与灵活机动，让杰出科学家群体能够聚焦重大问题，潜心致研，形成体系化的原始创新贡献；对于C类先导专项，根据其破解“卡脖子”问题的现实紧迫需要，统一实施里程碑管理，同步强调产出质量与时效性，突出关键节点和代表性指标，强调与相关部门、行业和企业的密切互动，并以责任状的形式明确参研人员和相关机构的责任，保障全员全身心投入，严肃专项纪律。

（5）积极构建创新生态特区，激发广大科技人员的创新活力。

中科院结合先导专项的组织实施，全面落实党中央、国务院“放管服”改革要求，努力营造导向正确、活力迸发、多样有序、全力创新、潜心致研的良好创新生态。一是建立并公开发布先导专项管理绿色通道，最大限度地给科学家减负。如对于在执行期间取得重大研究成果并产生广泛影响的先导专项，免除中期检查；对于紧急、突发的国家重大需求或部署，经院党组研究决定，可直接进入实施方案论证阶段或对现有专项作出重大调整，免除相关管理流程。同时，加快建设先导专项全过程管理信息平台，以共建共享共用促进沟通和协调，大幅减轻科学家的事务工作压力。二是进一步简政放权，扩大科技人员自主权。先导专项显著减少检查验收的频次，积极扩大资金调配的自主权，主动下放预算调整权限。在预算总额不变的前提下，除设备购置费和间接费用外，支出预算或支出内容如需调整，由承担单位审批后，报专项总体组（部）或领衔科学家备案即可。设备购置费确需调整的，由承担单位审核，经技术专家评议认可后，在财务验收时直接予以确认。三是建立以质量、贡献、绩效为导向分类评价体系。对面向国家重大需求、产出目标明确的先导专项，以同行评价、市场评价和用户评价为主，着重评价成果转化情况及成果的突破性和带动性。对面向世界科技前沿、侧重于重大原始创新的先导专项，以国际评估为主，着重评价重大科学问题的提出能力、解决能力，以及开辟新领域、新方向等方面的情况。

（6）全面加强党的领导，以人才为根本，促进科技创新、机构改革与人才高地建设的有效互动。

“人才资源是第一资源”，“抓人才就是抓创新发展”。在先导专项实施过程中，中科院继续坚持党管人才的原则，秉承人才为先的理念，重视人才的培养、引进、使用与激励。通过人事管理权的“让渡”等，不断创新人才管理体制，优化人才配置；通过跨地区、跨单位、跨学科科技人员的“坐班交流”制度，进一步完善人才布局结构与发展方式；通过先导专项临时党支部的建立，在实践中不断提高人才队伍的政治素质、政治能力。先导专项已经初步形成了“人人皆可成才、人人尽展其才”的局面。

（三）系统化的研究所评价制度

中科院是我国自然科学的最高学术机构。从20世纪90年代起，科技评价成为中科院管理研究所的重要工具，最典型的代表是中科院研究所评价。中科院研究所评价的主要作用为：① 对研究所发展的导向作用；② 绩效产出的衡量作用；③ 竞争激励作用[1]。20多年来，中科院研究所评价体系先后经历了“蓝皮书”评价、二元评价、综合质量评估和重大成果产出导向评价四个主要阶段，呈现出从定量评价向

[1] 中国科学院科技评价研究组：《关于我院科技评价工作的若干思考》，《中国科学院院刊》2007年第2期。

定性评价逐步过渡的显著特征。

1. “蓝皮书”评价体系（1993—1997年）

1993年，中科院启动研究所综合评价。当时，我国科技体制改革启动，随着职称制度和科技奖励制度等的恢复，以及竞争性科技项目的设立，科技评价在我国迅速兴起。例如，南京大学开始在评价中引入当时比较先进的SCI论文指标[1]。那时，外界发布了一个对中科院研究所的排名，中科院研究所排名情况有一些争议，误导了社会对中科院研究所的认识。这一具有“误导作用”的外界评价，触发了中科院自己来评价所属研究所的想法。因为这一时期中科院研究所的评价报告封面为蓝色，所以该时期的研究所评价体系被称为“蓝皮书”评价体系。

这一时期的中科院研究所评价采用的是定量排名评价，选取了论文、专利、项目、经费、人才、奖励等指标，对研究所的科技产出情况和发展状态“摸家底”，并按得分多少对研究所进行排名。该时期的研究所评价完全是量化评价——按照当下的标准，“四唯”现象应该比较严重。

2. 二元评价体系（1998—2004年）

1998年，国家支持中科院开展“知识创新工程”试点。按该项目的战略目标要求，新建立的研究所评价体系包含基于研究所创新任务书的目标完成度的定性评价和体现中科院基础性、战略性、前瞻性使命的定量评价两个部分，故被称为二元评价体系。定性评价的目标完成度中改革任务较重，既有学科方向调整等科技目标，也有人员规模压缩、人员年轻化等管理目标。定量指标包括承担战略性科研任务、高质量学术论文、专利、奖励、人才、咨询报告、重要国际学术会议特邀报告、重大社会经济效益等。评估结果由定性评价和定量评价加权计算得到，表达形式为研究所排名。

二元评价体系比“蓝皮书”评价体系进步较大，但因为定量评价在计算结果中

[1] 徐芳、龚旭、李晓轩：《科研评价改革与发展40年——以基金委同行评议和中科院研究所综合评价为例》，《科学学与科学技术管理》2018年第12期。

实际起到的作用较大，“四唯”现象依然突出。为弥补过于量化的不足，2003年中科院在二元评价体系中补充开展了重大创新贡献评价，研究所若有一项重大创新贡献入选，则该研究所直接被评为“优秀”，而不管计算得到的结果如何。当年，中科院近100个研究所里共有13个研究所以这种直通模式被评为“优秀”。例如，中科院寒区旱区环境与工程研究所就是凭借青藏铁路冻土工程机理研究成果被评为“优秀”的。但是，因为重大创新贡献毕竟有限，可遇不可求，所以研究所仍然对定量指标高度重视。

3. 综合质量评估体系（2005—2010年）

2005年，“知识创新工程”进入第三期，中科院对照其目标的改革任务基本完成，研究所评价体系调整为综合质量评估体系，分为研究所自评估、院外专家对成果的同行评议、院内专家对同一领域内研究所的交流评议、机关管理专家到研究所的现场评估、研究所年度基础数据定量监测等5个单项评估环节，以及专家综合决策分档环节。其中，定量监测采用了指数计算方式，实现了定量评价结果的横向和纵向可比。总的评估结果采用分档表达而不是排名，分档结果是专家在5个单项评估结果基础上依据事先确定的原则判断得出的，而不再加权计算。

因此，可以看出，综合质量评估体系相比二元评价体系，进一步加强了定性评价，减弱了定量评价。然而，即便如此，在综合决策分档过程中，定量环节的结果对于专家组的定性判断还是发挥了较大作用，一个重要原因是专家仅凭个人知识和经验难以对拥有众多学科方向、成果类型多样、规模体量又较大的研究所的综合绩效作出有效判断。

4. 重大成果产出导向评价体系（2011年至今）

“知识创新工程”结束后，自2011年起，中科院简化研究所管理，给研究所下放更多自主权。研究所规划简化为“一三五”规划，研究所评价体系调整为“两个环节、一个基础”的重大成果产出导向评价体系。

（1）两个环节：一是国际专家诊断评估。邀请国际专家对研究所的定位和水平、领域方向或团队的水平和影响力及重大成果的进展情况进行现场诊断评估。国际评估主要涉及基础研究工作，要求凡是能国际评估的研究工作尽量采用国际评估。一开始，中科院内对国际评估还有一些不同看法，担心投入过大而收效不大，但中科院数学与系统科学研究院、水生生物研究所、广州地球化学研究所的国际评估试点结果非常理想，这消除了大家的顾虑。二是目标完成情况验收。邀请国内同行专家，对“一三五”规划中目标定位合理性、3个重大突破任务完成情况和5个培育方向情况一一进行评议，形成分项评议结果。

（2）一个基础：年度关键定量指标监测。监测结果只为“两个环节”的评价提供参考。至此，中科院研究所评价演变成完全意义上的定性评价，或者同行评议。相比于前一阶段的综合质量评估体系，这种转变之所以成功，一个重要的原因是重大成果产出导向的评价体系不再针对研究所整体，而是采用逐个评议以“一三五”为表征的“关键少数”的模式，使专家评议的作用能够发挥出来。

总的来看，中科院研究所评价从第一阶段的定量排名评价到第四阶段的定性评价的演进，在科技评价方面形成了如下几个方面的重要经验：

（1）研究所评价有效支撑了中科院新时期发展战略。“知识创新工程”极大地提升了中科院的创新能力，新时期中科院的战略目标关键在于“面向世界科技前沿，面向经济主战场，面向国家重大需求”作出重大创新贡献，形成一批重大成果。中科院研究所评价导向调整为重大成果产出导向的评价体系，明确重大突破的类型、内涵和标准，引入以国际专家为主的高水平诊断评估，采用逐层遴选、优中选优的重大突破验收方法，有效支撑了新时期中科院战略目标的实现。近年来，中科院重大成果产出进入井喷期，一大批重大原创性成果、战略性技术与产品相继问世，在一些重要领域已经跻身世界先进行列，在中央重要报告和国家领导人讲话中多次被提及。

（2）在机构层面率先探索了破“四唯”的中科院模式。我国科技评价多年来导向出现偏差，过于强调数量指标而忽视实质贡献和能力，这不利于科技强国建设。2018年中共中央办公厅、国务院办公厅出台“三评”（项目评审、人才评价、机构评估）改革文件。中科院重大成果产出导向评价体系本质上是在机构评估方面探索出了一条成功的道路，引导研究所和科研人员致力于重大产出和贡献，扭转了原有追求论文数量、项目数量等的不良评价导向，对全国科技界探索科技评价改革起到了良好的引领和示范作用，为破“四唯”作出了表率。

（3）实现了科研产出衡量标准与评价方法的国际接轨。国际专家诊断评估采用了德国马普学会等国际著名科研机构的评估模式，聘用了高水平的国际专家开展评估。国际专家对中科院的“一三五”评估理念和评估方法能充分理解和掌握，并顺利开展评估工作。国际评估的效果也得到了科研人员和管理人员的认同，不仅在“一三五”的诊断方面发挥了积极作用，也在科学精神的传播甚至研究所的国际化方面发挥了重要作用。实践证明，在我国现阶段，启动国际专家诊断评估是合适的。重大突破验收评估采用的层层遴选模式，则类似于美国国家科学基金会和美国国家卫生研究院按照GPRA（《政府业绩与成果法》）开展的评估，形成了基于重大突破规划中明确的科学价值和关键突破点、考核标准以及研究基础、对照开展验收评估的方法体系。

（4）推动形成了安心致研的良好氛围。重大成果产出导向评价体系在研究所评估中探索成功后，又推广到了院所两级其他评价活动中。例如，四类机构的筹建验收、研究所内部对研究团队和科研人员的考核等。总体来看，在该评价体系下，研究所可以在较长一段时期（比如5～10年）内安心致研，不用急于追求短期目标或各种量化指标，而是把目标定在更长远的重大成果上。从院对所的管理看，针对“三重大”突破进行验收的抓重点的模式，扩大了研究所的自主权，有利于科研人员从事“十年磨一剑”的研究工作，达到了“规划森林，让树木生长”的目的。

重大成果产出导向评价体系自实施以来，在推动“一三五”规划实施、完善院对研究所管理、促进追求卓越的科学文化建设、探索科技评价方法等方面发挥了重要作用，对中科院整体工作起到了积极的推动作用，有力支撑了中科院的发展战略。从未来发展看，为适应新时期中科院的战略发展，要继续拓展重大成果产出导向评价体系的实施范围，不仅不限于研究所评价，还要扩展到项目管理、人才评价和研究所内部评价等方面，力争在各类评价活动中探索出有效的评价方法体系，发挥中科院的引领和示范作用。

第三节

部委所属科研机构的改革与发展：以中国农业科学院为例

农业农村部、自然资源部、水利部等部委所属科研机构是国家创新体系的重要组成部分。不同于其他公立科研机构，部委所属科研机构为社会公益类科研机构，即以提供社会公共服务为主，从事农业、林业、水利、医疗卫生、资源环境、灾害防治、气象、测绘等领域科研工作的科研机构。公益类科研机构向全社会提供公共技术和公共服务，关系到国计民生和社会进步，是政府协调社会发展不可缺少的技术支撑。以下在回顾我国农业农村部所属科研机构总体发展历程基础之上，以中国农业科学院为例，介绍其发展历程与改革的实践经验。

一、我国农业农村部所属科研机构概况及发展历程

农业农村部所属的科研机构有三家，分别为：中国农业科学院（1957年成立）、中国水产科学研究院（1947年成立）、中国热带农业科学院（1954年成立）。成立之初，这三家科研机构在农业、渔业、热带农业方面对中华人民共和国的发展产生了不可磨灭的作用。“文革”时期，三家科研机构建制均受到破坏。1978年党的十一届三中全会之后，部属科研机构逐步恢复建制。1979年党的十一届四中全会通过的《中共中央关于加快农业发展若干问题的决定》明确提出“逐步形成门类齐全、布局合理的农业科学技术研究体系”，部属科研机构发展开始步入正轨。

自1979年至今，农业农村部所属的科研机构一直在探索市场化改革发展，大致历经了三个阶段：

第一个阶段是市场化改革初步探索阶段（1979—2002年）。这一阶段，农业科研机构在大规模重建和完善基础之上进行了初步市场化改革。比如：①筹资改革。改革开放初期，农业部以向地方投资的形式，引进一批先进仪器设备，并建立了中国农业科学院土壤肥料研究所测试中心等9个农业科研测试中心。②农业部出台科研机构拨款制度改革等政策，对下属科研机构进行市场化改革，要求中国农科院等农业科研机构从市场寻找课题，促进科研成果市场化，补充事业费和科研经费。

第二个阶段是市场化改革深化阶段（2003—2006年）。在这阶段，农业科研机构发展的最主要特征是：强调科技体制改革导向要和市场经济结合，改革以科研院所管理体制和运行机制为重点，对科研院所布局结构进行系统调整。比如：2003年，《农业部关于直属科研机构管理体制改革的实施意见》印发，农业部的全部科研院所进行了分类转制，分别转制为科技型企业、农业事业单位和高校科研院所三种类型。

第三个阶段是农业科技创新体系建立阶段（2007年至今）。2007年4月由农业部等9部委联合发布《国家农业科技创新体系建设方案》，这成为农业部继续深化对下属科研机构改革的起点。这一阶段发展的主要特点是：农业部的部分科研院所具有相对稳定的经费支持、在产业链上进行上下游结合、进行多学科交叉与问题导向的研究。农业农村部下的中国农业科学院作物科学研究所（负责玉米）、中国热带农业科学院（负责木薯）、中国水产科学研究院淡水渔业研究中心（负责罗非鱼）等22家研究机构作为主导者参与到农业科技创新体系的建设中来。

二、中国农业科学院的改革发展历程

中国农业科学院（Chinese Academy of Agricultural Sciences），简称“中国农科院”，成立于1957年3月1日，为直属于农业农村部的副部级事业单位，是由国务院批准成立的中国三大科学院之一。中国农科院担负着我国农业重大基础研究、应用研究和高新技术研究的任务，致力于解决我国农业及农村经济发展中基础性、方向性、全局性、关键性的重大科技问题。

中国农科院的研究领域主要覆盖了我国主要农作物、畜禽与特种经济动物的遗传育种、栽培饲养、疾病防治、产后加工、农产品质量标准与检测、农业经济与农村发展、农业可持续发展与环境保护、农业工程以及农业高新技术研究等方面。建院以来，中国农科院取得了以“籼型杂交水稻”“印水型杂交水稻”等为代表的6000多项重大科技成果，大幅度提高了我国农业科技水平。围绕我国农业发展中粮食和经济作物发展、我国中长期食物发展战略等重大问题，中国农科院开展了一系列宏观战略研究，为党中央、国务院和有关部门科学决策提供了重要依据。

中国农科院目前拥有36个直属机构与9个共建研究所，全院科研人员5000多名，在校研究生规模近5000人，拥有49个国家与部门重点实验室、27个国家农作物畜禽改良中心与国家工程技术研究中心、23个国家农作物种质资源库（圃）等科技创新平台，9个国家重大科学工程与工程实验室（研究中心）、29个国家与部门野外台站、25个国家产业技术与农产品加工技术研发中心等科技支撑平台，以及36个国家与部门质检中心、11个国家或OIE（世界动物卫生组织）认可的参考实验室等科技服务平台。

总而言之，中国农科院在我国农业重大基础研究与应用研究方面发挥的国家重要农业科学决策咨询的作用是无可替代的。国家科技政策是农业科研机构发展与改革的前提。依循我国一些主要科技政策对中国农科院的影响，将中国农科院从1957年建院至今的60多年的经历分为五个发展阶段。

（一）建院初期（1957—1965年）

中华人民共和国成立后，党和政府非常重视农业科研工作。1954年，农业部发布《关于筹建农业科学研究院向中央的报告》，报告提出：“目前国家进入计划经济建设阶段，农业增产任务很大，农业生产合作社迅速发展，对农业科学技术的要求日益增加，所以农业科学研究工作必须相应地加强，否则必然会给国家经济建设造成极大的困难。因此选拔一批全国著名的农业科学家组织中国农业科学研究院，以便统一与加强全国农业科学研究工作的领导，实感迫切需要。”在此背景下，国务院批准，由中国科学院、全国科普、全国科联以及水利部、国家计委、林业部等单位的人员组成农业科学研究工作协调委员会，协调农业部筹建中国农业科学院。

1957年3月1日，中国农业科学院成立。之前由农业部直接领导的华北农业科学研究所、东北农业科学研究所等11个研究所均交由中国农业科学院领导。很快，中国农业科学院又成立了土壤肥料研究所、植物保护研究所等6个研究所。

作为全国农业科学技术的领导中心，中国农业科学院成立之初的基本任务是：根据国家发展农业生产的计划、农业生产实践中的客观需要和世界农业科学的发展趋势，组织领导全国农业科学家进行有关农业生产技术和农业科学理论的研究，以新的科学研究成果，保证我国社会主义农业生产和农业科学的不断发展。并提出：从提高农作物单位面积产量、发展畜牧业及养蚕业、开垦荒地扩大耕地面积、农业机械化、农业经济区划和农业企业经营管理几个主要方面，积极开展开创性的研究活动。

从1957年到1962年，中国农业科学院科研机构从17个发展到33个；1960年科研机构精简下放，减至24个。1962年10月，党的八届十中全会作出了关于加强农业和农业科学研究工作的决定，中国农业科学院科研机构逐步恢复，到1965年又发展到33个。

（二）“文革”时期，撤销建制（1966—1977年）

1966年“文革”开始后，中国农业科学院的科研工作无法顺利进行。特别是20世纪70年代，受到“七亿五”错误指导思想的影响，中国农业科学院的31个专业研究所均被下放至北京市及京外省市，农业经济研究所被撤销，只有原子能利用研究所因为设备无法搬迁而保留了下来。全院7500多名职工只留下约600人，并被组成10多个“五七”科技服务队，分派到大寨大队等红旗点蹲点。与此同时，中国农业科学院与中国林业科学研究院、中国水产科学研究院合并，更名为中国农林科学院。

（三）恢复建制时期（1978—2001年）

1978年，党的十一届三中全会召开，在“文革”时期受到严重破坏的中国农科院建制得到恢复与发展。中国农科院首先收回了原下放给地方的31个专业研究所，这些专业研究所的领导体制调整为以部为主和地方双重领导，完全下放给地方的有9个单位。1979 年，党的十一届四中全会通过的《中共中央关于加快农业发展若干问题的决定》明确提出“逐步形成门类齐全、布局合理的农业科学技术研究体系”，中国农科院的科研机构在恢复建制之后很快得到进一步的恢复与发展，到20世纪80年代基本稳定在35个，90年代末有39个以上。

恢复建制之后，中国农科院在资助机制上进行事业费拨款改革，在组织管理上进行现代研究所制度改革，以及在人才机制上进行人才队伍建设。

1. 事业费拨款改革

1985年，科研机构事业费是按人数划拨的，但是由于当时全国科研机构的人员数量庞大，财政负担很沉重，因此发布《中共中央关于科学技术体制改革的决定》，科技体制改革的大幕由此拉开，其中一项重要改革举措就是改革事业费拨款制度：将科研机构原来根据人数来划拨的事业费减少到1/3，剩下的2/3改为课题费，划拨方式是科研人员通过申报课题去竞争。1986年，就出台了《农牧渔业部关于农业科技体制改革的若干意见》，进行事业费拨款改革。当时的农牧渔业部要求中国农科院等农业科研机构从市场寻找课题，促进科研成果市场化、商品化、产业化。同时，用科研成果产业化和技术服务取得的收入来补充事业费和科研经费。这一操作一直持续到2004年才基本结束。这次改革，虽然使得科技工作与社会需求实现了初步结合，但科研人员为求生存，倾向于承担“短平快”的科研任务，很少有人愿意从事长远性基础研究和技术积累工作。

2. 现代研究所制度改革

1999年，中国农科院深化运行机制改革，希望找出适合中国农科院的改革形式，具体的举措是组建半紧密型研究中心和学科群式综合研究中心，探索建立现代研究所制度。

半紧密型研究中心由中国农科院下属的各有关研究所组成，在保留原有各所建制和主要功能的前提下，采取新的机制，大力促进联合攻关。建立理事会制度，吸收院内外、所内外专家参加，理事会对中心的各成员所研究的重大科技问题具有决策权。1999年成立作物品种资源与育种研究中心和农业环境与资源研究中心。成立的学科群式综合研究中心有两个：生物技术综合研究中心和农业发展战略与政策综合研究中心。这两个中心把分散在京内京外各研究所力量组织起来开展交流，联合申请推广重大科技项目。一系列配套改革举措：启动“一所两制”（科研与开发并举）研究所试点工作；启动竞争上岗与淘汰率相结合的制度，开始实行下岗制度，淘汰率先控制在1%～3%的范围内；组建农业科技咨询中心；建设科技示范（北京）基地；加快京外所与地方共建；等等。

3. 人才队伍建设

“七五”期间，中国农科院人才队伍存在的突出问题：专家老龄化，中青年科技人员较少，人员学历偏低。中国农科院针对上述问题有两方面的举措：一方面调整学历、职称要求，促进人才流动；另一方面是进行专业培训，增加和提高科技人员的知识储备与科研素质。经过不断的调整充实，“七五”期末，中国农科院的科技人才队伍在数量和素质方面都有一定幅度的提高。

“八五”之初，中国农科院研究制定了《关于加强我院科技队伍建设的意见》，目标是形成一支以优秀中青年学术带头人为主的科研队伍，培养一批专业学科带头人，培养一批国家级的一流专家。中国农科院因此制定了一系列人才制度。例如：设立青年科学基金；建立重大课题第二主持人制度；开展优秀论文评选活动；鼓励年轻科技人员争取国家“863”项目等；评选“中国农业科学院有突出贡献的中青年专家”，并且提高待遇；对具有发展潜质的年轻科技人员在职务晋升中采取倾斜政策；对知名老专家缓办离退休手续，鼓励他们搞好“传帮带”，帮助中青年专家成长。

1995年，《中共中央　国务院关于加速科学技术进步的决定》发布，该决定把科技和科技人员的地位提升到一个新的水平。中国农科院紧密采取了深化科技体制改革和加大农业专业技术人才培养力度的措施，建设了一批国家与部门重点实验室（植物病虫害生物学国家重点实验室等）、国家工程技术研究中心（国家昌平综合农业工程技术研究中心、国家饲料工程技术研究中心等）和国家农作物改良中心（国家水稻改良中心、国家小麦改良中心、国家蔬菜改良中心等）。同时，通过合作研究、出国进修、派访问学者等形式培养中青年农业科技骨干人才。

中国农科院“九五”期间印发了《中国农业科学院培养、选拔跨世纪学科带头人的意见》，制订培养100名跨世纪学科带头人的计划。中国农科院于1995年、1996年两年在全院范围内选拔了两批跨世纪学科带头人提名人（第一批45人，第二批42人），经过两年的悉心培养，在1997年选拔了首批36名跨世纪学科带头人，1999年又选拔了第二批37名跨世纪学科带头人和首批18名开发推广专家人才。

通过人才培养政策的实施和老一辈科学家的“传帮带”，一批年轻的学科带头人逐步成长起来，挑起了我国农业科研工作的大梁，解决了科技人才队伍老龄化、人才断层的问题。这一时期，通过持续的专业技术职务评聘，在顾及老同志利益的同时，对45岁以下同志晋升正高专业技术职务，35岁以下同志晋升副高专业技术职务采取脱颖而出的政策，扶持青年科技骨干迅速成长，进一步解决人才结构的问题。

（四）初步发展阶段（2002—2012年）

建制得到恢复之后，中国农科院的科研工作逐步步入了正轨，但是中国农科院依然沿袭政府管理主导型模式，这不符合市场经济条件下技术创新的规律，因为企业才是技术创新的主体。此外，1985年进行的事业费拨款改革使得部分中国农科院科研院所经费不足、运转困难。

针对这些问题，国家相关上级部门出台了相关政策，因此，中国农科院在组织管理上进行事业单位转企改革，在资助机制上增设了基本科研业务费。

1. 科研院所管理体制改革

2003年，《农业部关于直属科研机构管理体制改革的实施意见》印发。根据改革方案，中国农科院的部分研究所进行了转企、转为农业事业单位，或并入大学的试点。据统计，中国农科院下属39个机构进行了改革：生物技术研究所、水稻研究所等18个研究所改为非营利性科研机构；农业自然资源和农业区划研究所、农田灌溉研究所等4个研究所转为农业事业单位；原子能利用研究所、蔬菜花卉研究所等12个研究所转为科技型企业；甜菜研究所、农业遗产研究室等4个研究所进入大学，保留事业单位性质。同时，中国农科院根据现代农业科技发展的需要，重组或新建了一些研究所，截至2006年底，科研机构数量稳定在33个。

这次体制改革对科研人员以及相关研究所影响巨大，有一些问题没有得到妥善解决，具体表现为：

人员编制规定不合理。在改革过程中，按照规定，公益性科研院所科研人员的编制（即创新编制）不得超过原有人员的30%，创新编制人员必须具有高级职称，且没有科研辅助人员的编制。这种不加区分的“一刀切”的规定在许多情况下与实际需要不适宜。如中国农科院核定的非营利性科研机构创新编制人员2852人，远低于美国农业研究局的8100人、法国农业科学研究院的8600人、印度农业研究委员会的7000人，难以支撑新时期国家农业科技发展的战略目标。

缺乏改革配套措施。最为突出的问题是离退休人员的社会保障问题得不到妥善解决，离退休人员难以加入地方社会保障体系。此外，职工住房补贴、富余人员安置等问题也难以得到解决，影响了转制院所的改革和发展。

部分公益性科研院所转制不合理。有12个转制所（兰州兽医研究所、农产品加工研究所等）具有明显公益性研究性质，但是被转为企业或者农业事业单位。这影响了科研工作的顺利进行。

2. 增设基本科研业务费

虽然国家加大了科研投入，但由于科技项目经费增长很快，事业费基本没有增加，因此事业费严重不足，相当多的研究所运转困难。根据调查，由财政拨付的事业费（运行费）仅占实际发生费用的30%左右，一方面是事业费严重不足，另一方面是科研经费不准用于人员费，这使得事业单位性质的科研院所处于难以运转的境地。许多公益类科研机构迫于创收的压力，不得不从事与自身职能和特点不相称的各种经营性活动。同时，以项目为主的拨款制度实际上是从科研机构事业费中拿出一部分，然后通过科研计划、基金或研究项目作经费下拨。结果是：一方面扩大了上级主管部门分配经费的决策权，缩小了科研院所在资金投向方面的决策权；另一方面科研人员必须不断地申请和争取课题和项目，这就难以形成成果积累，使基础性、长远性的重大研究项目难以落地，影响了科研人才的成长。

面对科研经费结构存在的问题，自2006年起，中央财政设立中央级公益性科研院所基本科研业务费专项资金（简称“基本科研业务费”），主要用于支持科研院所开展储备性、创新性和孵化性研究工作。中国农科院本级每年稳定获得基本科研业务费支持，自主立项开展管理学科、跨所交叉学科和特色农业学科的社会公益性研究。

2006—2008年，中国农科院每年获得基本科研业务费的大力支持，共设立基本科研经费专项441个，其中院本级设立了63个，17个科研单位自主安排、自行立项了378个，这使得科研单位有条件自主安排符合公益性职能定位的科研活动和符合科学发展方向和公益服务能力的研究。基本科研经费专项设立3年来，中国农科院科研基础设施和仪器设备条件得到实质性改善，科研创新能力不断提高，科研人员工作热情高涨，为中国农科院科技创新能力提供了保障。

（五）开拓发展阶段（2013年至今）

在科技引领农业发展的时代，我国农业科技面临国际国内双重挑战。国际上，农业竞争加剧，生物技术、信息技术等高新技术迅猛发展，企图占领我国市场。与之相比，我国农业科技落后，而且农业科技成果转化率远低于发达国家，如果不尽快抢占科技制高点，在未来的农业发展中必将受制于人。在国内，生态环境保护的压力越来越大，以资源大量消耗为代价的传统农业生产方式已经难以为继，传统农业亟待向现代农业转型。尤其是在确保粮食稳定持续增产和重要农产品有效供给的前提下，农业要实现可持续发展，必须依靠科技支撑。农业科技发展的重担落在了以中国农科院为代表的科研院所肩上。

正是在这样的背景和要求之下，2013年，中国农科院正式启动科技创新工程。中国农科院实施科技创新工程的目标是：加快原始创新、集成创新，引进消化吸收再创新，促进农业科研大联合、大协作，最终建成世界一流的农业科研院所，服务产业重大科技需求，跃居世界农业科技高端。

根据规划，科技创新工程为期13年，按照“3 + 5 + 5”年的梯次推进。其中，2013—2015年为试点探索期，2016—2020年为调整推进期，2021—2025年为全面发展期。由此，一场全新的农业科技体制革命在中国农科院正式拉开了序幕。

为了保障科技创新工程的顺利实施，中国农科院开始对科研机制、评价机制、用人机制和考核机制等方面进行改革。

1. 科研组织上，调整学科体系，优化学科布局

中国农科院一些研究所方向不明确，与国家重大需求有所偏离，同时学科群之间的分布不均衡，有的项目还存在重复研究。因此，科技创新工程的第一步改革就是调整学科体系，优化学科布局。中国农科院花了1年多的时间对直属的32个科研院所50多年的工作进行了全面梳理。在立足产业需求、科技前沿要求等基础上，中国农科院作出顶层设计，即建立“学科集群—学科领域—研究方向”三级学科体系，形成了8个学科集群、136个学科领域及315个重点研究方向，确立了需要培强的55个具有相对优势的学科领域、需要培优的57个传统特色学科领域、需要培植的24个新兴学科领域。

2. 科研任务分配上，解散小课题组，整编创新团队

在学科体系、研究方向已经建立和明确的基础上，中国农科院改变原有课题组的科研组织模式，对原有科研团队进行重新梳理，并且招募人才，创建全新的科研团队。比如：农产品加工研究所就地解散课题组，重新建立起8个科研团队；哈尔滨兽医研究所解散原来的52个课题组，重新组建了13个科研团队；农业资源与农业区划研究所由原先的45个课题组整合成12个团队。截至2014年，进入科技创新工程试点的32个研究所原有的1026个课题组整合成315个科研团队。

3. 经费管理上，改革科研经费管理体制，给予稳定支持

不同于以往的跑课题、争经费，科技创新工程对遴选出来的科研团队按其稳定科研所需经费的60%左右给予长期支持，剩余的40%左右鼓励科研团队通过竞争性渠道获取，形成了稳定支持与适度竞争相结合的支持模式。农业科研领域与其他领域不同，农业科研领域周期长、风险高、产出慢，需要长期稳定的经费支持。有了稳定的经费，各个科研团队才可能按照国家产业需求和科技前沿要求开展长期的科技攻关，或者自由探索。另外，通过这些费用，中国农科院也可以针对重大的产业问题进行跨团队的协同创新，实现农业科研的联合攻关。

4. 评级制度上，建立评价制度，分类进行绩效考核

过去的科研考核，多是以论文为主。而分类考核，是根据不同的科研团队、不同的科研人员的工作特点探索出的以绩效为核心的考核模式。在具体操作中，中国农科院对各个科研团队进行分类，确定不同的指标体系。其中，以基础性研究为主的团队考核，以发表的高水平论文为主，以应用性研究为主的团队考核则以转化成果的数量为主。同时，科技创新工程还实施分级考核，即农业农村部、财政部对中国农科院进行考核，中国农科院对研究所进行考核，研究所对科研团队进行考核，而科研团队首席专家再对科研团队成员进行考核。如今，中国农科院已先后分3批遴选出32个研究所、315个科研团队，将其纳入绩效考核改革试点范围，一年一监测、三年一评估、五年一考核。

5. 人才机制上，完善用人机制，加强人才培养

中国农科院按照“按需设岗、按岗聘人、岗位固定、人员流动”的原则，面向国内外公开招聘首席科学家、骨干专家等优秀人才，并实行动态管理，实现人员

“能进能出、能上能下”。在这个过程中，总免不了一些“懒汉”被淘汰。一个直观的数字是，创新岗位数量一般不超过正式在职职工人数的60%，换言之，至少有40%的现有人员参与不了科技创新工程。就在农产品加工研究所宣布科技创新工程启动的那一天，所里的科研人员都开启了“合同”的时代。有人下岗，也有人上岗，一批优秀青年英才脱颖而出。2013年，中国农科院首次向全球发布用人信息，招聘植物保护研究所所长职位，浙江大学教授周雪平成功应聘，成为科技创新工程用人制度的一个成功案例。而针对内部领军人才的培养，中国农科院也别出心裁，要求每个创新团队有一名40岁以下的青年首席科学家，如果没有符合要求的，岁数大的首席科学家在团队里就必须配备一名青年助理，作为“首席培养计划”。据了解，在目前所有的科技创新工程团队中，青年首席科学家的比例已经占到了20%，形成浓厚的“传帮带”氛围。

三、中国农业科学院的实践经验

中国农科院作为农业农村部最重要的科研机构之一，深入分析其发展与改革的经验至关重要，一方面保证其自身的可持续发展与完善，另一方面也为国家、部委及其他科研机构的体制改革提供实践案例参考。中国农科院在60余年的改革与发展过程中，在经费支持、科研组织、青年科技人才的培养等方面形成了适合自己发展的体制机制。

（一）以农业产业需求为基础，把握正确的研究方向是前提

首先，中国农科院在立足农业产业需求、科技前沿要求等基础上，作出顶层设计，即建立“学科集群—学科领域—研究方向”三级学科体系，从而保证了农业的每个研究方向都有相应的科研力量。其次，原来的科研由申请到的课题决定，导致研究内容跟国家需求和产业发展脱节，在实施科技创新工程之后，科研团队可以按照需求、问题作研究。兰州兽医研究所研究员蔡建平领衔的消化道感染与黏膜免疫研究团队，发现生产中出现的猪梭菌性肠炎，他们立即组织科研攻关，用很短的时间就顺利解决了防治问题。

（二）遵循科研规律，长期稳定的经费支持是基础

国家以及部委等对中国农科院科研团队给予长期稳定的经费支持符合农业科技研发周期长的特点和规律。由于农业类产品或品种研发周期相对较长，这就需要国家以及部委等给予农业科技工作者长期稳定的经费支持，让农业科技工作者能够保持较为稳定的研究方向，在某一领域开展深入持续的研究，并在该领域做好相应的技术储备，同时科研人员也有充足的经费和时间与产业体系进行对接，保障农业产业发展的稳定性和可持续性。如水稻的新品种研发周期一般为8～10年，而从新品种研发到最终的新品种推广并产生经济效益则需要更长的时间，如果缺乏长期稳定的支持，将难以对水稻的新品种进行研发和推广。

（三）打破原有体制，组织协作攻关是保障

为更好地解决农业产业问题，中国农科院积极组织院内、院外各方力量进行联合攻关。对内，转变之前过度竞争、方向不明确的小课题组的科研组织方式，根据研究方向组建科研团队，使科研项目彻底告别了“小散乱”局面。对外，在参与建立现代农业产业技术体系过程中，中国农科院建设和稳定了一批面向全产业链的技术研发团队。通过在全国范围内的科研院所、高校和企业中选拔学术水平高、实践经验丰富的专家担任各功能研究室的科学家职位，将分散的专家集聚在一起，稳定了一批从事与农业产业相关的研发和推广工作的科技团队，科技团队围绕农业产业相关问题在全产业链开展长期的合作研究，有效地服务于国家农业产业的发展。

（四）重视人才队伍建设是关键

中国农科院在发展过程中非常注重人才队伍建设。从20世纪70年代开始，一系列的人才队伍调整政策使得中国农科院充实了科技人才储备。20世纪70年代，中国农科院有2/3的重大课题是由著名学者主持完成的，如庄巧生主持了中国小麦品种改良及系谱分析研究。在这些著名学者的带领下，形成了老、中、青，高、中、初梯队人才结构。20世纪80年代，以领军科学家为主导及老、中、青相结合的科技人才团队建立起来，产生了一批优秀的重大课题主持人，如沈荣显主持了马传染性贫血病驴白细胞弱毒疫苗研究。21世纪，王连铮主持了广适高产优质大豆新品种中黄13号研究等，他带领的优秀团队取得了一次次国家级奖励。现如今，青年科技创新奖已经成为中国农科院青年人才政策的重要亮点，青年科技创新奖以成果为导向，激励青年投身产品和关键技术研发，在探索青年科技工作者的评价机制等方面发挥了独特作用。青年科技创新奖自设立以来，青年科技人员申报积极性很高。获奖成果类别构成中基础研究占比较大，这反映出青年农业科技人员进行深入基础研究的积极性不断提升。

第四节

地方科研院所的改革与发展：以广东省科学院为例

地方科研院所是国家创新体系的重要组成部分，也是区域经济发展的重要载体和平台。回顾我国地方科研院所的发展历程，经历了兴起、弱化、再重视三个阶段。本小节在描述我国地方科研院所发展历程的基础上，以广东省科学院为例，介绍其实践经验和面临的挑战。

一、我国地方科研院所的发展概况

（一）我国地方科研院所的发展历程

我国地方科研院所最早出现于20世纪50年代，1955—1958年，全国先后有18个省成立了中科院分院或省科学院，但在1959—1962年三年困难时期，除少数省份的科学院保留下来之外，其他绝大多数被撤销。直到1978年召开全国科学大会后，地方科研院所迎来了大发展的时期，1978—1984年，全国各地先后恢复和成立了14个地方科研院所，例如上海科学院、黑龙江省科学院、广东省科学院、北京市科学技术研究院等[1]。然而地方科研院所一直面临被弱化的问题，直到近些年国家大力推动国家创新体系、区域创新体系建设，各级政府对地方科研院所的重视程度才逐渐提升。

我国地方科研院所的改革发展也是在国家科研机构改革的大背景下进行的。大致可以划分为三个阶段：第一阶段为1985—1995年的科研机构转型阶段，其主要特点是以改革拨款制度、推动科技成果商品化为突破口，在科技工作中引入市场机

[1] 史会斌、崔雷：《我国地方科学院管理与运作模式及其发展动向分析》，《科学与管理》2010年第4期。

制；第二阶段为1996—2006年的科研机构深化改革阶段，其特点是积极有序地推进人才分流、结构调整，强化市场机制在科研配置中的重要作用，且以加强科技创新和促进产业化为核心，实现创新体系的重构；第三阶段为2007年至今的科研机构重新定位阶段，国家提出加强国家创新体系建设和各具特色的区域创新体系建设，各地方政府对地方科研院所的重视和支持力度加大[1]。

（二）我国地方科研院所现行的主要发展模式

从地方层面看，许多省市都在地方科研院所建设方面作了诸多尝试。例如：山东产业技术研究院采取的是“打通模式”，政府在建院及研究院运行方面作用较强；浙江工业技术研究院、广东省科学院采取的是“平台模式”，政府作用适中；江苏省产业技术研究院采取的是“合作式打通模式”，政府作用较弱。

近年来，新型研发机构如雨后春笋般蓬勃发展，地方科研院所也是新型研发机构的主力军。新型研发机构是指聚焦科技创新需求，主要从事科学研究、技术创新和研发服务，投资主体多元化、管理制度现代化、运行机制市场化、用人机制灵活的独立法人机构[2]。新型研发机构的主要特点是：一是组建模式起点高，主要依托创新科研团队、国内知名高校、科研院所或龙头企业；二是遵循市场规律，具有体制新颖、机制灵活、运行高效等特点；三是专注于产业价值链的前端和终端，以创新为动力。

二、广东省科学院的改革发展历程

广东省科学院成立之初，属于联合型地方科学院，与中国科学院广州分院实行“两块牌子、一套机构”的管理模式（简称“两院”时期）。2015年，为推动广东省经济结构战略性调整和产业转型升级，大力实施创新驱动发展战略，广东省委、

[1] 史会斌、崔雷：《我国地方科学院管理与运作模式及其发展动向分析》，《科学与管理》2010年第4期。

[2] 科技部：《关于促进新型研发机构发展的指导意见》。

省政府决定组建新的广东省科学院，与中国科学院广州分院剥离，成为省政府直属事业单位。新的广东省科学院在体制机制创新方面作了诸多探索。

（一）“两院”时期的广东省科学院（1978—2014年）

广东省科学院于1978年成立，属于联合型地方科学院，由中国科学院广州分院与广东地方研究机构相互渗透、相互补充，最后有机结合形成[1]。中国科学院广州分院和广东省科学院（简称“两院”），实行“两块牌子、一套机构”的管理模式。这一阶段的改革举措主要有两点：一是创办科技型企业；二是构建广东省科学院科技创新体系。

创办科技型企业。截至1992年，“两院”下属有10所（海洋所、植物所、化学所、电子技术所、能源所、地质新技术所、地理所、微生物所、昆虫所、土壤所）、1站（人造卫星观测站）、1中心（自动化工程研制中心）、1校（科技学校）、1馆（科技图书馆）。为推动科技成果转化，创办了若干科技型企业并取得很大的发展，截至1992年，“两院”各单位拥有技术性开发经营实体共31个，1991年总产值超过300万元[2]。

构建广东省科学院科技创新体系。于1998年和1999年先后颁布的《中共广东省委、广东省人民政府关于依靠科技进步推动产业结构优化升级的决定》和《广东省深化科技体制改革实施方案》，对省直科研机构重新分类定位。根据分类定位，广东省科学院从院的层面上，以院属研究所为依托，建立“科学研究”“科技产业”“过渡”三大模块以及相应的运行机制，形成广东省科学院科技创新体系。科学研究模块，是建设科学研究和技术创新基地，增强科技自主创新能力，发挥科技创新先导作用的一大模块。这个模块以院属研究所（中心）的5个省级重点实验室为基础组建。科技产业模块是组织和动员大部分科技力量投入国民经济建设主战

[1] 谢国梁、赵建刚、周道：《中国地方科学院之特点与功能的初步探讨》，《自然辩证法通讯》1994年第3期。

[2] 陈新权：《积极为广东经济建设服务的中国科学院广州分院、广东省科学院》，《科技管理研究》1992年第4期。

场，促进技术创新和科技成果产业化，建设高科技产业基地，实现科技链与产业链有机结合的一大模块。过渡模块是为在科学研究模块、科技产业模块整合过程中没能进入其中一个模块的人员，或在科学研究模块、科技产业模块动态发展过程中被调整出来的人员提供过渡平台的一大模块。过渡模块建立相应的评聘、考核、分配机制，在滚动发展中，以加入、并入、撤销、剥离等方式逐步缩减人员，直至取消[1]。

（二）整合重组后的广东省科学院（2015年至今）

2015年，为推动广东省经济结构战略性调整和产业转型升级，大力实施创新驱动发展战略，深化体制机制改革，广东省委、省政府决定组建新的广东省科学院。新的广东省科学院由原省科学院、省工业技术研究院（广州有色金属研究院）、省测试分析研究所（中国广州分析测试中心）、省石油化工研究院等研究院所整合重组而成[2]，为省政府直属事业单位。

组织架构。截至2020年，广东省科学院院部设有管理机构8个，院直属法人单位共27个（其中科研机构22个）。研究和支撑服务领域涵盖生物与健康、材料与化工、资源与环境、装备与制造、电子与信息、智库与服务六大板块。全院各类科技创新与服务平台共215个（其中国家级以上科技平台19个），牵头成立省级产业技术创新联盟11个，主办中文学术期刊8种，拥有各级各类授牌科普基地28个[3]。

人力资源。截至2020年，全院在职职工近4000人（不含参控股企业），其中全职院士6人（中国科学院院士1人、中国工程院院士4人、俄罗斯科学院院士1人），享受国务院政府特殊津贴专家136人，高级职称以上专业技术人员859人，具有博硕士学位者1600余人，博硕士研究生导师256人，在读博硕士研究生超过500人；设有

[1] 郭俊、陈新权、刘民义、白致东：《地方科学院建立科技创新体系的探讨》，《科学新闻》2002年第21期。

[2] 广东省科学院内部材料，2018年。

[3] 引自http://www.gdas.gd.cn/zzjg/dwjj_50681/。

博士后工作站5个，在站博士后近100人[1]。

经费来源。广东省科学院为省政府直属事业单位，经费来源主要有广东省政府财政资金、项目资金和服务报酬。广东省政府提供的财政资金分为两种，即固定的在编人员经费和非固定的专项经费。项目资金指申请获得的国家级、省部级等各级科技项目经费。服务报酬指为企事业单位提供“四技服务”获得的报酬。

（三）广东省科学院探索新型研发机构的实践经验

重组后的广东省科学院，在人才队伍、科技平台、学科领域布局、创新能力建设等方面均取得了阶段性成果，但仍面临发展战略不清晰、各研究院所发展水平参差不齐、创新能力不足等诸多挑战。广东省科学院为进一步激发活力，建成广东省地方科技战略力量，解决自身发展道路问题、发展方式问题、发展业务问题和资源配置问题作了若干探索和尝试。

1. 明确使命定位，做好战略规划

广东省科学院发展定位为“聚焦产业发展的应用技术研究，兼顾重大技术应用的基础研究，满足广东省经济社会发展需要”，发展目标为“广东高层次人才集聚高地、产学研合作与科研成果转化应用的组织载体、创新驱动发展的枢纽型高端平台”。“十四五”时期做好“一院两制三体系四融合”的战略规划：“一院”是战略统领，建设讲政治、守纪律、负责任、有效率的模范机关，推动院所两级管理向战略管理转型，建立符合本院特色的现代治理体系；“两制”是运行基础，建立新型现代科研院所管理体制、市场化的技术育成转化和技术服务体制；“三体系”是组织架构，建设知识创造转移体系、技术育成孵化体系和产业创新发展服务体系；“四融合”是路径手段，促进政策链、创新链、产业链、资金链的深度融合[2]。

2. 搭建枢纽型创新平台

自2015年组建以来，广东省科学院新建国家级科技平台6个，包括2个国家地方

---

[1] 引自http://www.gdas.gd.cn/zzjg/dwjj_50681/。

[2] 引自http://www.gdas.gd.cn/lbxw/202009/t20200904_578800.html。

联合工程研究中心、1个国家国际科技合作基地、1个国际专利菌种保藏中心、2个国家级星创天地；新建省部级科技平台81个，包括42个省工程技术研究中心、4个省国际合作基地、4个省农业科技创新中心、3个省工程实验室、3个省野外科学观测研究站、3个省质量监督检验站、3个省级星创天地、1个省重点实验室等。全院自建及共建重要科技平台101个，包括粤港澳大湾区战略研究院、广东省科学院佛山产业技术研究院、广东省科学院梅州产业技术研究院、广东省科学院湛江研究院、广东省科学院粤创中心、广东地理空间规划设计研究院等[1]。

3. 构建畅通的科技成果转化体系

为更好地整合创新资源，构建畅通的科技成果转化体系，广东省科学院成立了广东省科学院控股有限公司（简称“广科控股”，组织架构见图6–3）。广科控股是经广东省政府批准，广东省科学院出资设立的国有高科技产业投资运营控股公

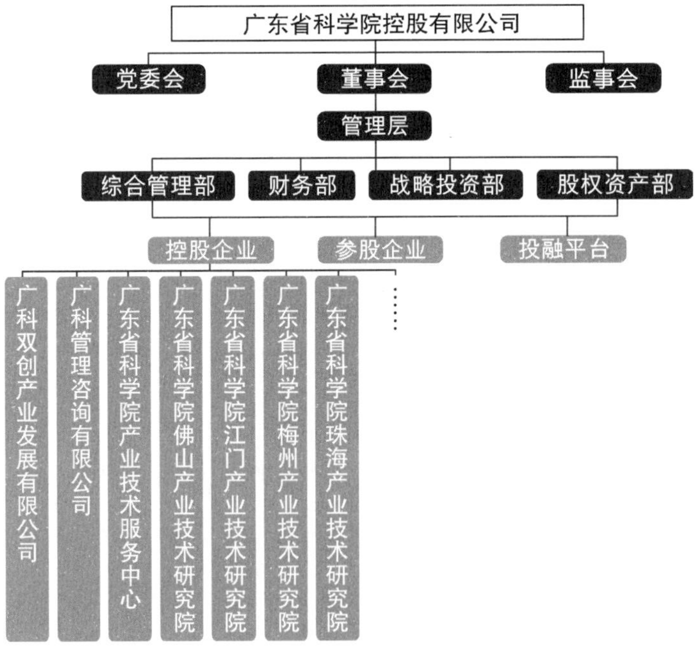

图6–3　广科控股的组织架构[2]

[1] 引自http://www.gdas.gd.cn/kxyj/cxpt_50708/202005/t20200522_560863.html。

[2] 引自https://www.gdash.cn/zzjg。

司。广科控股依托广东省科学院涵盖生物与健康、材料与化工、资源与环境、装备与制造、电子与信息、智库与服务这六大创新板块的基础和优势，以市场为导向，致力于整合院内外资源，推动科技成果转移转化，促进创新链、产业链、资本链、政策链、人才链、信息链深度融合，通过投资运营建设区域创新体系和推动“六链”融合的支撑服务体系，服务和推动广东省及粤港澳大湾区创新发展和产业转型升级，以求取得良好经济效益，是广东省科学院加强经营性国有资产监管和促进科技成果转化的关键举措，代表广东省科学院统一负责对院直接投资的全资、控股、参股企业经营性国有资产行使出资人权利，并承担实现国有资产保值增值的任务[1]。

广科控股控股企业包括广科双创产业发展有限公司、广东省科学院佛山产业技术研究院、广东省科学院梅州产业技术研究院等。广科双创产业发展有限公司是负责广东省科学院创业创新园和科技企业孵化载体建设和运营的专业机构[2]。广东省科学院佛山产业技术研究院是广东省科学院与佛山市政府共同建立的高新科技创新孵化产业基地，也是广东省科学院布局区域产业发展的首个地方产业技术研究院，实行“省院主导、政府支持、院市共建、市场运作”运行模式，落实广东省科学院技术育成孵化体系发展目标，围绕佛山产业优化升级的重大技术需求，整合广东省科学院及国内外战略性、前瞻性、颠覆性优势创新资源，聚焦智能制造、电子信息、新材料和生物健康四大领域，基于产业链，加速构建创新链，融入资本链，落实政策链，创新“四链”高度融合的新型研发机构运营管理，探索引进研发与孵化并举、科技金融与产业融合的新途径[3]。

[1] 引自https://www.gdash.cn/gsgk。

[2] 引自http://www.gdas.gd.cn/xxgk_50750/zpgg_50753/202102/t20210204_625224.html。

[3] 引自http://www.gdasfs.gd.cn/about.html?id=1。

CHAPTER 7

第七章

中国科技创新的主体力量之高校

本章主要介绍了科教结合背景下的高校科研组织管理模式。自20世纪80年代以来，我国通过多种方式强调科技与教育结合，使我国在各类人才培养和科学技术方面逐步取得了较大的进展。但是，客观上评价，我国教育与科技的重要性及教育与科技之间的关系（科教结合），在学校、研究机构、政府主管部门的管理者及管理人员、教师和研究人员中以及社会上尚未取得共识，如何促进教育与科技相结合成为当前我国科技与教育领域亟待解决的理论和实践问题。

高等学校是科教结合的知识创新体系的主体。研究型大学在开展高水平科学研究的过程中，科研组织的发展至关重要。先进的科研组织管理模式，可以有效地提高科研工作效率。目前我国高校的科研组织模式还处在不断的发展改革过程中，根据科学技术发展的时代特点，制定适应于科学技术活动发展特征的科研组织方式，这将有利于科学技术活动更好地开展，同时充分促进科技与经济的结合，使科技更好地服务于经济社会发展。本章探讨了高校在进行科学研究过程中科研组织的发展演变，并通过对高校科研组织模式、高校科技资源配置和高校人才培养机制的分析，寻求当今我国高校科研组织建设的若干启示。

第一节

高校科研管理的发展历程与现状

一、高校科研管理模式的演变历程

20世纪50年代以来，我国高校科研管理模式的演变历程，现进行如下归纳研究。

（一）中华人民共和国成立至改革开放前我国高校科研组织结构变迁

中华人民共和国成立后到改革开放前，我国高校科研普遍实行的是校、院（系）、研究所（教研室）三级科研组织形式，通常是按学科门类或一级学科建设学院，按二级学科设系。在研究型大学中没有特殊的科研组织形式，“校—院（系）—研究所（教研室）”是我国目前大多数高校采取的一种科研管理组织结构，科学研究都是以专业为依据组织起来的。教师可个人申报科研项目或感兴趣的科研课题，也可组成课题组对某些重要学术领域进行系统、深入的研究，各院系可设立研究所或研究中心等科研机构，但管理方面仍归属于某个院系，这就是传统的系所合一科研体制，这种结构从本质上来说是科研依附于教学的一种组织结构。科研管理大多采用“科研处或科技处—院系科研负责人—院系科研秘书”这种模式。

科研处或科技处是主管全校科研工作的职能部门。依据党和政府发展科学技术的方针、政策以及学校发展规划，制定全校科研工作规划，组织科研活动，管理科研项目，推动科研工作的发展。根据各高校科研工作的实际情况，机构设置有所不同，大体上按基础研究、应用研究、开发研究或按国家项目为主的纵向课题以及省市地区横向课题等设置机构。科研处组织教师申报各级各类科研项目，并按有关部门的要求及时审查、审批和呈报申请书。学院的科技成果评奖工作由科研处负责，科研经费由财务处统一管理，科研处监督使用。各院系由科研负责人主管本部门科研工作，在科研负责人的领导下，与科研处分工合作，依据学校制定的科研中长期发展规划、近期工作计划及课题研究指南，组织本院系教职工的科研工作，全面管理本院系的科研工作。各院系设置科研秘书岗位，科研秘书协助科研负责人开展日常科研管理协调工作。

这种传统的系所合一组织形式，源自20世纪50年代的苏联模式，是在我国高度集中的计划经济体制下形成和发展起来的。这种组织形式经过多年实践与检验，证明有一定的优点。在已成立的科研机构中，少数是与系分开独立的机构，多数是一套班子、两块牌子，和系、教研室关系密切，有时一个系就是一个研究所，有时一个教研室就是一个研究所，人员互相交叉。这种人员组织方式，实际上是典型的与教学组织结构重合的科研组织结构。相应地，学校的人事管理、分配制度、考核机制、评价体系乃至职称评定方法，都是以这种人员组织方式为基础而设立的。系所合一，行政管理上的统一，使教学、科研力量的优化组合成为可能[1]，同时教学与科研一套班子，这样可以精简机构。这种方式将相同或相近专业的教师组织在一起，在院长、系教研室主任的带领下，大家可以共同确立教学目标，保障教学水平。此外，这种方式也便于对教师进行工作评价与考核。课题组原则上是科研的主力，但也承担教学任务，除博士研究生、硕士研究生教学、指导外，还承担大量的本科生教学任务。科研成果可以直接应用于教学之中，有利于高校人才的培养。

在管理体制上，实行中央对高校的统一集中领导。1953年10月中央人民政府政务院发布的《关于修订高等学校领导关系的决定》规定，高等教育部颁发的有关全国高等学校的建设计划、财务计划、财务制度、人事制度、教学计划、教学大纲、生产实习规程以及其他重要法规、指示或命令，全国高等学校均应执行。

[1] 雷忠良、朱晓岚、刘勤明：《机制合理的系所合一科研机构具有独特的优越性——同济大学道路与交通工程研究所调查报告》，《研究与发展管理》1995年第6期。

（二）改革开放后至2012年我国高校科研组织结构变迁

改革开放以后，随着国家科技投入不断增加，国家科技体制发生深刻的变化，高校作为国家基础研究的主力军和应用研究的重要生力军，迸发出强劲的科研活力。在此期间，一系列关键性政策的出台指导了我国高校科技体制的改革。1987年，发布了《国家教育委员会关于改革高等学校科学技术工作的意见》，意见提出：要加强横向联系，促进产学研三结合。随着科教兴国战略的提出，以及“211工程”和“985工程”的启动，高校的科学研究得到空前发展，科研能力和科研水平不断提升，科研经费大幅增长，科研成果也不断涌现。

“211工程”，即面向21世纪重点建设100所左右的高等学校和一批重点学科的建设工程。“211工程”于1995年经国务院批准后正式启动。“211工程”是中华人民共和国成立以来由国家立项在高等教育领域进行的规模最大、层次最高的重点建设工作，是中国政府实施科教兴国战略的重大举措，是中华民族面对世纪之交的国内、国际形势而作出的发展高等教育的高瞻远瞩的重大决策。“211工程”建设是国家发展和改革委、教育部、财政部通力协作，调动各方积极性，体现社会主义集中力量办大事的优越性的成功典范。“211工程”建设的总体目标是面向21世纪重点建设一批高等学校和重点学科，经过若干年的努力，使100所左右的高等学校和一批重点学科在教育质量、科学研究、管理水平和办学效益等方面有较大提高，在高等教育改革特别是管理体制改革方面有明显进展，成为立足国内培养高层次人才、解决经济建设和社会发展重大问题的基地。其中，一部分重点高等学校和一部分重点学科，接近或达到国际同类学校和学科的先进水平，大部分学校的办学条件得到明显改善，在人才培养、科学研究上取得较大成绩，适应地区和行业发展需要，总体处于国内先进水平，起到骨干和示范作用。“211工程”的实施，体现了党和政府对高等教育的高度重视，是服务于我国全面建设小康社会的奋斗目标，贯彻落实科教兴国和人才强国战略的具有前瞻性的重要举措。

实施“985工程”，是党中央、国务院在世纪之交作出的重大决策，是落实科教兴国和人才强国战略的重大举措。1998年5月4日，江泽民同志在北京大学建校100周年庆祝大会上指出："为了实现现代化，我国要有若干所具有世界先进水平的一流大学。""985 工程" 建设随即启动，北京大学、清华大学首先获得国家较大力度的支持。紧接着，教育部与有关部委、省市签订协议，对部分基础好、水平高的高等学校进行共建，并给予重点支持。"985 工程 "经过第一期、第二期的建设，取得了显著成果，给高等学校注入了强大的生机和活力，有力地推动了高等学校的学科建设、队伍建设、科学研究、人才培养和社会服务工作，缩小了我国高等学校与世界一流大学的差距。为形成长期稳定持续增长的投入机制，下一阶段"985工程"建设由"分期建设"调整为"长期规划、动态管理、分段实施"。目前，全国共有"985工程"建设高校39所，其中第一期建设高校为34所，第二期建设高校新增5所。

自2000年以来，随着"985工程"的深入实施，学科交叉融合成为学校科研发展的重点工作之一。从2003年开始，国际国内"大科研"的趋势明显，代表性科研项目有"国际千人基因组计划""国际人类蛋白质计划"等，特别是2006年，国务院颁布了《国家中长期科学和技术发展规划纲要（2006—2020年）》，宣布实施16个国家科技重大专项，进一步推进了"大科研"的进程。

随着国家科技政策的调整和科技体制的变化，大学科研体制在不断深化改革，科研组织也在不断调整以适应这种变化。最初的大学科研组织脱胎于教研室，面向学科产生了一批研究室和研究所。随着社会需求的扩大，单一学科很难解决实际中的问题，多学科交叉而产生一批研究中心和研究院。随着国家科研投入的不断加大，大科学、大工程需要大交叉、大团队的集体攻关，于是在大学中又产生一批独立研究机构，更加重视团队，重视科研探索的深度，重视和保障科技工程的质量[1]。

[1] 史红兵、夏文莉、钱秀红、邵鼎：《研究型大学科研组织的发展思考》，《中国高教研究》2011年第2期。

（三）“2011计划”——科研组织形式的一次重要改革试点

随着科技创新对协同要求的提高，高等学校在科技创新中不仅号召在校内开展协同，同时更号召在高等学校之间、高等学校与科研机构之间开展深度的协同创新活动。2012年，教育部、财政部正式启动“高等学校创新能力提升计划”（简称“2011计划”）。“2011计划”按照“国家急需、世界一流、制度先进、贡献突出”的要求，结合国家中长期教育发展规划纲要、国家中长期科学和技术发展规划纲要和“十二五”相关行业领域以及地方重点发展规划，发挥高校多学科、多功能的优势，积极联合国内外创新力量，有效聚集创新要素和创新资源，构建协同创新的新模式，形成协同创新的新优势，建立一批“2011协同创新中心”，加快高校机制体制改革，转变高校创新方式，集聚和培养一批拔尖创新人才，产出一批重大标志性成果，充分发挥高等教育作为科技第一生产力和人才第一资源重要结合点的独特作用，在国家创新发展中作出更大的贡献[1]。

“2011计划”是对科研组织形式的一次重要改革试点，主要体现在：

1. 将科研活动与国家需求相结合

通过构建面向科学前沿、文化传承创新、行业产业以及区域发展重大需求的四类协同创新模式，有效支撑我国经济社会又好又快发展。

2. 建立一批协同创新中心

提出高校、科研院所、企业等科研实体之间的科研活动机制探讨。突破高校与其他创新主体间的壁垒，充分释放人才、资本、信息、技术等创新要素的活力，大力推进高校与高校、科研院所、行业企业、地方政府以及国外科研机构的深度合作，探索适应于不同需求的协同创新模式，营造有利于协同创新的环境和氛围。

3. 将科研活动与人才培养的结合提到非常重要的位置

“2011计划”的核心目标是提升人才、学科、科研“三位一体”的创新能力，以人才、学科、科研“三位一体”创新能力提升为核心任务。

[1] 教育部、财政部：《“高等学校创新能力提升计划”实施方案》，2012年5月。

4.强调科研体制创新

“2011计划”的实施重在突破高校创新能力提升的体制机制障碍，打破高校与其他创新主体间的壁垒，通过改革创新，改变了以论文数量、项目为主的评价方式，转而以满足国家重大需求的贡献度为导向来评价科学研究，解决教育、科技与经济社会发展结合不紧以及科研资源配置分散、封闭、低效等问题，充分释放人才、资本、信息、技术等方面的活力，营造有利于协同创新的环境和氛围。

（四）“双一流”建设——科研组织形式改革的指挥棒

进入21世纪，我国的大学在人数规模、资金投入、高水平实验室建设、论文发表数量和学术干劲上确实进展神速，令世界瞩目。近年来全面推进“双一流”建设，更是高等教育组织变革的一波巨浪。2015年10月24日，国务院印发《统筹推进世界一流大学和一流学科建设总体方案》，2017年1月24日，教育部、财政部、国家发展改革委印发《统筹推进世界一流大学和一流学科建设实施办法（暂行）》（简称《实施办法》）。这两个重要文件的出台，标志着“双一流”建设正式启动。《实施办法》首次全面而明确地界定了世界一流大学的概念：“一流大学建设高校应是经过长期重点建设、具有先进办学理念、办学实力强、社会认可度较高的高校，须拥有一定数量国内领先、国际前列的高水平学科，在改革创新和现代大学制度建设中成效显著”，并从人才培养、科学研究、社会服务、文化传承创新、师资队伍建设、国际合作交流六个方面具体阐释了一流大学的内涵。2017年9月，教育部、财政部、国家发展改革委公布世界一流大学和一流学科建设高校及建设学科名单，全国共有137所高校、465个学科入选。

“双一流”建设，对高校科研组织管理模式的调整影响很大，其创新之处体现在：

1. 学校优势并不代表学科优势

传统的以强势学科带动弱势学科从而使高校入选的方式造成了对弱势学科的不重视，加剧了弱势学科的身份固化现象。学科的共生性，要求我们在重视一流学科建设的同时，必须同步建设和发展与一流学科相关的相邻学科，特别是基础性学科。“双一流”建设“坚持以学科为基础”，将“一流学科建设高校”和 “一流大学建设高校”并列，凸显了学科建设之于高等教育发展的重要性。

2.“双一流”建设建立了动态调整、能上能下的机制

“双一流”建设高校实行总量控制、开放竞争、动态调整，每五年为一个建设周期，从而解决了传统的高校身份固化的问题，力图引入竞争机制，让不能整体进入一流大学建设高校行列的学校也有机会以学科的身份部分进入。这与英国的高等教育质量评估相似，也是五年举行一次学校评价，排名直接决定了拨款委员会的投入。

3. 采取认定而非申报的遴选方式

不采用申报制，而是根据第三方的数据，采取认定方式来遴选一流大学和一流学科建设高校和建设学科，这是“双一流”建设的又一个重要创新。“双一流”建设的遴选方式是过去从未有过的，遴选程序要求“坚持公平公正，开放竞争。采取认定方式确定一流大学、一流学科建设高校及建设学科”。和以往最大的不同在于，不再组织申报评审，无须高校花费大量的人力物力申请，减轻了学校负担，避免了大量时间和资源的浪费[1]。

二、高校科研管理的现状

（一）高校在科研体系中的定位

一系列改革使得中国科研体系组织结构发生了重大变化：①高校成为科研体系的重要组成部分。②科研机构通过转制等使得自身职能和定位发生了显著变化。中国科研体系改革以来与传统模式的最大区别就是行为主体的增加：从最初的政府科研机构几乎完全代表了中国科研体系，发展到由政府科研机构、大学以及产业界共同组成科研体系。值得注意的是，近年来由原政府科研机构改制而来的非营利科研

[1] 刘海峰：《“双一流”建设的继承、创新与推进》，《高等教育研究》2021年第1期。

机构、民营科研机构不断出现，高等教育系统也出现了私立大学，为科研系统增加了新的组织形式。这些新的组织形式虽然在科研系统中比重很低，私立大学目前很少或根本不承担研究工作，但它们的出现和发展说明中国科研体系组织仍处于变革之中。

大学体系也跟随着整个创新系统而改革转型，重要性不断增强。我国大学重新成为科研体系的主要成员，始于1978年高等教育界围绕高校应不应该增加科学研究这项职能展开的大讨论。由于邓小平同志的重视和科技界有识之士的呼吁，同年《全国重点高等学校暂行工作条例（试行草案）》明确提出大学既是教学中心，又是科研中心。这标志着知识生产正式成为我国大学的职能。

随着高校职能的调整和管理体系的改革，我国高校系统在国家创新系统中的定位也发生了变化。正如教育部在《面向21世纪教育振兴行动计划》中提出的，高校不仅要培育高质量的人才，而且要在国家创新体系中发挥重要作用。

因此，现阶段我国高校在国家创新体系中不仅承担了教育职能，而且是知识生产、知识应用的重要主体。同时，大学与产业界之间的边界逐渐模糊：一方面大学直接服务社会、服务经济建设，甚至以创办企业和建立科技园的方式，直接参与经济社会发展，成为我国高技术企业的重要发源地；另一方面开始出现企业通过建立民办大学的方式介入高等教育领域（如浙江吉利控股集团在北京创建了吉利学院）。与传统模式相比，政府不再是包办一切、不可或缺的枢纽。各个创新主体之间的关系如图7-1所示。

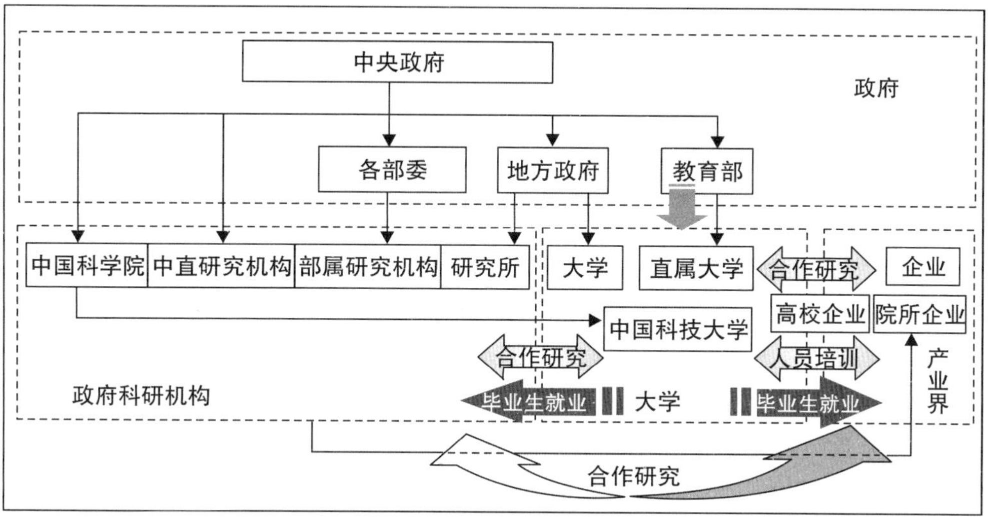

图7-1 当前我国创新系统组织结构

从国家级项目的承担情况来看（见图7-2），高校具有明显的人力资源优势。近年来，我国高校承担的国家级项目有所波动，2008—2010年呈增长态势，由2407

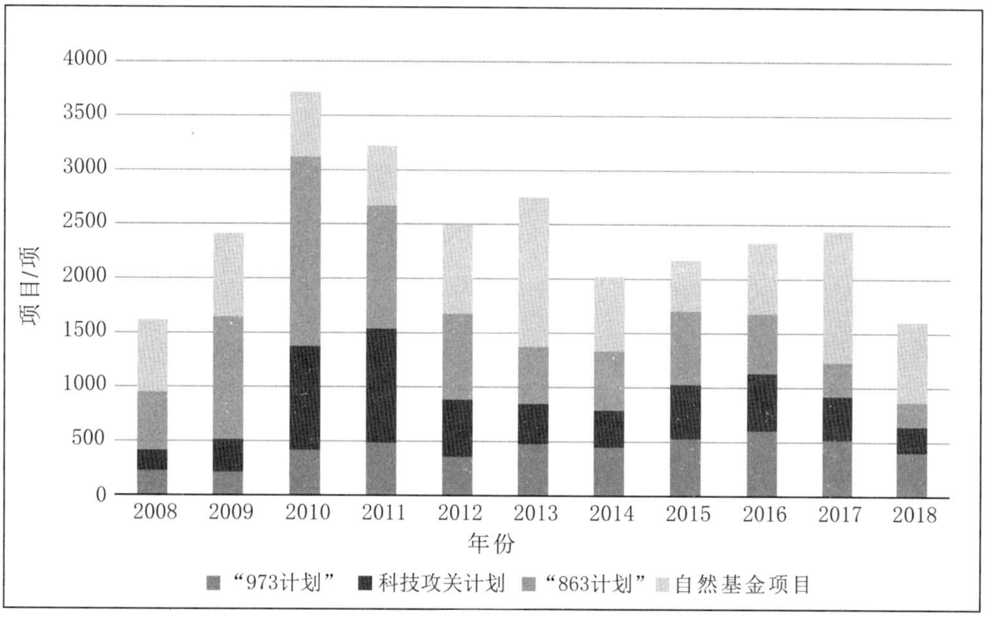

图7-2 我国高校国家级项目承担情况

数据来源：《2009—2019年高等学校科技统计资料汇编》。

注：2018年“973计划”“863计划”及科技攻关计划的数据是原有项目的延续。详见http://www.moe.gov.cn/s78/A16/A16_tjdc/202009/W020200918378029706686.pdf。

项增长至5465项。随后进入平稳期，2011—2016年平均维持在4000项左右。最近几年则呈现小幅下降的趋势，2017年承担3359项，到2018年承担3214项。其中，高校承担的“973计划”和科技攻关计划较少，近十年来平均每年承担约400项。高校承担的“863计划”和自然基金项目分配较为平均，近十年来均保持在每年700余项。

（二）高校的科研投入

1. 科研经费

科研经费泛指各种用于发展科学技术事业而支出的费用，高校科研经费分三种：科技三项费用、代管科研经费及国家和有关部门设立的科学基金、科研成果转让费等。高校科研经费的来源主要是国家科技计划（专项、基金等）、政府配套、校友和企业合作。一所大学只有获得相当数额的科研经费，才能保证引进和培育国内外高层次人才、建设科研平台和实验室、培养高水平的科研新人。因此，科研经费和项目数量是高校科研创新工作的重要指标，是衡量一所大学科研创新活力和科研竞争力的标志。

按来源渠道的不同，高校科研经费可具体细分为政府资金、企事业单位委托资金、各种收入中转为科技经费和其他资金（见表7-1）。政府资金多是国家部门、科技主管部门为保证基础研究和战略性技术突破而安排的经费，多为垂直管理，申请和审批流程较为复杂。企事业单位委托资金是指学校从校外企事业单位获得的研究经费，经费管理较为灵活，近些年所占比重有所减少。各种收入中转为科技经费指从技术转让、新产品出售、咨询服务等各种收入中转用于科技的经费，这部分资金近年来所占比重不断增加。其他资金则是民间与高校合作的投入，这部分资金相对占比不大。

表7-1　我国高校科研经费来源

年份	合计/万元	政府资金/万元	政府资金占比/%	企事业单位委托资金/万元	企事业单位委托资金占比/%	各种收入中转为科技经费/万元	各种收入中转为科技经费占比/%	其他资金/万元	其他资金占比/%
2008	6545198.4	3675995.3	56.16%	2442173.8	37.31%	344601.9	5.26%	82427.4	1.26%
2009	7277350.0	4029614.5	55.37%	2754839.5	37.85%	412044.4	5.66%	80851.6	1.11%
2010	9402784.0	5655434.0	60.15%	3188807.6	33.91%	466956.6	4.97%	91585.8	0.97%

（续表）

年份	合计/万元	政府资金/万元	政府资金占比/%	企事业单位委托资金/万元	企事业单位委托资金占比/%	各种收入中转为科技经费/万元	各种收入中转为科技经费占比/%	其他资金/万元	其他资金占比/%
2011	10302214.2	6024495.0	58.48%	3673800.6	35.66%	498093.3	4.83%	105825.3	1.03%
2012	11703355.0	7091320.5	60.59%	3918139.7	33.48%	582405.7	4.98%	111489.1	0.95%
2013	12226904.6	7279367.7	59.54%	4204143.7	34.38%	626180.9	5.12%	117212.3	0.96%
2014	12442735.1	7360211.4	59.15%	4223609.9	33.94%	699067.6	5.62%	159846.2	1.28%
2015	13561213.3	8562135.8	63.14%	4137379.7	30.51%	740329.7	5.46%	121368.1	0.89%
2016	15370145.9	9801633.4	63.77%	4387177.8	28.54%	999735.2	6.50%	181599.5	1.18%
2017	17728927.3	11336814.5	63.95%	5008808.2	28.25%	1240208.1	7.00%	143096.5	0.81%
2018	20526940.0	13348261.1	65.03%	5600070.4	27.28%	1457144.6	7.10%	121463.9	0.59%

数据来源：《2009—2019高等学校科技统计资料汇编》，由于四舍五入，各数相加可能与总数略有出入。

由表7-1可知，近十年来我国高校科研经费投入总额不断增大，从2008年的6545198.4万元增加到2018年的20526940.0万元，增长了2.14倍。其中，政府资金占高校科研经费投入总额始终在一半以上，投入规模由2008年的3675995.3万元扩大至2018年的13348261.1万元；企事业单位委托资金是高校科研经费的重要补充，从2008年的2442173.8万元扩大至2018年的5600070.4万元，规模占比保持在30%左右，但近年来有下降的趋势；各种收入中转为科技经费近年来所占比重在5%以上，并且保持着增长趋势；其他资金的规模较小，所占比重一直在1%左右徘徊。综上可见，政府资金是我国高校科研经费的主要来源，企事业单位委托资金起着重要的补充作用，各种收入中转为科技经费、其他资金有待进一步增加。

2. 研发经费投入

高校研发经费投入可细分为试验发展研究投入、应用研究投入和基础研究投入三大维度。其中，基础研究投入多用于基本理论与技术研究，是科研活动深化的基础；应用研究投入与市场联系较为紧密，多用于基础研究成果的拓展；试验发展研究投入多用来探索新工艺、新产品和服务改进。从研发经费的投入情况来看，近十年我国高校研发经费总额不断攀升，增长了3.05倍。从结构上来看（见图7-3），应用研究投入所占比重最高，历年来占比均在50%左右。基础研究的投入力度明显加大，近年来呈现稳步增长的趋势，所占比重由2008年的28.7%增长至2018年的39.28%。试验发展研究投入所占份额较小，并呈现轻微下降趋势。总体来讲，我国高校的研发经费投入结构逐渐合理，基础研究的投入力度不断加大。

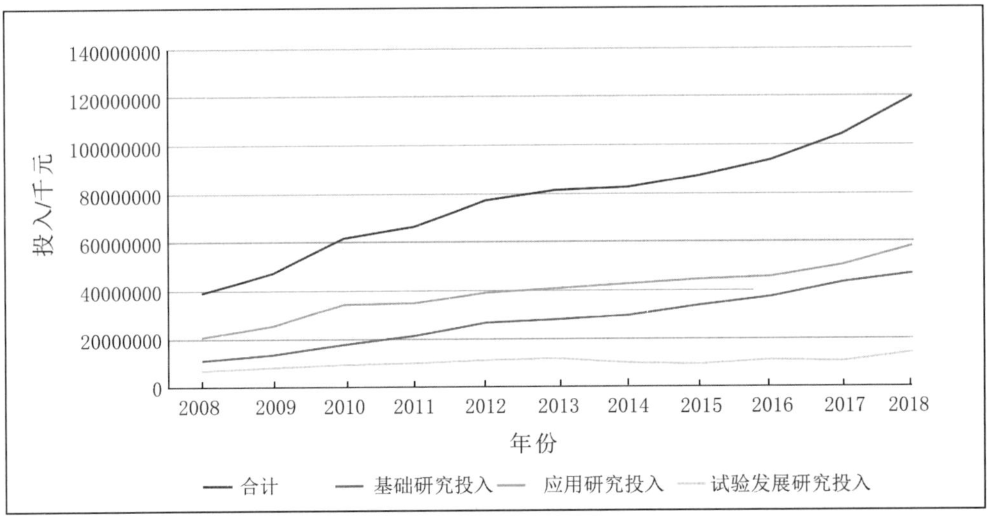

图7-3　我国高校研发经费投入结构

数据来源：《2009—2019年高等学校科技统计资料汇编》。

3. 科技人力资源

科学技术是第一生产力。大学承担着为解决人类社会面临的重大课题提供科学依据和将科学技术成果转化为现实生产力的重任。科学研究是提高师资队伍素质的重要途径，是培养优秀人才的重要方法，也是学科、学位建设的最有效的途径。科技人力资源是科技活动中最基本的要素之一，也是进行科技活动的主体。

按照人员组成的不同（见图7-4），科技人力资源可分为教学与科研人员、研究与发展人员和R&D成果应用及科技服务人员三类。其中，研究与发展人员指从事研究与发展工作的时间占本人教学、科研总时间10%以上的人员。

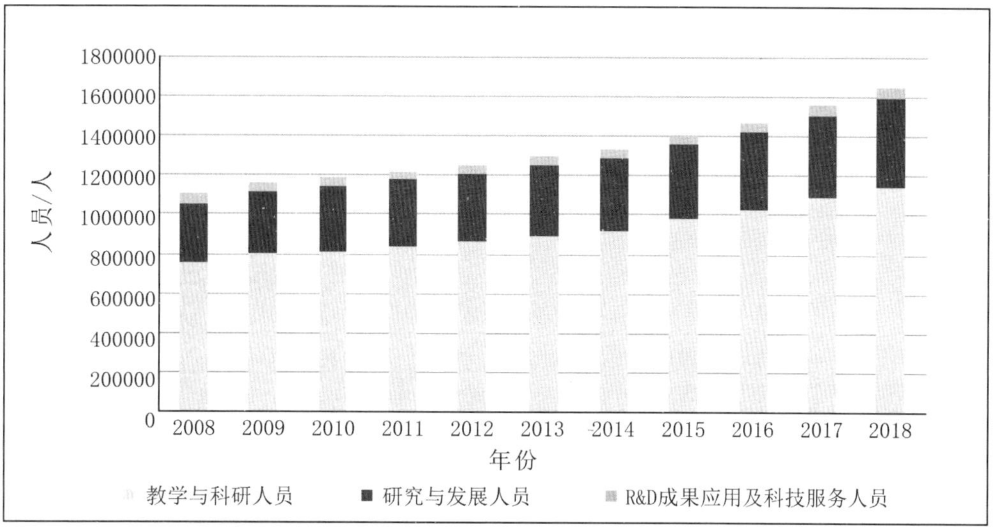

图7-4　我国高校科技人力资源构成

数据来源：《2009—2019年高等学校科技统计资料汇编》。

从图7-4可以看出高校科技人力资源构成情况。其中，教学与科研人员的数量呈逐年上升趋势，占据了高校科技人力资源构成中的最大比重。研究与发展人员的数量相对稳定，维持在40万人的总量水平。R&D成果应用及科技服务人员比例最小，变化不大，总体维持在5万人左右。

（三）高校的科研产出

科研产出成果是衡量高校科研实力水平的重要标志，通过市场化与商业化对经济增长产生积极的影响。2018年，高校出版科技著作14685部，发表学术论文1026200篇，申请专利310276项，授权专利184934项，高校科研成果产出颇丰。通过表7-2可以看出，从2008年到2018年的10余年间，科研成果产出总量增幅较大。科技著作的出版量由2008年的11568部增加至2018年的14685部，增幅较小；学术论文的发表量从2008年的660713篇增加至2018年的1026200篇，增长了0.6倍；专利申请数自2008年的40610项攀升至2018年的310276项，增长了6.6倍；专利授权数自2008年的17418项攀升到2018年的184934项，增加了9.6倍，总体上处于上升趋势。

表7-2 我国高校科研成果产出情况

年份	出版科技著作/部	发表学术论文/篇	专利申请数/项	专利授权数/项
2008	11568	660713	40610	17418
2009	13898	703538	54099	24708
2010	24708	744474	68724	35098
2011	11090	786812	88957	49436
2012	12060	797104	106714	68971
2013	11493	808666	129034	79926
2014	11804	829873	144924	82369
2015	13113	870529	184423	121981
2016	14046	918161	229458	144375
2017	13826	957332	266418	163157
2018	14685	1026200	310276	184934

三、高校在产业变革中的作用

大学是国家创新系统中最重要的机构之一。作为知识生产的源泉，大学在国家创新系统中的作用以及科研与产业的互动关系具有关键性的影响力。

（一）大学体系的变迁

大学体系在世界范围内先后经历了“二战”后、20世纪70年代末和20世纪90年代三次重大的改革[1]。特别是20世纪末世界高等教育领域出现的市场化重要变革趋向（即以经济价值为导向的市场化行为的产生），对大学的理想模式和职能模式产生了深远的影响[2]。

大学市场化，根据经合组织的阐释，是一个引入市场机制，使大学具有竞争性、自主性和广泛适应性的过程。以教育本身为例，“把市场机制引入高等教育

[1] 肖洪钧、迟景明：《大学社会职能的内涵发展与矛盾运动》，《大连理工大学学报（社会科学版）》2001年第22期。

[2] 别敦荣、郭冬生：《“象牙之塔”与“无形之手”：大学市场化矛盾解析》，《江苏高教》2001年第5期。

中，使高等教育运营至少具有如下一个显著的市场特征：竞争、选择、价格、分散决策、金钱刺激等；它排除绝对的传统公有化和绝对的私有化”[1]。20世纪中后期以来，大学的市场化不仅体现在传统的高等教育——知识传播——职能领域，更体现在知识生产和知识应用职能——推广新思想、新学说、新发明并使之成为整个社会财富——在深度和广度方面前所未有的拓展。

我国自19世纪末期诞生真正现代意义上的大学以后，大学就一直被赋予促进民族进步的期望和重任。中华人民共和国成立后，大学体系先后经历了20世纪50年代的院系调整、20世纪60—70年代“文革”的冲击、20世纪70年代的职能调整、20世纪90年代中后期的院校合并，以及其间若干相对较小规模的调整。

中华人民共和国成立后，高校的使命被定为培养高级专门人才，明确了高校为工农开门、为生产服务的方向。大学开始为国家的经济、政治、文化服务，特别是为经济建设服务。当时国家根据苏联的经验对高校进行了全面的院系调整，调整工作从20世纪50年代初期开始在全国200余所高校进行。由于经济建设的重点是工业，因此高校调整的方针就确定为以培养工业建设人才和师资为重点，发展专门学校，加强综合性大学建设。调整后，全国共有高校182所。这次调整适应了当时的计划经济体制，保证了当时我国奠定工业基础和发展普通教育对专门人才的需求。

此后随着反右派斗争的扩大化和“文革”的开始，我国的大学教育全面遭到破坏，基本上处于瘫痪状态。党的十一届三中全会以后，我国的大学教育进入了一个新的发展阶段，无论是办学思想还是办学形式都有了新的突破。然而随着我国经济政策的调整和市场经济的建立，在高度集中、统一僵化的经济体制中建立的大学体系的弊端也逐渐显露出来，改革调整成为必然选择。

1985年发布的《中共中央关于教育体制改革的决定》使得高校系统本身的调整拉开帷幕。从高校办学体制、高校管理体制（实行三级办学、二级管理模式，给高校办学的自主权）、高校投资体制（改国家拨款为国家拨款为主、多方筹集资金）

[1] 李盛兵：《高等教育市场化：欧洲观点》，《高等教育研究》2000年第4期。

三方面进行了大规模改革，在高校的招生、就业、缴费体制和校内管理体制方面也进行了一系列的改革。大学体系的变革，至今仍在进行之中。不过以上这些改革的指导思想，基本都更加强调教育尤其是大学教育要转到为国家经济建设服务的轨道上来。

（二）高校在产业变革过程中的特殊作用

国家创新系统的组成机构和部门，一般认为至少包括产业界、政府、提供基础研究的学术界，以及提供教育和培训的机构。大学作为学术研究、人才培养的机构，是主要构成组织之一。但国家创新系统并不仅仅指其组成的不同主体以及它们各自所扮演的角色，国家创新系统的核心内容或者说关键目标是各个主体之间的相互作用，是科学技术知识在一国内部的循环流转。

国家创新系统中，存在于企业、政府和学术界的关于科技发展方面的相互关系一般有三种类型（见图7-5）[1]：苏联、20世纪90年代以前的东欧国家以及改革开放前的中国，政府、学术界、产业界之间的关系如图7-5中A所示，政府对资源的统配居于控制地位，利用行政手段直接管理其他两类主体的运行以及相互间的知识流转；西方国家早期创新主体之间的关系则可以用图7-5中B来刻画，即各个主体之间存在一定的相互作用，但作用并不强；图7-5中C则代表形成中的新的模式，政府、企业和大学，这三个在传统市场经济里各自独立的机构，在创新过程的不同阶

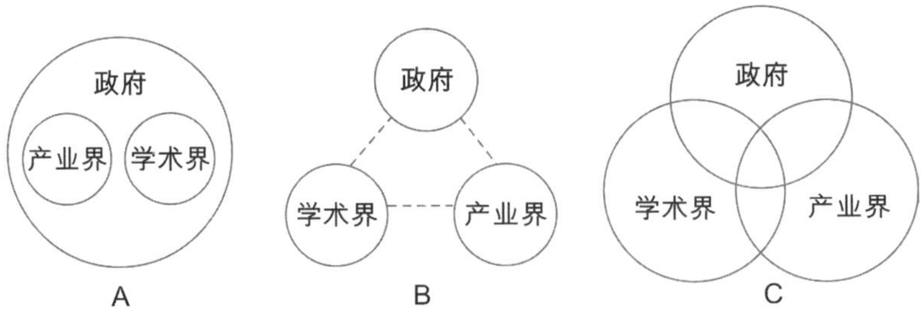

图7-5　国家创新系统内各主体关系的主要模式

[1]　Etzkowitz. H，Webster. A，et al，“The future of university and the university of future：evolution of ivory tower to entrepreneurial paradigm，” *Research Policy*，No.29（2000）.

段以螺旋模式不断地交织联系在一起。

在这一系统中，科研和产业的互动关系是动态的。企业的推动对高校不断提出新的需求。从经济学理论的角度看，产业研究开发活动和学术研究应该进行合理的分工。Nelson和Arrow通过研究利润最大化公司投资的产业，发现投资回报是确定企业研发投资的决定性因素。但是，Nelson和Arrow指出，通过研发生产科学知识是相当昂贵的，与技术知识相比实际应用却很有限，而且传播知识的价格很低导致扩散相当容易。因此，生产科学知识的企业，对生产科学知识的投资无法收回，如果完全按照市场机制运作将导致基础研究的投资不足。

另外，知识一旦产生，绝对不会因不同公司的利用而消失或贬值。换言之，虽然对科学知识的生产投资给个体公司的私有回报不足，但对社会的回报足以弥补私有回报的不足部分。因此，从社会的角度来看，科学知识的生产是不遵循市场规律的，政府应该对大部分在高校或者国家实验室进行的基础研究给予支持，同时将科学基础知识作为产品最大化地传播。这样在国家创新系统中，企业主要在自己的实验室里从事生产科学知识的应用研究并通过研究获取超额利润，大学和其他公共研究机构一样，接受政府公共资金的支持，从事公共产品的生产。

（三）来自国外的经验

在德国和美国这两个世界上数一数二的重视研究和开发的国家，高校和产业的联系有着“悠久而卓越的历史”。这种联系是通过许多不同的形式实现的，从合同研究形式到专家咨询等，不一而足。高校和企业间的合作研究中心被视为加强高校和产业之间联系的有效方法。

1. 德国模式

德国是欧洲大陆的强国之一。德国的国家创新系统具有悠久而优秀的传统，对世界其他国家的国家创新系统建制影响很大。例如，建立推进科学知识发展的、将研究与教学相结合的大学，在公司里设立独立于生产部门的工业研究实验室等做法，均来自19世纪德国的创新。德国较完善的国家创新系统，为其经济发展和社会进步提供了强大的动力。特别是德国哥廷根学派的发展，体现产业和科研的互动关系、科学与技术的紧密结合。

哥廷根学派于19世纪初发源于德国的哥廷根大学。德国著名数学家和流体力学家高斯开创了哥廷根数学学派时代，他把现代数学提高到一个新的水平。到19世纪末，哥廷根大学出了一位知名的数学家菲利克斯·克莱因，他除了在纯粹数学上的成就外，还大力提倡应用数学，成为哥廷根数学学派和哥廷根应用力学学派的领袖。世界流体力学大师路德维希·普朗特因发表了著名的边界层理论而成为哥廷根应用力学学派的创始人和推动者。普朗特杰出的学生美籍科学家冯·卡门把应用力学从德国带到美国，这是哥廷根学派的传承和发扬光大。以陆士嘉、钱学森、郭永怀、钱伟长和周培源为代表的中国科学家先后在普朗特和冯·卡门实验室学习和工作，他们回国后在空气动力学、流体力学等应用力学领域取得了举世瞩目的成就，为中国的力学发展奠定了坚实基础，为中国航空航天事业的发展作出了卓越贡献。哥廷根学派最重要的科研思想是：一切从实际出发，通过观察分析物理现象，总结和提炼规律形成理论继而达到解决实际问题的目的。这种认识和探索自然规律的核心是，理论与实际紧密结合，科学与技术紧密结合。

从近期发展趋势看，德国大学与产业界的关系正在进一步加强。一方面大学本身努力强化这一联系，如为了打破有关法律对大学技术转移的限制，在大学里成立了外部的独立的机构以便在政府监管方面获得一定的灵活性（1993年这些机构承担了4%左右的大学研究工作，这一比例还在迅速增加）；另一方面政府和议会通过法律、政策的调整加强大学与产业界的联系，如原来德国大学原则上不允许投资办企业，1999年德国《高等教育法》作了修改，允许大学直接参与经济活动。

2. 美国模式

美国的大学体系在组织结构上一直采用分权体制，大多数大学从当地特定的需要出发来确定自己的使命。这是美国大学与其他发达国家大学最大的差别之一。

大学对经济发展的重要作用，100多年以前就得到了美国政府的重视。1862

年，美国通过《莫雷尔法案》建立赠地大学（Land grant Colleges）以帮助地区农业发展。美国大学与产业界的联系在“二战”结束后随着研究型大学的兴起而得到了加强：20世纪70年代末，联邦基金停滞，大学发现产业界是一个重要的资金来源渠道；产业界也开始将大学看作科学和技术的专家意见来源渠道，认为大学对于新兴的高技术产业（如生物技术、微电子技术以及新材料技术）的推动作用是非常明显的。于是，大学与产业界的兴趣一致了。此外，美国国会通过了《专利与商标修正案》，允许大学拥有联邦基金资助的科研成果并以此作为专利，还特许给小企业生产（关于对大企业的特许生产的限制于1984年也放宽了）。这样，大学与产业界之间的联系于20世纪80年代再一次得到加强。在过去的20多年里，由产业界资助的大学研究比例明显提高，大学–产业研究中心数量和规模也有了迅速增长。根据美国国家科学基金会的数据，产业界资助大学的R&D经费比重不断上升，1998年已经接近大学R&D预算的8%。

目前，美国大学与产业界之间的联系主要有大学–产业界联合研究发展中心、技术转移办公室、孵化衍生企业等。除此之外，美国大学还通过教员与企业的个人关系、学术研讨、论文发表、人员培训等非正式途径建立与产业界的联系。

第二节

高校科研组织管理改革与挑战

一、高校的科研组织模式

现代科研组织指根据科学技术发展的特点，把人力、资金和设备科学地结合在一起，建立科学研究的最佳结构。先进的科研组织模式，可以有效地提高科研工作效率。它的特点主要表现在：新型的科研组织模式和科研手段、科技信息的公用化、先进的科研组织管理。我国目前的科研组织模式还处在不断的发展改革过程中，根据科学技术发展的时代特点，制定适应于科学技术活动发展特征的科研组织模式，将有利于科学活动更好地开展，同时充分促进科技与经济的结合，使科技更好地服务于经济社会发展。高等学校是国家科学技术创新的主要阵地之一，高等学校的科研活动除了搞好科学技术研究本身，还肩负着在科学技术活动中充分实现科技与教育相结合、培养优秀的科研后备人员等任务。

（一）科技发展新趋势对变革科研组织模式提出新要求

当今世界科技发展呈现出群体突破趋势，学科交叉推动科技发展，科技与经济发展的联系更为紧密，科技成果产业化的速度越来越快，这种趋势要求科研组织模式与之相呼应。新形势下的科研活动组织需要一定的积累，并具有弹性，以便于对科学问题作出及时的反应；需要开展跨学科合作的大规模的协作型科学研究；需要开展巨额投资建造、维护和运行大型研究设施的“工程式大科学研究”（又称“大科学工程”）；需要开展将科学研究与需求相结合的全链条式科学研究。当然，科学研究主要是创造性的脑力劳动，对高校而言，研究人员自主选题的研究工作是科研工作的重要组成部分，这是高校科研工作的重要特点，基础研究成果特别是理论研究成果将对人类、社会发展、认识自然界和宇宙作出重要贡献。

科学研究活动需要由各层次的科技人才及支撑人员来完成，因此科学研究活动的组织其实就是对科技人力资源的规划和组合。这种规划和组合需要从人才培养阶段开始，尽早开始，按需培养符合新的科技发展趋势和新型科研组织需求的人才。因此，将科技人才教育体系的设计与科技发展需求结合起来，以高水平的科学研究支撑高水平人才的培养，以高水平人才的培养推动高水平的科学研究，“科”与“教”相结合，成为推动科学研究发展的重要因素。

（二）高校科研组织管理模式改革的趋势

高校（尤其是研究型大学）是国内外开展科学研究的重要机构。与科研院所和企业不同，高校承担的社会职能有其独特性，所以其科研组织管理模式也存在不同。高校的社会职能包括人才培养、科学研究、社会服务，其中人才培养是高校的根本使命之一，因此高校的科研机构多与教学密切相关，多是系所合一的科研机构，分散在各个院系中，科学研究的组织较为松散，教师在宽松自由的环境中展开研究。前文已经回顾了我国高校科研管理模式的演变历程，总结规律，我们可以发现，当前我国高校科研组织管理模式的改革呈现以下几个趋势。

1. 研究机构多元化趋势

研究机构多元化是大学科研组织的一个特征。目前国内外研究型高校基本上都布局了研究所、中心、平台、研究院等研究机构，与近两年兴起的产业联盟、项目中心、特别研究小组等一起，科研组织的类型呈现出明显的多元化趋势。其中，产业联盟的兴起更是反映了我国进一步加强产学研结合的时代特色。

2. 科研组织的网格化

在国内外著名科研院所中科研组织的网格化特点非常明显。斯坦福大学的独立研究机构下面还设有研究中心、研究小组，相关研究机构之间也建立了紧密的合作研究制度；而高校形成了院系、研究所和国家重点实验室纵横交错的网络，研究所内部的科研实体之间也形成了一些意在联合的虚体部门。

3. 科研组织的特区化

大学科研组织在发展的过程中，越来越多地有突破现行体制的欲望，常规的人事、财务、资源的管理有时会制约一些开拓性科研组织的发展，特别是面向重大战略目标和需求，科研组织的特区化已是趋势所在。

4. 在大学科上建研究机构（所）

“双一流”的实践表明，面向国际科技需求和国家重大目标，在一级学科建立研究机构，更有利于整合资源、组织团队、攻坚克难。国内一些研究型大学已经着手在大学科上布局研究机构，以重点学科或一级学科或跨一级学科为依托建强所、大所，并有将“985 工程”科技平台实体化、虚实进一步结合的趋势。

（三）高校科研组织管理模式面临的挑战

随着国际国内社会经济和科研形势的发展，科研环境越来越复杂，科技要素越来越活跃，国家科技体制也不断在创新中发展，这就要求我们的科研组织也要不断地适应这些变化，推动学校科技活动的良性开展。

目前，大学现有的科研组织普遍存在缺乏组织资源系统保障、学科交叉浮于表面、战略执行能力较弱、快速反应能力不强、没有很好解决技术成果的转化和产业化问题等现象。如何优化和发展大学现有的科研组织，需要我们进一步分析高校科研组织管理模式面临的挑战，深化科研组织的改革。

1. 研究型大学的管理体制及运行机制亟待改进

现阶段，我国研究型大学的管理体制及运行机制基本上是沿袭行政管理（科层制）的传统，行政化色彩过浓。一方面，某些教育主管部门缺乏在实质上鼓励学校自主办学的观念；另一方面，部分研究型大学也没有足够自主办学的意识，不愿意主动、独立承担自主办学的责任。这些都使得我国的研究型大学很难在学校管理上有较大的创新，从而也很难真正做到依法自主办学。大学行政化使得部分学校办学没有特色，教学质量提高缓慢，科研水平和能力没有明显提升。学校的管理落后于当前国家创新发展的步伐，难以满足国家对研究型大学在教学和科研工作方面的要求和期望。

2. 现有学科结构未能反映国际科技发展的最新前沿和趋势，学院设立过多，不利于学科发展和学院内部的学术交流与合作

我国部分研究型大学的现有学科结构未能反映国际科技发展的最新前沿和趋势。学科及学院设置单一而且面窄，不能根据需要及时调整设立新学科，学校内部和学校之间各学科间的交流不充分，交叉学科、边缘学科的发展受到限制、缓慢，难以适应国际竞争和社会发展的需要。例如吉林大学有30多个学院，青岛大学所设学院也超过30个，而哈佛大学只有10个学院，斯坦福大学只有7个学院。学院过多同时又相互独立，形成众多的“山头”，不利于学科发展，同时还带来了管理上的弊病。

3. 高水平的科学研究及学科建设是研究型大学的重要任务，部分研究型大学对此认识不足、推动不力

我国尚有部分研究型大学对正确处理教学与科研的关系和高水平学科建设的重要性缺乏深刻、全面的理解和认识。一方面，学校缺乏长远的规划和布局，结果是学校发展的特点不明显，教学质量不稳定，科研工作和学科建设没有重点发展方向。另一方面，学校对科研工作缺乏引导，学科之间相互隔离，科研力量分散，对任务导向类科研项目（国家项目或部门重大项目）缺乏监督和协调，有的项目研究力量薄弱，研究成果质量不高；对教师兴趣驱动的自由探索研究也没有形成良好的学术研究氛围和环境，难以取得重大的科研成果。国家对研究型大学在基础研究和重点学科发展以及重大科技进展和突破方面寄予了很高的期望，部分研究型大学由于储备不够或认识不足，未能积极主动承担起自己应尽的责任。

二、高校的科技资源配置

科技资源配置是各类科技资源在不同科技活动主体、过程、领域、空间、时间上的分配和作用。科技资源主要包括科技人力资源、科技活动经费、实验室、网络环境、文献和数据库等。科技资源配置方式改革的主要目的是提高科技资源的使用效率和效益，避免出现分散、重复、封闭、低效等问题。本节将重点研究我国高校科技经费配置的总体情况、改革特征和面临的挑战，尤其关注高校这一科教结合点的科技经费配置方式。

（一）高校科技资源配置的改革特征

我国科技资源投入的改革特征主要体现在：

（1）优化投入结构，探索构建符合科研活动规律、科技工作特点和财政预算管理要求的财政科技投入体系。在明确经费分类的基础上，合理配置，优化结构。一方面，加大对国家科技计划、基金的投入力度，单独安排国家科技重大专项经费，支持落实科技规划纲要部署的重点任务；另一方面，着力加大对科研机构的基本条件保障力度和公益性行业的稳定支持力度，新设立科研院所基本科研业务费、国家重点实验室专项经费等，初步建立了竞争性经费和稳定支持经费相协调的机制。

（2）完善管理机制，从重投入、重分配开始转向重管理、重效益。一是通过经费管理改革推动科研项目组织管理改革。发挥财政资金的引导作用，推动建立需求导向的立项模式，解决经济社会发展中的实际问题；促进科研组织管理模式创新，加强系统设计和协同攻关，明晰权责关系。二是探索更加符合科研活动规律和特点的经费管理模式。积极探索稳定支持高水平创新团队的经费模式，营造有利于高端人才潜心研究的宽松环境。三是大力推进科技经费绩效管理。在科研项目绩效评价方面，在相关国家科技计划中选取部分项目，开展绩效评价试点。四是规范科研课题经费管理，建立健全预算评审评估制度。规范国家科技计划课题经费支出科目和相关标准、经费拨付、监督检查等，健全经费预算评审评估机制，建立公平、公正、公开的预算决策程序，提高资金安排的规范性。

（3）优化科技资源配置，努力提高资源利用效率。一是支持国家科技基础条件平台建设，对科技基础条件资源进行战略重组和系统优化，促进合作共享和高效配置。二是开展新购大型科学仪器设备联合评议，利用科技资源条件清查结果，建立科学仪器设备购置查重机制，避免重复浪费。

（4）创新经费支持方式，推动产学研有机结合和科技成果转化。改进科技计划及其经费支持方式，重点以国家科技支撑计划为突破口，通过引导和支持产业技术联盟等形式，支持企业自主创新和产学研有机结合。综合运用无偿资助、风险投资、后补助、贷款贴息等多种投入方式，引导促进科技成果向现实生产力转化[1]。

（二）高校基础研究的资源配置情况

基础研究是探索性、创造性的工作，原始创新是基础研究的内核。2019年，我国科技经费投入力度进一步加大，R&D经费投入保持较快增长，国家财政科技支出稳步增加，R&D经费投入强度持续提高。分活动类型看，全国基础研究经费1335.6亿元，比上年增长22.5%；应用研究经费2498.5亿元，增长14.0%；试验发展经费18309.5亿元，增长11.7%。基础研究经费、应用研究经费和试验发展经费所占比重分别为6.0%、11.3%和82.7%。

但是，与世界发达国家相比，我国基础研究投入严重不足。我国基础研究总体投入强度明显偏低。1996—2016年，我国基础研究经费投入占研发总额的比例一直在5%附近波动，远低于创新型国家。2016年，我国基础研究经费投入占比为5.25%，低于法国的23.8%、美国的16.9%和日本的12.6%。2017年，我国基础研究经费投入占GDP的比重为0.12%，也低于美国的0.47%、日本的0.42%和韩国的0.66%。可见，我国基础研究投入力度远低于前列创新型国家。

高等教育研发投入强度不足，且高等学校基础研究经费占自身研发经费的比例较低。1991—2017年，我国高等教育研发投入总额从11.6亿美元增至318.3亿美元，提高了26.4倍，列全球第二位。2017年，我国高等教育研发经费占GDP的比重为0.15%，远低于美国的0.38%、德国的0.52%和韩国的0.39%。高等学校是开展基础研究的主体，但基础研究经费投入比例过低。2016年，我国高等学校基础研究经费

[1] 张少春：《创新机制 加强管理 加快建设创新型国家》，2011年10月17日在推进“十二五”国家科技计划和经费管理改革视频会议上的讲话。

占自身R&D经费仅为40.3%，低于创新型国家超过50%的总体水平，更低于美国的61.8%。

（三）高校科技资源配置面临的挑战

目前的资源分配方式降低了高校科技资源的使用效率，创新的资源配置方式亟待形成。在我国高等教育改革和发展面临的挑战中，高校过度的外部资源依赖和控制是重要的问题之一，也导致高校缺乏创新活力。高校资源依赖主要表现在两个方面：一是高校对行政部门的资源依赖，使高校成了政府机构的下属组织，丧失了高校应有的办学自主权和大学精神。我国高校的经费很大部分来源于政府的财政拨款，并且政府有权决定这些资源的分配和使用。这种行政化的资源配置方式弱化了高校自主行动的能力和积极性，降低了资源的使用效率。二是目前行政业务部门的资源分配方式并没有考虑高校的教学和科研的长远发展，使得高校难以从长远的观点考虑高校的建设。

我国政府的财政拨款占到高校经费的一半左右，这与许多发达国家公立高校的情况大致相当，而发达国家的高校之所以没有出现类似我国这样的资源配置行政化模式，与其资源配置的社会化机制是分不开的。资源配置的社会化指资源预算和分配的中介化，即在资源配置过程中打破单纯由行政系统决定的封闭模式，将相关权力移交给社会第三部门，例如将高校的经费编制和拨款权力给指定的专门委员会，使高校摆脱对行政部门的资源依赖。此外，资源分配方式应分为两个方面：一是稳定性的拨款，主要根据科研和教学的需要来进行科学预算；二是竞争性的经费，主要以科研项目的方式由基金会之类的机构来分配资源。只有这样，才能减少资金分配中可能出现的权力寻租和腐败，提高资源分配的科学性和经费的使用效率。

此外，教学和科研经费的配置及使用机制也有待改进和完善。在我国的研究型大学系统中，一方面经费总量不足，另一方面经费使用效率不高。研究型大学的资源（教学、科研经费）配置方式有待改进，科学、有效的激励竞争机制尚未形成，学校获取经费的渠道不够畅通。政府和社会对高校教学和科研的投入不足，高校经费管理存在较多的问题[1]。在经费使用上，未能充分调动教师从事教学和科研的积极性，研究型大学的经费用于人力资源（教师、研究人员及博士生）的部分很少，高校教师的职务（职称）工资普遍偏低，往往根据承担的授课、指导实验、学生考试和答辩等具体的教学任务发放补贴（实际上是相当于计件工资）。这种薪酬支付方式对学术机构，特别是对研究型大学的教学科研人员不适宜，影响了高校教书育人和教学科研水平的提高。学校教学和科研经费的使用缺乏科学评估，未充分发挥其效益。

三、高校的人才培养机制

在我国，高校是基础研究的主力军，是高新技术研究和科技成果转化的重要力量，是创新型人才培养的重要基地。第一，高校具有明显的人力资源优势，2018年，高校基础研究经费占所有经费的比例近40%；高校承担的国家级项目中“973”项目405项，“863”项目225项。2018年高校共有R&D人员44.5万人，教学与科研人员114.7万人，R&D成果应用及科技服务人员5.8万人。第二，高校拥有众多的科研创新基地和平台。2020年，我国一共有国家重点实验室700个左右，依托高校建立的国家重点实验室一共有180个左右，其中清华大学拥有国家重点实验室13个，北京大学和浙江大学分别拥有国家重点实验室10个。第三，高校是基础研究的主力军，2018年高校共发表国内科技论文102.6万篇，申请专利31.02万项，授权专利18.5万项，出版科技著作1.5万部。第四，高校是科技创新及应用的辐射源，随着高校的社会服务职能和地位日益凸显，高校承担了越来越多的与企业合作的科研项目，包括应用研究、技术开发、技术服务和科技项目产业化等。

此外，从高校毕业生情况来看，从2001年开始，我国普通高校毕业生人数一路

[1] 高校经费管理存在问题较多，例如：一方面制度不健全，造成浪费和不正常的损失；另一方面经费使用管理未抓住重点，管理过细、繁杂，一定程度上挫伤了教师开展教学、科研创新的积极性和主动性，同样对国家造成损失。

上升。2011年全国普通高校毕业生人数有608.2万人，2020年增长到797.2万人。其中，研究生毕业人数从2011年的42.9万人增长到2019年的63.9万人。从分类学科来看，理学、工学、农学研究生在校人数最多，从2011年的82.5万人增长到2015年的95.5万人；文学、历史学、哲学、法学研究生在校人数最少，2011年至2015年都保持在25万人左右（见图7-6）。

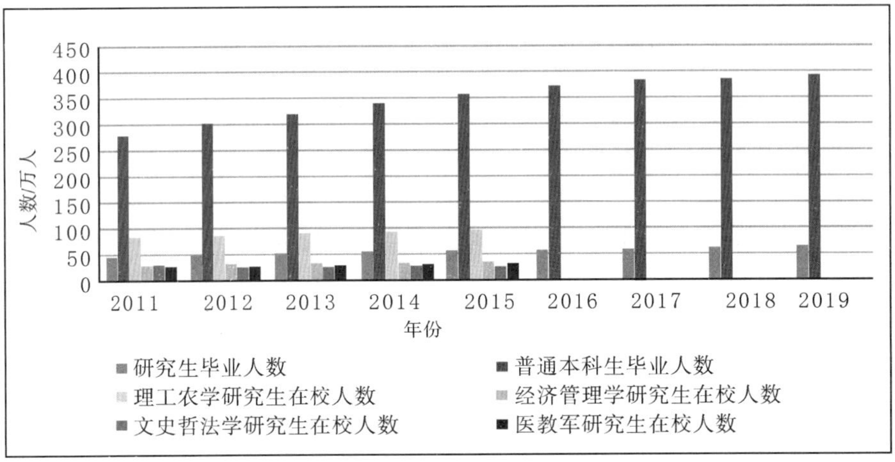

图7-6 我国高等学校学生培养情况[1]

（一）国家战略背景下对人才需求的新要求

世界多极化、经济全球化浪潮席卷全球，科技进步日新月异，国际竞争特别是人才竞争日趋激烈。为了在竞争中赢得主动，世界上许多国家都将科技创新作为提升国家综合国力与核心竞争力的基本途径，将健全国家创新体系、提升国家创新能力作为共同追求的目标。人才资源作为第一资源，已成为经济发展的核心资源，是社会发展的动力资源和知识创新的主体。

[1] 国家统计局数据中，分类学科研究生情况统计仅到2015年，详见https://data.stats.gov.cn/easyquery.htm?cn=C01。

1. 人才强国战略对人才需求提出了新要求

进入21世纪，人类社会迈入知识经济时代，我国也进一步强调人才强国战略在国家战略布局中的战略地位。《国家中长期人才发展规划纲要（2010—2020年）》指出："人才是指具有一定的专业知识或专门技能，进行创造性劳动并对社会作出贡献的人，是人力资源中能力和素质较高的劳动者。人才是我国经济社会发展的第一资源。"实施人才强国战略的核心任务是提升人才竞争力，培养高水平和高质量的人才，这也是实施人才强国战略的重要基础。虽然我国的人才总量具有一定的优势，但人才综合实力、科技人才创新力、技能人才竞争力、人才对GDP贡献力等方面，与发达国家存在较大差距。因此，实施人才强国战略要求准确把握发展趋势，提高人才培养质量，提升人才竞争力。

2. 建设创新型国家对人才需求提出了新要求

当前，我国正处在创新型国家建设的关键时期。提高国民素质、培养创新型人才的重要性和紧迫性日益凸显。《国家中长期教育改革和发展规划纲要（2010—2020年）》指出："人力资源是我国经济社会发展的第一资源，教育是开发人力资源的主要途径。"然而，我国高等教育的人才培养体系尚待完善，在培养目标、培养模式和环境条件等诸多方面还不能适应创新型国家对创新型人才培养的新要求，新学科、高技术、创造性人才短缺，创新型人才培养的教育环节与激励机制、协调机制亟待形成，创新型人才数量不够与质量不高导致创新效率低下，知识创新与实践能力失衡导致创新实践乏力等诸多问题。建立创新型国家必须依托高校和科研机构，将科研原始创新、高水平队伍凝聚与创新型人才培养密切结合并协同发展，这是新时期对我国高校人才培养工作提出的新要求。

3. 制造强国和"互联网+"时代对人才需求提出了新要求

2015年5月，我国颁布了《中国制造2025》规划，明确提出了我国制造强国建设的"三步走"战略，标志着我国的经济社会发展开始向制造强国及"互联网+"的目标迈进。《中国制造2025》规划对企业提出了新的挑战，"互联网+"对经济社会发展各个领域的创新发展产生了划时代的影响，同时也对人的能力和素养提出了越来越高的要求，进而对人才培养提出了新要求。目前，我国的教育模式与培养出能够驾驭复杂多变的综合性制造业体系的人才尚有较大差距。制造强国和“互联网+”时代需要高校主动适应社会发展需求，加大与企业和社会的联合培养力度，注重知识和技术积累，不断拓宽学生视野，提高学生接受新事物和新技术的能力。我国正处在产业升级和经济转型的过程中，推动“中国制造”向“中国创造”转变，急需加快产业优化与升级、增强技术创新能力、提高企业核心竞争力、提升生产技术和管理水平，迫切需要具备驾驭社会变革的创新领导能力的高级人才，更需要培养一批掌握精湛技艺、善于创新的高水平研究人才、工程技术人才、专业技术人才和技能人才。

（二）当前人才培养结构特征

目前，我国研究型大学已经成为基础研究的主力军。2013年，我国高校拥有R&D机构9842个，从事R&D活动的全时制研究人员32.5万人，其中从事基础研究14.7万人，占全国的49.4%，高出研究机构18.6个百分点[1]。此外，我国高校还拥有中科院院士和工程院院士600余人，国家创新群体150余个，国家杰出青年科学基金获得者1500余人，依托高校建立的国家重点实验室近140个。

近些年，高水平大学中具有博士学位者的比例（简称“博士比”）已经成为评价一所大学办学质量的重要指标。在美国，排在前30名的大学博士比平均为96%。2009年，我国博士比最高的是北京师范大学，达到81.3%[2]。2013年，我国高等学校R&D人员中的博士生占比达25.1%，高出研究机构9.7个百分点。此外，教师人才结构也是衡量一所大学综合实力的重要方面。我国研究型大学通过人才引进和培养，教师人才结构已大有改善。例如，目前清华大学拥有图灵奖获得者1人、两院

[1] 科学技术部发展计划司：《2013年我国高等学校R&D活动分析》，《科技统计报告》2013年第16期。

[2] 李黎藜、胡汉辉：《研究型大学人才队伍现状分析及优化策略》，《科技与经济》2011年第4期。

院士73人，北京大学拥有两院院士70人，同时还有一大批长江学者、国家杰出青年科学基金及新世纪优秀人才。

与此同时，应用型大学作为一支增长迅速的力量，在提高国民素质、促进地方经济社会发展、实现我国高等教育大众化方面作出了重要贡献。1978年，我国普通高等学校数量仅为598所，招生数为40.1万人，在校生规模为85.6万人。2014年我国普通高等学校数量增加到2529所，招生数达到721.4万人，在校生规模超过2547.7万人，我国成为世界上在校生规模最大的国家，我国普通高等学校除了100所左右的研究型大学外，其余均为应用型大学。

应用技术大学的人才培养应根据本校的专业学科方向，围绕相关的行业、企业（事业机构）的需求，开展以应用为导向的科学研究和应用基础研究。在研究工作中强调应用性，不过多强调学术性，以能用于企业生产为目标，鼓励教师与企业单位研究人员（或学生）共同研究，在研究工作中相互学习提高，实现学校为地方、企业服务的目标（见表7–3）。

表7–3　研究型大学、应用技术大学、职业学院的学生学习及就业方向

学校类型	教学、科研主要方向	毕业生就业主要面向	主要工作内容	个人主要发展方向
研究型大学	学术、技术、工程技术	全国	学术（研究机构、大学）、技术（企业等）	研究员、教授、技术员、工程师
应用技术大学	技术、工程技术等	本地区	技术、工程、设计等（专业、行业、企业）	技术员、工程师、设计师等
职业学院	技能、技术	本地为主，定向行业、企业、事业单位	技术、技能、操作（行业、企业、事业单位的工作岗位）	技师、高级技师、技术员、工程师

（三）高校人才培养面临的挑战

科学研究与高等教育有机结合是知识创新体系的核心内容，但是在实际的人才培养过程中，普遍存在教学与科研相脱离的现象，优质的科研资源没有充分进入教学过程，制约了人才培养质量的提升，造成创新型人才短缺，国家创新系统难以获得可持续发展。

1. 高等院校与科研院所在人才培养过程中存在科研与教学分离的问题

我国高校内部科研与教学相分离、与人才培养相割裂的现象普遍存在，这一现象与我国目前高校的管理机制和激励评价机制有直接关系。在相关科研与教学的工作中：一方面，对教学、科研在高校的作用没有从高校实际出发给予适当的定位，而是根据上级行政部门的要求，时而强调教学，时而强调科研；另一方面，对教学的重视表现在形式上，而对科研工作更多重视科研成果的数量，忽视教学和科研质量的提高。高校往往重视科学研究的成果，而忽视科学研究培养人才的作用。

知识创新体系建设是实施人才强国战略的重要支撑，大量高层次创新型人才的培养是我国建设创新型国家的根本。在高校的培养人才、科学研究、社会服务这三项职能中，培养人才是最基本和核心的职能，高校要重视科学研究的育人作用，将科技创新成果转化为教学资源培养人才，要以高水平科学研究支撑高质量高等教育，强调增强高校科研能力建设，要进一步明确科学研究在提高高等教育质量中的作用。

随着科学知识的创新越来越向前沿和高端发展，传统的课堂教学方式已经不能满足培养创新型人才的需求，而是需要让学生参与科研和实践活动，教师把最新的科研成果和科研方法传授给学生，做到科研教学相结合，依托科研优势，将科研的新思维、新方法、新技术和新资料等运用于教学，贯穿人才培养过程，通过各种方式，包括开设新课、更新教学内容、丰富教学方法等，促进教学和科研的结合，真正实现以高水平科研支撑高质量教育。

2. 缺乏对高校的分类管理，高校办学目标趋同，缺乏活力和竞争力，高校培养的人才与企业需求有较大差距

科技发展和经济发展的关键都是人才，培养大批创新型人才是我国建设创新型国家的基石。自从1998年高校扩招以来，我国接受高等教育的人数大量增加，但是教育质量堪忧。我国就业市场上，一方面企业难以招到合适的人才，另一方面又有大量高校毕业生找不到工作。根据世界经济论坛的一项统计，美国81%的工程专业毕业生可以立即胜任工作，印度只有25%的毕业生做得到，而中国的这一比例是10%[1]。因此，提高高等教育质量，培养适合社会需要的高素质人才已经成为我国创新体系建设的重要方面。

高校的多样化是高校自身发展的需要，也是一国高等教育系统创新活力的主要表现，不同类型高校的相互合作和竞争，能够更好地服务国家、行业和地区发展，满足不同的社会需要。但是，我国高校长期以来存在着定位不清、目标不明、任务模糊等问题。高校在人才培养、科学研究以及社会服务方面对国家和社会的需求反应迟缓，脱离实际，盲目竞争，导致我国高校千篇一律。目前，尽管高校的办学目标趋同现象有所改变，但未从制度上根本解决。为了获取资源，部分高校一味地贪大求全，改名合并，造成了大而无为、效率低下、合而不并等弊病，使得某些特色鲜明的行业型高校和一些主要服务于地方经济社会发展的地方性高校逐渐降低了竞争力和活力。

今后的教育改革要做到：大部分高校的人才培养和研究工作侧重于技术、技能及其应用，创新也无处不在地融合于具体应用之中。建立以市场需求为导向的人才开发机制，避免培养与使用脱节，实现人才结构和人才知识能力结构与经济社会发展同步，缓解人才供需结构性矛盾。

3. 高水平人才的培养体系亟待完善

部分高校的博士生培养水平不高，对本科生教育要求不严，离研究型大学应该

[1] 王佳颖、王庆环：《高校毕业生如何较快胜任工作》，《光明日报》2012年11月28日第06版。

成为高水平人才培养基地的要求尚有较大差距。研究型大学培养的优秀高水平本科生和博士生，大量留学国外，以致国内博士生及博士后的生源质量下降，而这批优秀拔尖人才回国工作的相对较少，对此现象尚未足够重视，有关高校对此深入研究不够[1]，认识上有偏差，也未采取有效的对策措施。很多研究型大学的研究生培养仍然停留在阅读文献和课堂讲授模式上，缺乏必要的社会实践以及参与高水平课题研究的机会。进一步完善我国研究型大学的高水平人才培养体系已经成了当务之急。

[1] 对大学本科生和研究生出国留学和工作应有全面的认识，尤其是国内高水平研究型大学更应重视。让优秀的大学本科生和研究生立足国内，并尽可能创造条件让他们有机会去国外高水平大学、研究机构和企业学习和工作，使之进一步得到培养和训练，回国工作后与国外保持联系，加强国际交流与合作。那种单纯以毕业生中有多大比例的学生为国外高校接收作为学校办学成绩的认识是不正确的。

第三节

高校科研组织管理发展方向

一、科教结合背景下改革科研管理体制

科教能否结合，科技资源能否很好地转化为教学资源，人才培养能否为科研机构提供优秀的人才并推动科学技术研究的发展，关键在于教育与科技的体制机制。科教结合提升高等学校及科研院所的科研水平和人才培养能力，需要紧密结合国家经济、科技发展与创新人才培养的战略需求：以强化科教结合为核心，加快科教结合的高等学校及科研院所制度建设；以创新发展为动力，深化高等学校及科研院所科研管理体制、运行机制的改革；以促进学科融合、资源整合为战略选择，实现科技创新能力和人才培养能力同步跨越。

第一，引导高校及教师重视科研育人，使科研育人成为高校及教师的自觉行动。我国高等教育正处在重要的转型期，全面提升高等教育质量必须全面提升高校科学研究对人才培养的贡献率。

第二，坚持科研的育人性和教学的学术性，构建教学和科研工作协同创新的机制[1]。要以探究式教学代替简单的知识传授，着力培养学生自主学习的能力，最大限度地提高学生的素质和创新能力。

第三，改变教师评价体系，设立与科教结合相适应的激励机制和保障制度。高校和科研院所作为重要的人才培养单位，要将人才培养引入高校和科研院所的考评系统，保证科研人员有足够的时间投入培养学生的工作中，保证研究生参与研究不仅是为导师服务，更是提升自身的科研能力，从而推动科研与教育的结合。

第四，改革高校管理体制。我国高校的管理体制是由原来的教学管理体制发展

[1] 周光礼：《高校人才培养模式创新的深层次探索》，《中国高等教育》2012年第10期。

起来的，而随着高校科研活动的不断强化，高校应打破教学和科研管理从上到下分属两条线的条块管理模式，建立一套能够促进教学与科研良性互动的管理机制，实现教学与科研管理的有机结合。

二、高校与产业的持续互动机制

由于科技对经济发展的重要意义，世界各国高度重视科技成果产业化，采取了很多有意义的制度尝试。为了提高科技对经济的提升能力，我国也出台了一系列政策措施，包括产学研合作、大学科技园、校办企业、科研院所改制等，对提高我国自主创新能力和加快经济结构转型作出了突出贡献。但是与发达国家比较，我国科技对经济的提升能力不够，科技成果向经济转化差距较大，还存在很多制度性障碍，还有很多需要加强和改进的地方。

第一，提高对产学研合作的认识，推进高等学校、科研院所与产业的合作。加强产学研合作，积极推动高等学校和科研院所的科技成果向现实生产力转化，既是高等学校、科研院所实现社会服务功能的需要，也是当前我国企业创新能力较弱的客观要求，更是建设创新型国家的使命。在产学研合作中，企业是核心，发挥主导作用；高等学校是主力，发挥创新源的作用；政府指导和引导，发挥协调、支持和推动作用。提高企业、高等学校、科研院所对产学研合作的认识，制定合理的包含推动产学研合作内容的考核指标及制度，并将其纳入有关机构及主要负责人考核系统。

第二，完善高等学校、科研院所知识创新及科技产业政策体系，促进知识流动，实现规范发展。政府以政策措施的制定与实施作为工作重点，通过制度安排和政策设计来规范知识创新和科技产业化中高等学校、科研院所、企业与其他相关机构之间的利益关系，促进高等学校、科研院所知识向产业的流动，防范产学研合作的风险。要进一步明确产学研合作中高等学校、国家大学科技园、科研院所、科技型企业的地位。注重已有政策的实施和评估，及时解决高等学校、科研院所与产业合作及高等学校、科研院所科技产业发展中的新问题。

第三，推动科技中介机构的建立和发展，加强高等学校、科研院所与产业的信息交流。制定科技中介机构条例、实施细则和相应的政策、法规，提高和增加科技中介机构的社会地位及合法介入产学研合作项目的机会，鼓励科技中介机构规范经营、合法营利，使科技中介机构能够在产学研结合和科技成果转化、应用和产业化方面发挥更大的作用。加强企业与高等学校之间及人员之间的学术、技术交流，企业、科技中介机构应派人参加高等学校、科研院所举办的学术讲座、研讨会，及时了解高等学校、科研院所的研究方向、动态，从中发现有应用前景的研究项目和课题，以便加强联系并给予资助和扶持。高等学校、科研院所的教师、研究人员及学生应经常前往相关企业了解企业在生产及发展中的新问题及行业发展方向，使研究工作更好地为产业、为企业、为生产服务。

第四，明确高等学校、科研院所科技成果的权利归属及利益分配机制，制定并实施知识产权战略规划。知识产权制度是对高等学校、科研院所与产业合作关系影响最显著的制度安排。对中央、地方政府资助或国家财力资助的高等学校、科研院所科研项目知识产权的归属、许可转让和利益分配等制定可操作的法律法规及实施细则，明确高等学校、科研院所作为中央、地方政府资助或国家财力资助的科研项目发明专利所有人的权利和义务，特别是对其发明专利许可或转让中的权利和义务、职务发明人与科研人员的正当权益和行为规范作出可操作的明确规定，其中应包含对高等学校、科研院所的发明专利在转让和利用方面的要求。对于经技术评估后不予申请专利的发明，建议发明的所有权在不违反国家有关规定的情况下，由高等学校、科研院所的教师、研究人员或发明人自由申请专利。政府、高等学校及企业（行业）应共同制定知识产权战略规划，在产学研合作中推动规划的实施。

三、高校人才的分类培养机制

从人才培养的角度讨论：科技与教育的结合能够提升各种类型人才的培养水

平，如学术型研究人才、应用型技术人才和高技能人才等。科教结合将科学技术内容，科学技术研究及开发的手段、方法和实践等带入各种不同类型人才培养的过程之中，将科学研究的最新成果及时转化为教学内容，使教育和人才培养得到全面、高质量的发展。对高校进行科学分类，分类指导、分类管理，对不同类型的高校设置不同的评估标准，建立不同的考核激励机制。高校原则上应自主办学、自主管理，应使各类高校能充分发挥自己的比较优势，改变办学目标趋同的现象，使不同高校培养不同类型的人才，以满足社会对人才的需求。研究型高校、应用型高校、职业型高校及特色型高校（专门学院）均应分别有人才培养、科学研究和社会服务的明确任务及目标，但要各有侧重并各具特点。

研究型高校的人才培养强调基础理论及综合知识教育，在博士生培养阶段，主要培养从事基础研究、应用基础研究及学科前沿研究的复合型人才。在本科教育阶段强调通识教育[1]，注重基础知识、技术知识和实践能力的积累和培养，为社会培养高素质通用型人才，在工作岗位从事技术工作及研究工作，同时为继续深造的学生攻读研究生打下基础。研究型高校的科研应以基础理论研究、应用基础研究、工程技术研究为主，并以高水平的科研推动高水平的人才培养和社会服务。

应用型高校的人才培养强调应用基础理论及应用技术（重点是工程技术）、知识和技能教育，主要培养应用技术人才及工程技术人才，本科阶段教育为在行业、企事业单位等从事工程、技术、设计、试验、开发、推广及管理工作打下基础，提高创新能力，科研以应用基础和工程技术为主，培养高素质工程技术人才为社会服务。这类高校经考核通过可以招收和培养硕士研究生，但不得单独招收和培养博士研究生，少数这类学校经考核通过并经教育主管部门批准可以与研究型高校联合招收和培养博士研究生。

[1] 通识教育可以是教育理念、教育方式和为了实现人们追求的教育理念、教育方式而进行的课程和环境的安排和组织。较为简明、实用的解释是，通识教育是通过一定组合的课程和训练来构建学生合理的认知基础，培养学生较强的思维能力、行为能力和优良的道德品质。

职业型高校的人才培养注重职业素养及职业基础知识教育，结合行业、企业中的专业理论和技术，重视技能教育及培养，为行业、企事业单位等培养在生产及业务第一线工作的技术技能人才及基层管理人才，重视创新能力的培养，根据教学和企业的需要开展科研工作，培养高素质的技术技能人才为社会服务。这类学校可招收和培养职业教育的四年制本科生和二年制、三年制职业教育的学生。

特色型高校（专门学院）根据自身的特点，分别培养侧重于应用的高水平学术研究人才、高水平应用技术人才或特殊技能人才。在科研方面，有的学校强调应用基础研究，有的学校偏重应用技术和技能研究，以培养高素质、高水平的专门、专业人才为社会服务。

四、科教结合背景下发展基础研究

构建科教结合的知识创新体系，是以创新型人才培养为核心和基础，以科技体制机制改革为着力点，以提升前沿科研能力和孕育创新文化为主要内容，以改革试点为主要形式，通过知识创新体系促进国家基础研究、前沿技术研究、高端人才培养和推动国际科技合作交流，以提升我国创新系统的整体实力。

我国应按照“有所为有所不为”的原则，集中优势力量，重点突破，增强基础研究能力，把基础研究放在优先支持的位置，加大对基础研究的投入力度。加大对高校基础研究的投入，形成对研究型大学基础研究的稳定支持机制，逐步建立起对高校基础研究人员、基础研究基地等的稳定支持投入渠道，充分发掘高校的基础研究潜力，使高校成为基础研究的主力军。同时，引导企业加大基础研究经费投入，形成以政府为主体，包括企业、研究机构、高校在内的基础研究投入多元化格局。

CHAPTER 8

第八章

中国科技创新的主体力量之企业

企业是中国创新发展的重要推动力，也是科技与经济发展紧密结合的载体。自中华人民共和国成立以来，伴随着计划经济体制向市场经济体制转轨，企业技术创新的政策支持体系不断改进和完善，中国企业逐渐建立了具有中国特色的技术创新体制机制，以企业为主体、市场为导向、产学研相结合的技术创新体系建设取得积极进展。中国企业的技术创新活动规模、技术创新能力得到了质的提升，少数企业甚至在技术应用、融合创新等方面逐步进入国际竞争的前沿。

新形势下，党中央提出加快构建以国内大循环为主体、国内国际双循环相互促进的新发展格局，只有大力推动企业技术创新，尽快突破关键核心技术，才能把竞争和发展的主动权牢牢掌握在自己手中。当前，中国企业在很多方面离进入创新型国家前列的目标还有明显的差距，这既有企业自身能力的短板，也有政策支持没能完全适应企业创新发展趋势的问题。本章围绕进一步提升企业技术创新能力，从政策组合、科研基地建立、服务体系建设等方面提出如何帮助企业完善技术创新体制机制，促进各类创新要素向企业集聚。

第一节

企业技术创新的发展历程及政策演进

中国企业技术创新发展是伴随着计划经济体制向市场经济体制转轨而不断推进的，这是一个随着市场化改革而不断演化的过程，同时也是一个政策逐渐演进和认识不断发展的过程。而且随着国家科技治理能力的提高，企业技术创新的政策支持体系也不断改进和完善。中国企业技术创新发展及政策演进呈现出明显的阶段性特征，自1949年至今的70多年大致可划分为以下四个阶段：第一阶段（1949—1985年），计划经济体制下和科技体制改革前的状况；第二阶段（1986—1994年），随着经济体制和科技体制改革的不断深入，企业逐步成为技术开发的主体；第三阶段（1995—2005年），在科教兴国战略的背景下，企业逐步成为技术创新的主体；第四阶段（2006年至今），在自主创新战略和创新驱动发展战略的背景下，以企业为主体的技术创新体系不断完善。

一、第一阶段（1949—1985年）

1949年后，我国开始实行计划经济体制，企业不是独立的财权法人，基本上没有独立决策的权力，企业的生产、人员、分配都由国家统一安排，企业需要的原材料、能源由国家统一划拨，产品由国家包销，国家对企业统收统支。新技术、新产品的开发，由政府所属的行业科研机构负责，并无偿地提供给企业使用。企业只是按照国家规定的生产方向和计划，将行业科研机构的成果转化为实物产品。产品的改进和更新换代也主要由行业科研机构负责，这必然导致许多产品的样式千篇一律，当然，计划经济必然导致的短缺经济，也减少了对产品改进和更新换代的需求。

第一个五年计划时期，不仅是我国工业基础的奠定期，而且也是以行业科研机构为主体的技术开发体系的形成期。到“一五”期末，除中国科学院下属各研究所外，工业、农业、交通、水利水电、医药卫生等各部门或行业都相继建立了科研机构，如钢铁研究院、有色金属研究院、矿山研究院、电器科学研究院、机械科学研究院、农业机械化科学研究院、石油科学研究院、煤炭科学研究院、化学工业研究院、纺织科学研究院等20多个行业科研机构。在之后的几个五年计划期间，又根据工业化发展需要，陆续建立了一些行业科研机构[1]。到改革开放之前，经过近30年的努力，我国在基本建立起比较完整的工业体系的同时，相应的行业科研机构也形成了比较完整的体系。这种状况一直延续到1985年科技体制改革前，尽管1978—1985年，随着经营权下放，部分企业已经开始参与少量的技术开发活动，但总体上仍以政府所属的行业科研机构为技术开发的主要力量。

20世纪80年代，乡镇企业和民营科技企业异军突起，这些新的市场主体的出现，在促进企业活力增强的同时，也推动企业逐步成为技术开发的主体。尤其是世界新技术革命对我国日益深刻影响，对科技与经济的关系提出了挑战。实践推动着认识转变和政策突破。1982年，中央提出了“科学技术必须面向经济建设，经济建设必须依靠科学技术”（即“面向、依靠”）这一新时期科技工作的基本方针，乡镇企业的快速崛起催生了“星期天工程师”等，民营科技企业也进入第一个创业期，北京、上海、四川、黑龙江等地相继涌现出一批民营科技企业或民办科技机构，希望、四通、联想、京海等最早一批民营科技企业在此时期创立。当然，许多民营科技企业也是以乡镇企业的形式出现的，乡镇企业和民营科技企业两支大军使原来以国有企业为主体的经济格局开始发生根本改变，这些企业在技术进步中的地位逐步提高。

[1] 李哲：《大转制：中国科研机构管理体制改革二十年》，人民出版社，2020。

二、第二阶段（1986—1994年）

1978年后，随着农业体制改革的顺利进行，以城市为中心的经济体制改革很快提上日程，而增强企业活力也成为经济体制改革的重点。1984年10月，《中共中央关于经济体制改革的决定》颁布，提出应使企业真正成为相对独立的经济实体，能够自主经营、自负盈亏，成为具有一定权利和义务的法人。1987年施行的《中华人民共和国民法通则》第一次确立了法人制度，对法人的一般规定、企业法人等问题作了明确规定。1988年施行的《中华人民共和国全民所有制工业企业法》确立了商品生产者市场主体地位，企业成为独立核算单位。1991年出台的《中华人民共和国城镇集体所有制企业条例》，规定城镇集体所有制企业对其全部财产享有占有、使用、收益和处分的权利，自主安排生产、经营、服务活动。1993年通过的《中华人民共和国公司法》，规定公司是企业法人，有独立的法人财产，享有法人财产权。

经济体制改革与科技体制改革相互促进。1985年，《中共中央关于科学技术体制改革的决定》颁布，科技体制改革正式开启，提出改变研究机构与企业相分离，研究、设计、教育、生产脱节，军民分割、部门分割、地区分割的状况；大力加强企业的技术吸收与开发能力和技术成果转化为生产力的中间环节，促进研究机构、设计机构、高等学校、企业之间的协作和联合，并使各方面的科学技术力量形成合理的纵深配置。该决定主要针对的是研究和生产脱节的问题，虽然对企业从事技术开发问题的认识有所深入，但科研机构仍被认为是科研活动的主体。

随着企业从生产单元变成独立运营的单位，企业作为技术开发活动的主体，在认识和实践上都逐步明确，具体政策也在逐步发生转变。1987年1月发布的《国务院关于进一步推进科技体制改革的若干规定》提出，国家对科研机构的管理应由直接控制为主转变为间接管理，促进多层次、多形式的科研生产横向联合，鼓励科研人员以各种形式离职创业，把科研机构逐步下放到企业。

这期间，国家科技攻关计划、星火计划、国家自然科学基金、“863计划”和火炬计划等先后启动，初步形成了面向经济建设的从产业化到基础研究和推广应用的科技计划体系。1993年出台的《国家工程技术研究中心暂行管理办法》指导并鼓励企业建设工程技术研究中心，国家科技计划体系逐步形成，并推动企业成为技术开发主体。

1992年，国务院发布的《国家中长期科学技术发展纲领》提出，经济体制改革的深入，逐步使行业和企业成为技术开发的主体。要增强企业的技术吸收与自主开发能力，建立并完善企业的技术开发与技术管理体系。通过多种方式推进企业之间，企业与研究机构、高等学校之间的横向联合。1993年通过的《中共中央关于建立社会主义市场经济体制若干问题的决定》提出，在企业内部建立起市场、科研、生产一体化的技术进步机制，使企业成为技术开发的主体。

认识深化和政策演进推动着实践的发展。以民营科技企业发展为例，据不完全统计，从20世纪80年代初第一批科技人员走出大院大所、走入市场，几乎白手起家创办经济实体，到1993年底，全国民营科技企业总数为54730家，职工总数超过95万人，技贸总收入约840亿元，工业总产值约473亿元，上缴税金约36亿元，出口创汇6.7亿美元，成为国民经济的一支重要力量。与此同时，民营科技企业也成为技术开发的先行者，到1993年底，民营科技企业的科技投入约91亿元，占民营科技企业总收入的比重达到11.51%，民营科技企业技术性收入约107亿元，其科技人员数量超过40万人[1]。

三、第三阶段（1995—2005年）

1995年5月，中共中央、国务院作出《关于加速科学技术进步的决定》，提出科教兴国战略，明确要真正从体制上解决科研机构重复设置、力量分散、科技与经济脱节的问题，加强企业技术开发力量，促进科技与经济的有机结合。1996年颁布的《中华人民共和国国民经济和社会发展“九五”计划和2010年远景目标纲要》将科教兴国定位为我国的基本国策，强调大力推进企业科技进步，促进企业逐步成为

[1] 汤世国、刘东等：《中国科技体制改革发展研究报告》，2002。

技术开发的主体。同时，要继续推动产学研结合，鼓励科研院所、高等学校的科技力量以多种形式进入企业，参与企业的技术改造和技术开发，与企业合作建立中试基地、工程技术开发中心等，加快先进技术在企业中的推广应用。此后，又相继出台一系列法律法规和政策，进一步深化科技体制改革，加速科学技术进步，如《中华人民共和国促进科技成果转化法》（1996年）、《关于促进科技成果转化的若干规定》（1999年）等。

1999年，《中共中央 国务院关于加强技术创新，发展高科技，实现产业化的决定》颁布，明确提出企业是技术创新的主体。技术创新是发展高科技、实现产业化的重要前提。要促进企业成为技术创新的主体，全面提高企业技术创新能力。国有企业要把建立健全技术创新机制作为建立现代企业制度的重要内容，要把提高技术创新能力和经营管理水平作为企业走出困境、发展壮大的关键措施，使企业真正成为技术创新的主体。这是在最高政策层面、最早出现的关于“企业是技术创新主体”的表述。

这期间，我国科技体制改革和企业技术创新发展历程中的一个重大事件就是应用型科研院所的企业化转制。1999年，国务院办公厅转发的科技部等部门《关于国家经贸委管理的10个国家局所属科研机构管理体制改革的实施意见》，明确国家经贸委管理的10个国家局所属242个科研机构可以从实际情况出发，自主选择改革方式，包括转变为企业、整体或部分进入企业、转为中介机构等。据此展开了具体的转制：131个科研机构进入企业（集团）；40个科研机构转为科技型企业，实行属地化管理；18个科研机构保留事业单位性质，转制为中介机构；24个科研机构并入学校划转其他部或撤并；29个科研机构转为中央直属大型科技企业。在242个科研机构转制基础上，2000年部属科研院所进行全面转制。2000年7月，科技部等六部委印发的《建设部等11个部门（单位）所属134个科研机构转制方案》，规定建设部、铁道部、交通部、信息产业部、药品监督局五部门所属85个科研机构，21个（涉及42个科研机构）转为科技企业，28个进入企业，2个并入高校，3个（涉及13

个科研机构）作为事业单位由原部门暂管；国家电力公司、中石化集团等五公司所属36个科研机构，全部转制为总公司下属的科技企业；中科院所属13个研究所，全部转制为科技企业，暂由中科院管理。

部属科研院所转制工作全面开展后，地方科研院所的转制工作也拉开序幕。在2000年9月召开的全国地方科技体制改革工作座谈会上，科技部提出全国2000多家应用型地方科研院所，当年底要基本完成企业化转制工作。

应用型科研院所的企业化转制标志着我国科研体制的根本性转变，也标志着企业技术创新主体地位的根本确立。这些企业化转制院所极大地增强了许多国有大企业的技术创新能力，使许多国有大企业开始走向内涵式创新发展轨道。

这期间，许多民营企业（尤其是民营科技企业）也开始加强内部科研力量的建设。据统计，1999年底，约有80万名科学家和工程师在民营科技企业从事研发工作，民营科技企业研发经费约432亿元，占年总收入的4.13%。联想集团、北大方正、希望集团、时代集团、深圳华为等一批大中型企业都在海内外设立了自己的研发机构[1]。

四、第四阶段（2006年至今）

2006年，全国科学技术大会召开，随后颁布的《国家中长期科学和技术发展规划纲要（2006—2020年）》明确提出，以建立企业为主体、产学研结合的技术创新体系为突破口，全面推进中国特色国家创新体系建设，大幅度提高国家自主创新能力。该纲要发布后，在相关政策文件中，又将上述提法完善为“以企业为主体、市场为导向、产学研相结合的技术创新体系”。这些政策表述从技术创新体系建设的高度来看待企业技术创新的意义和重要性。

2009年，为积极应对国际金融危机的冲击，《国务院关于发挥科技支撑作用促进经济平稳较快发展的意见》提出要坚持企业为主体、市场为导向、产学研用相结

[1] 汤世国、刘东等：《中国科技体制改革发展研究报告》，2002。

合，发挥市场配置资源的基础性作用。综合运用政策、投入、金融、服务等多元化的支持方式，引导各类创新要素向企业集聚，使企业真正成为研究开发投入的主体、技术创新活动的主体和创新成果应用的主体。为此，科技部等部门启动实施国家技术创新工程，以创新型企业、产业技术创新战略联盟和创新服务平台建设为抓手，运用政策手段示范带动企业技术创新活动，特别是在推动国有大企业技术创新方面取得明显成效。

为加快促进企业成为技术创新的主体，推动技术创新体系的建设，国家陆续出台了一系列举措：一是出台并落实企业研发费用加计扣除政策。为保证所得税法关于企业研发费用加计扣除政策的落实，各部门先后出台了《企业研究开发费用税前扣除管理办法（试行）》等政策，以规范和推动企业研发费用税前抵扣的实施。二是支持企业建设研发机构，各部门就依托企业建立国家重点实验室、国家工程技术研究中心、国家工程实验室、企业技术中心等方面出台一系列政策。各地各部门还针对企业海外研发机构建设出台了许多支持措施。三是支持科技成果转化和产业化。如2011年财政部、科技部出台了《国家科技成果转化引导基金管理暂行办法》，运用政策性基金来引导社会力量和地方政府加大对科技成果转化和应用的投入。

2013年，《国务院办公厅关于强化企业技术创新主体地位全面提升企业创新能力的意见》强调，要发挥市场对创新资源配置的主导作用，加强企业创新能力建设。该意见还提出“到2015年，基本形成以企业为主体、市场为导向、产学研相结合的技术创新体系”。此外，还出台了相关支持措施：一是完善引导企业加大研发投入的机制，制定了《国家科技计划及专项资金后补助管理规定》《民口科技重大专项后补助项目（课题）资金管理办法》等，引导企业按照国家战略和市场需求先行投入开展研发活动。二是完善和落实企业研发费用加计扣除等政策。扩大中关村国家自主创新示范区“1+6”相关税收政策的试点范围。在2015年关于研发费用加计扣除的政策调整中，首次采用了负面清单的方式，增加了政策操作上的灵活性。

三是加大对中小微企业技术创新的支持力度。从优化竞争环境，加强财政、金融支持，落实税收优惠政策，扩大创新基金规模，完善技术转移的公共服务平台等方面促进中小微企业技术创新。

总之，以2006年全国科学技术大会召开为标志，我国企业技术创新进入以构建技术创新体系为目标的新阶段，增强企业技术创新能力成为科技创新政策的重中之重，相关部门出台了一系列的法律、政策和配套措施。2006年以来，是我国企业技术创新能力提升最为明显的时期，据2019年全国科技经费投入统计公报，各类企业R&D经费支出16921.8亿元，比上年增长11.1%，占当年研发投入总额的比重达76.4%。这一比例已经超过美国、德国等发达国家，位居世界前列，与韩国、日本相近。另据《中国统计年鉴》数据，2019年，规模以上工业企业有研发活动的企业达129198个，占34.2%。企业办研发机构数95459个，研发机构人员341.6万人，研发机构经费支出12175.5亿元。发明专利申请数398802件，有效发明专利数1218074件。在技术创新投入、技术创新活动和技术创新产出等方面，我国企业技术创新取得明显的进步，以企业为主体的技术创新体系基本形成，从而为创新型国家和世界科技强国建设奠定了坚实的微观基础。

第二节

企业技术创新的体制机制现状与问题

改革开放40年来，我国不断解放和发展社会生产力，国内生产总值年均实际增长9.5%，远高于同期世界经济2.9%左右的年均增速[1]。企业作为科技与经济发展紧密结合的载体，在过去几十年我国经济高速发展中起着至关重要的作用，企业创新效率、研发投入规模、研发人员数量、专利申请量等指标保持高速增长。相较发达经济体的诸多企业，我国企业在资源和能力都相对薄弱滞后的情况下逐渐建立了具有中国特色的企业技术创新体制机制，形成了较好的创新发展分布格局。我们也应看到，信息通信技术的扩散从根本上改变了传统经济的生产方式和商业模式，以数据为驱动要素的新经济形态和产业发展规律正在形成。数据将作为与劳动力、资本、土地同等重要的新生产要素和创新产出驱动力，通过跨界融合与价值创造，实现数字技术赋能企业，促进企业高质量发展。面对这种融合带来的机遇和潜在风险，传统企业技术创新体制机制已越来越难以适应新时期创新发展的需要。

一、企业科技创新的整体情况

改革开放以来，我国国家创新体系已发生了深刻变化，实现了从计划经济时期的传统模式向以社会主义市场经济为基础的新模式的实质性转变，以科研院所和高校为核心的科研体系向以企业为核心的国家创新体系加快演进，进入了深化局部结构调整与体系整体协同推进并重的阶段，以企业为主体、市场为导向、产学研相结合的技术创新体系建设取得积极进展，企业技术创新能力大幅提升。

[1] 习近平在庆祝改革开放40周年大会上的讲话。

（一）企业科技创新整体进展

从R&D支出、R&D人员和专利申请授权三个关键指标来看，我国企业技术创新主体地位已逐步实现。2005—2018年，我国企业R&D支出规模增长超过8倍，2018年我国企业R&D支出达到15233.72亿元。从我国R&D支出结构看，企业R&D支出占比总体呈上升趋势，2005—2018年，企业R&D支出占比提升15.4%，2018年企业R&D支出占全国比重达77.42%（见图8-1）。

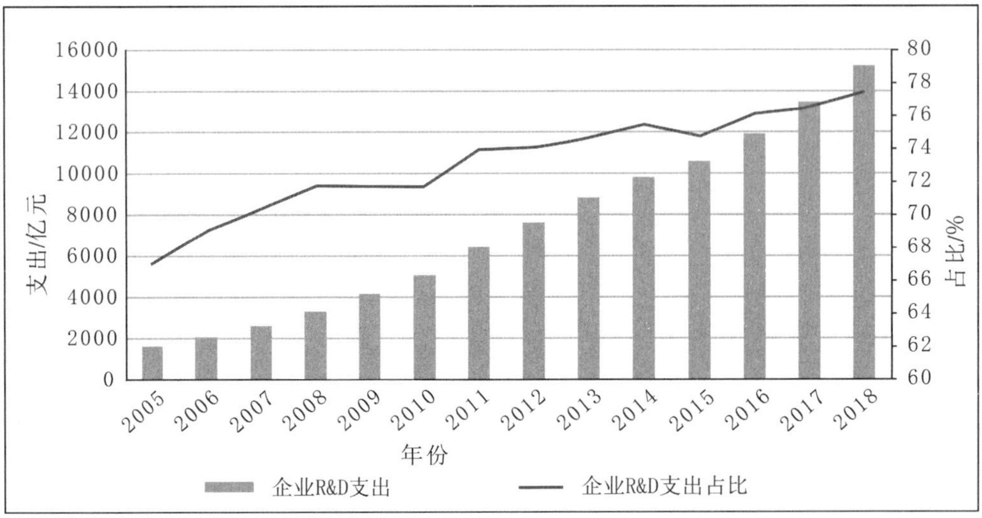

图8-1　我国企业R&D支出及其占全国R&D支出比重

数据来源：《中国科技统计年鉴》。

2005—2018年，我国企业R&D人员增长3倍多，截至2018年，企业R&D人员293.3万人，占全国R&D人员比重66.9%（见图8-2）。2005—2018年，我国企业专利申请授权数增长近10倍，截至2018年，企业专利申请授权数221.3万件，占全国专利申请授权比重90.4%（见图8-3）。

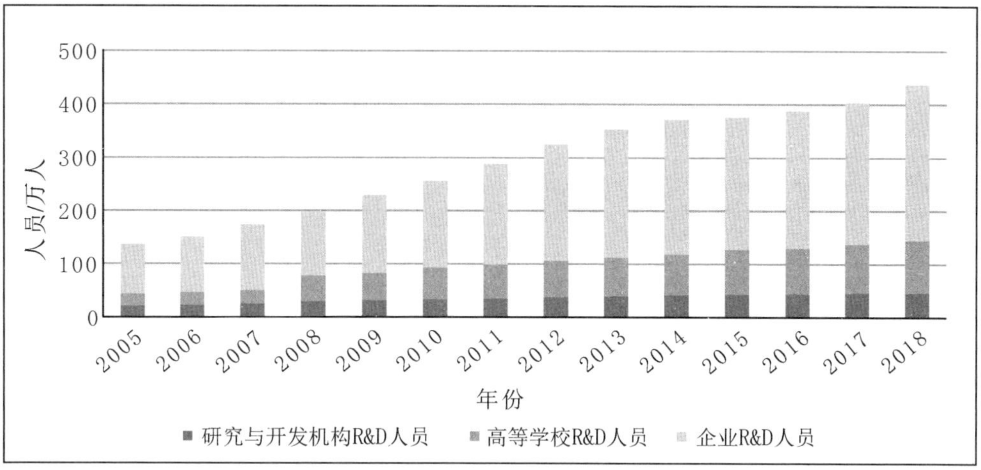

图8-2　我国R&D人员情况

数据来源：《中国科技统计年鉴》《中国统计年鉴》。

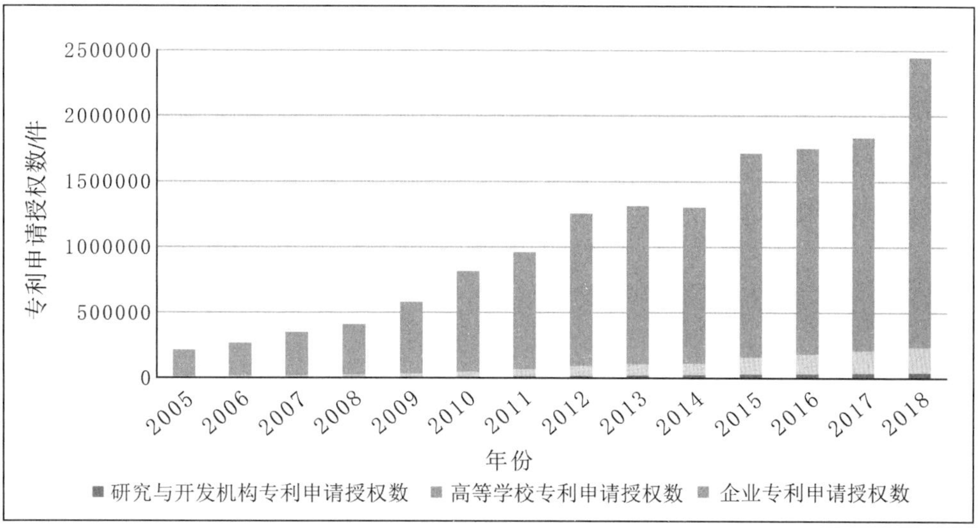

图8-3　我国专利申请授权情况

数据来源：《中国科技统计年鉴》《中国统计年鉴》。

这反映出我国企业研发投入已进入快速增长阶段，主要原因在于：一是企业获得更多利润能够负担更多研发投入；二是越来越多的企业需要从价值链中低端迈向中高端，需要更加活跃的研发活动支撑企业继续发展；三是针对企业微观活动的一系列政策激发了企业的创新动力。

企业技术创新能力的提升需要保持R&D支出、R&D人员和专利申请授权等关键指标的持续稳定增长。我们也应看到，在国家创新体系中科技、经济资源有限，企业技术创新能力的提升不能仅仅在企业规模上体现，还应在企业创新效率上体现。借鉴美国信息技术与创新基金会（ITIF）的创新竞争力评价报告、世界知识产权组织（WIPO）的全球创新指数报告、世界经济论坛（WEF）的全球竞争力报告、瑞士洛桑国际管理发展学院（IMD）的世界竞争力年度报告的指标设计，本文从创新投入和创新产出角度衡量企业创新效率。具体指标设计如图8-4所示。

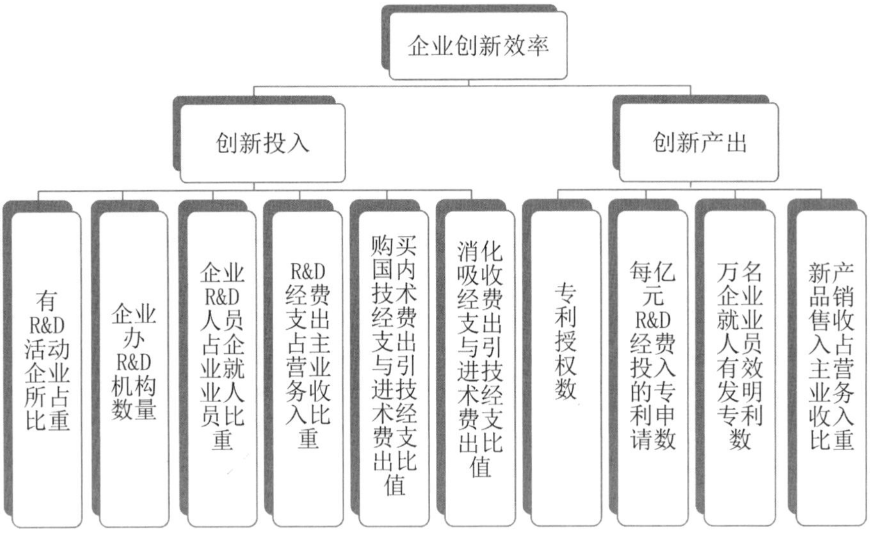

图8-4　企业创新效率的指标设计

各指标解释如下：有R&D活动企业所占比重指标反映企业R&D活动的活跃程度，计算方法为有R&D活动企业数量与规模以上工业企业数量之比；企业办R&D机构数量（综合）指标反映企业R&D机构的设置情况及规模；企业R&D人员占企业就业人员比重指标反映企业R&D人员投入强度，计算方法为企业R&D人员数量与企业就业人员数量之比；R&D经费支出占主营业务收入比重指标反映企业R&D经费支出强度，计算方法是企业内部R&D经费支出与规模以上工业企业主营业务收入之比；购买国内技术经费支出与引进技术经费支出比值指标反映企业的技术供应能力（其中，购买国内技术经费支出指企业购买国内其他单位科技成果的费用支出，引进技术经费支出指企业购买境外技术的费用支出）；消化吸收经费支出与引进技术经费支出比值指标反映企业的技术消化能力（其中，消化吸收经费支出包括人员培训费、工资、配套设备费等）；专利授权数指标反映专利的规模和质量；每亿元R&D经费投入的专利申请数指标反映企业的知识产权运用效率（其中，R&D经费指R&D经费内部支出）；万名企业就业人员有效发明专利数指标反映企业的专利维持水平（其中，有效发明专利数指企业作为专利权人拥有的、经国内外知识产权行政部门授权且在有效期内的发明专利件数）；新产品销售收入占主营业务收入比重指标反映企业新产品的产出及利润实现能力（其中，新产品销售收入指企业销售新产品实现的收入总额）。

数据采集自2008—2018年《中国科技统计年鉴》《中国统计年鉴》（2010年数据缺失）。指标设计主要遵循三个原则：一是尽量全面系统地反映企业创新效率能力的变化；二是保证指标数据的权威性、完整性及统一口径的一致性；三是保证数据的公开性。为了更真实地反映企业创新效率，指标设计采用相对指标与绝对指标相结合的方法。在指标测算过程中，为避免权重设定的主观性，依照国内外一些成熟创新指数报告的做法，采用等权重方法构造整体指数。同时，对数据进行规范化处理，使各年份数据无量纲后映射在（0，1）区间。综上，得出2008—2018年我国企业创新效率趋势（见图8-5）。2008—2018年，我国企业创新效率整体呈现上升趋势，2018年较2008年上升381%。

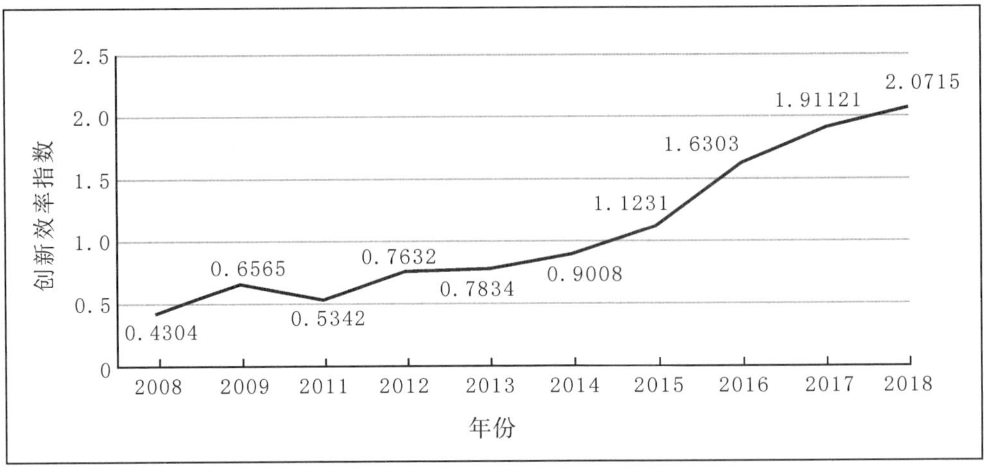

图8-5　2008—2018年我国企业创新效率趋势

（二）企业科技创新分类特征

我国企业科技创新分类特征描绘可基于不同维度，本章从规模、利润、研发投入三个维度解构企业科技创新发展的分类，进而得出企业分类类型：一是大型企业，包括一些央企和跨国公司等，这类企业规模大，利润和研发投入与行业特质和企业产业链分工有一定相关性，也普遍较高。二是新兴企业，包括独角兽企业和瞪羚企业[1]，这类企业规模较小，利润和研发投入与行业和企业愿景有较大相关性。三是中小微企业，这类企业规模、利润、研发投入都相对较小。对各类型企业进行随机抽样，发现我国企业创新分布主要呈现两类规律：一类是研发投入和利润成一定正比的企业大多数规模不大，例如部分独角兽企业和少数细分领域技术领先的中小企业；另一类是研发投入和利润没有显著线性关系的企业规模、利润差异较大，例如一些央企和跨国公司。需要看到，大型企业、新兴企业和中小微企业虽不能完全覆盖我国企业的所有类型，但很大程度上可以反映中国企业科技创新发展的特征，因此本章以这三类典型企业作为研究对象。

[1]　指成功跨越死亡谷后，商业模式得到市场认可，进入爆发式增长阶段的创新型企业。

二、大型企业的技术创新

大型企业在各自行业中处于领导地位，具有很强的号召力和一定的示范引导作用，能够在很大程度上决定行业的创新方向，同时也是国家创新能力的重要体现。本文主要基于近年来发布的《财富》世界500强、欧盟产业研发投入记分牌（下简称“记分牌”）榜单，对我国大型企业技术创新发展的现状、趋势进行分析。《财富》世界500强榜单是衡量全球大型企业最著名、最权威的榜单，上榜企业是全球营业收入最高、盈利能力最强的企业。记分牌榜单是衡量全球企业研发投入的权威榜单，上榜企业是全球研发投入规模最大、强度最高的企业。在2020年1月发布的记分牌榜单中，上榜企业2500家，这些企业的总部分布于47个国家，2019年研发经费总额达到8234.24亿欧元，约占全球产业界研发投入的90%，在一定程度上可以代表全球企业创新发展的趋势。通过对过去几年我国大型企业的创新发展进程进行分析，发现以下特点：

第一，大型企业上榜数量、营业额、利润均呈现持续上升趋势。2015—2019年，中国企业进入《财富》世界500强的数量增加23家，上榜企业营业收入增长40.8%，利润增长32%。从国际一流企业分布看，2019年进入50强的中国企业数量增加到10家，其中中石化、中石油和国家电网进入前5名。这10家都是国有或国有控股企业，民营企业中仅华为进入榜单前100名。

第二，企业整体竞争力持续增强，凸显两极分化现象。2015—2019年，进入《财富》世界500强的中国企业研发投入增长了67.2%，利润率增长2.2%。对2019年上榜的129家中国企业主要指标进行分析，发现呈现两极分化现象（见图8–6）：一部分企业利润和利润率均较高、研发投入较低，研发投入和利润率无显著线性关系；另一部分企业研发投入和利润率呈线性关系。

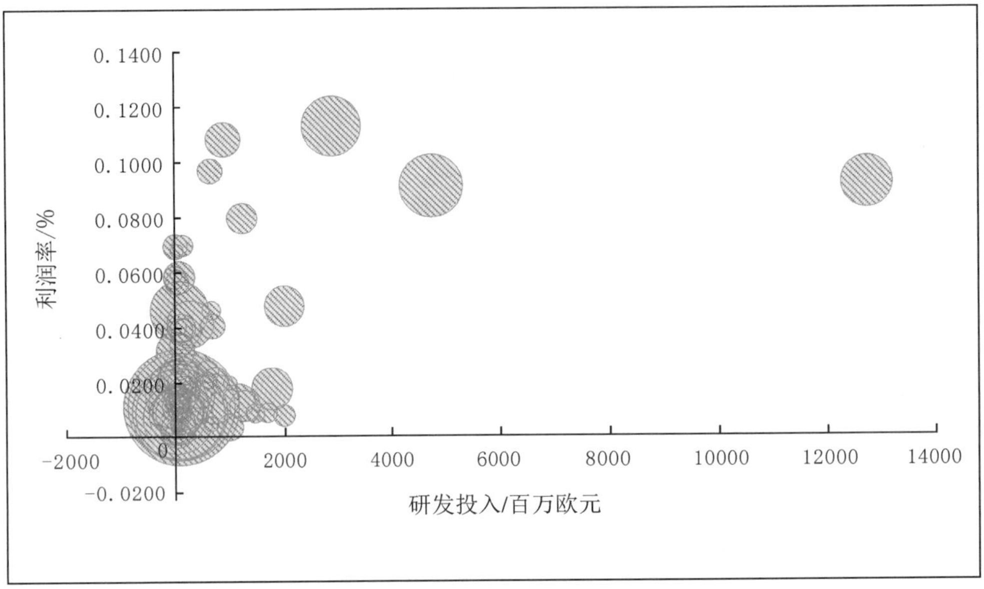

图8-6　2019年《财富》世界500强中国企业分布

注：图中气泡大小代表企业利润高低。

第三，重视研发投入的趋势持续增强。2013—2019年，中国内地企业进入记分牌榜单TOP2000[1]的数量增长近3倍，从93家增加到365家，其中2018—2019年新增56家，增幅创2015年以来新高（见图8-7）。从研发投入规模看，2013—2019年进入记分牌榜单的内地企业研发投入规模增长近4倍，2019年研发投入规模达到7258.75亿元（见图8-8）。

[1]　由于2013年的记分牌榜单只列了2000家企业，为了纵向对比，采用TOP2000进行数据处理。下文若无特别说明，均指2012—2017年排名前2000的企业的情况。

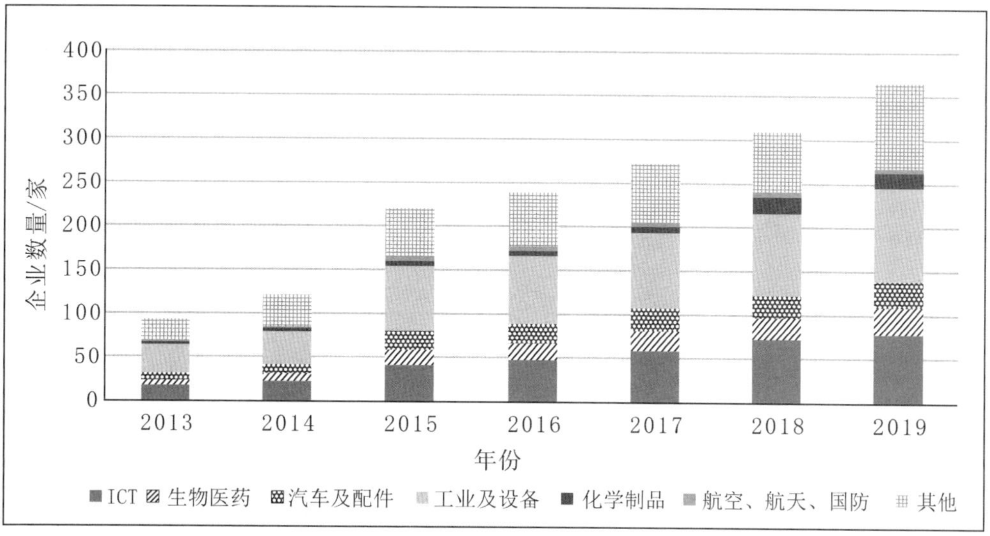

图8-7　记分牌榜单TOP2000我国内地企业的数量及行业分布

数据来源：The EU Industrial R&D Investment Scoreboard，经作者整理。

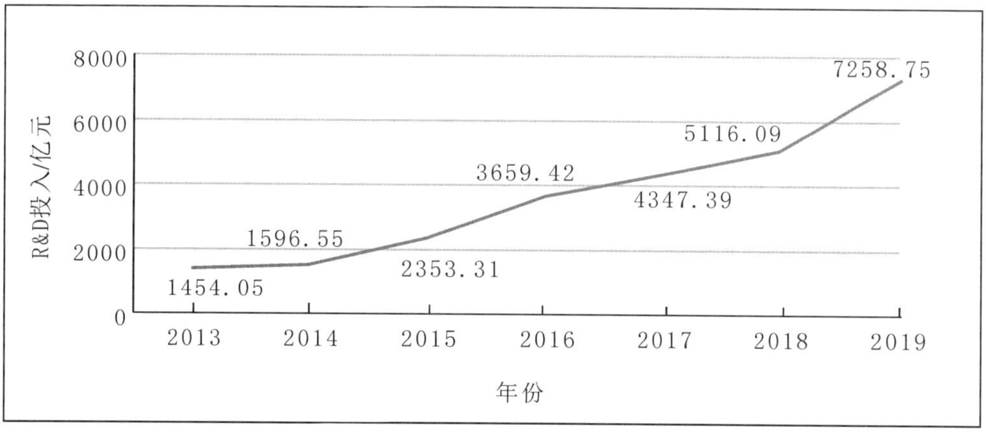

图8-8　记分牌榜单TOP2000我国内地企业R&D投入

数据来源：The EU Industrial R&D Investment Scoreboard，经作者整理。

三、新兴企业的技术创新

新兴企业是新经济新业态的风向标。新兴企业的数量和质量是衡量一个国家、地区或者城市创新能力和创业生态的重要指标。独角兽企业和瞪羚企业是新兴企业的典型代表，通过对我国这两类企业的创新发展进行分析，发现以下特点：

第一，独角兽企业和瞪羚企业数量持续增长，区域、行业分布更加广泛。根据长城战略咨询中国独角兽企业标准，2018年中国独角兽企业总数202家，较2017年增长38家，增长率为23.1%，总估值7446亿美元，企业平均估值36.9亿美元。这些独角兽企业分布于25座城市，有10座城市首次出现独角兽企业。这些独角兽企业分布于22个行业领域，其中前沿科技领域独角兽企业数量65家，占比32.2%。根据《国家高新区瞪羚企业发展报告2018》，2017年国家高新区瞪羚企业数量达到2857家，比上年增长281家。拥有瞪羚企业的国家高新区由132个上升到139个，占国家高新区总数的88.54%。这些企业中有1892家从事高技术产业，占瞪羚企业总数的66.22%。

第二，前沿科技领域独角兽企业成为推动新一轮科技创新的重要驱动力。2018年，有78家独角兽企业获得发明专利授权，合计945件，独角兽企业当年合计获得发明专利授权数量同比增长104.1%，3年复合增长率达到49.5%。其中65家前沿科技领域独角兽企业加快专利申请，合计获得发明专利授权643件，同比增长90.8%。这些前沿科技领域独角兽企业主要分布在人工智能（AI）、生物医药、智能网联汽车等新兴产业，为新兴产业的发展作出了突出贡献。例如，2018年中国独角兽企业中以AI为核心技术的企业共16家，随着AI技术走出实验室加速商业化落地，专用芯片、垂直场景、AI+新场景等领域应用需求爆发，AI独角兽企业在技术迭代、场景突破等方面引领行业发展。

第三，瞪羚企业创新投入日趋活跃，实现高质量高效率发展。2017年，2857家瞪羚企业创新要素投入活跃：科技活动投入强度达到6.98%，内部研发投入强度达到3.47%，科技活动人员占比达32.38%，近五成的瞪羚企业设置了科技机构。

2014—2017年，瞪羚企业科技活动投入经费逐年增加，从2014年的250.9亿元快速增长到2017年的537.5亿元，3年复合增长率为28.9%。瞪羚企业R&D经费内部支出由2014年的108.1亿元增长到2017年的257.6亿元，3年复合增长率为17.9%。瞪羚企业产学研合作支出由2014年的10.7亿元增长到2017年的45.48亿元，3年复合增长率为62%。从创新成果看，瞪羚企业积极推出新产品，新产品产值及收入不断提高，占瞪羚企业总产值近六成。在规模持续扩大的同时，瞪羚企业的经营效率也不断提升。2014—2017年，瞪羚企业人均效率、人均利润、净资产利润率持续增长，人均工业产值3年复合增长率为3.4%、人均营业收入3年复合增长率为20.7%、人均利润3年复合增长率为29.9%。

第四，美国前沿科技领域的商业化步伐快于中国。截至2019年12月31日，美国和中国拥有独角兽企业数量居全球前两位，两国独角兽企业全球占比高达73.6%[1]。中美独角兽企业行业分布各有侧重，美国的独角兽企业分布在16个行业，其中IT（信息技术）服务、数字金融、电子商务、数字文娱、医疗健康和智能硬件行业的独角兽企业数量占到了独角兽企业总数的70%以上。中国在电子商务、IT服务和智能硬件三个行业的独角兽企业数量均超过了10个。除了电子商务、智能硬件和在线教育行业的独角兽企业数量略高于美国以外，中国其他行业的独角兽企业数量均不多于美国，其中，IT服务、数字金融和医疗健康行业的独角兽企业与美国的差距尤其明显。美国已涌现出一批以前沿技术驱动为导向的独角兽企业，并且行业分布较广，在前沿科技细分领域全面开花。对比来看，美国在航天科技、AR/VR、3D打印、无人驾驶、纳米技术、激光雷达传感器、生物科技、人工智能等前沿科技细分领域已经拥有一批成熟的独角兽企业，其中，航天科技领域的SpaceX、AR/VR领域的Epic Games和生物科技领域的Samumed，均已进化为超级独角兽企业。中国虽已拥有无人机制造商大疆创新、生物制药公司复宏汉霖等独角兽企业，但在航天科技、AR/VR、3D打印、无人驾驶、纳米技术、激光雷达传感器、基因

[1] 数据来源：CB Insights。

改造等诸多美国已经产生独角兽企业的前沿科技细分领域还是一片空白，与美国相比，中国在整片前沿科技的蓝海还存在较大的发展空间。此外，中国新生独角兽企业数量出现断崖式下跌。2019年全球新生独角兽企业共128家，美国、中国分列前两位，分别为72家和16家。由于中国经济增速放缓、互联网和移动互联网市场格局逐渐固化，2019年中国新生独角兽企业数量较2018年减少50%。

四、中小微企业的技术创新

中小微企业是推动我国经济高质量发展的重要基础和关键增长点，这些量大面广的企业是实体经济的脊梁、制造业的基本面。目前，国际上对于中小微企业的划分标准不尽相同。对比我国和世界银行对中小微企业划分的标准，可以看到我国定义的中型企业、小型企业和微型企业规模比世界银行标准高近两倍。按照我国标准，目前中小微企业已经成为经济主力。截至2018年末，全国中小企业超过3900万户，微型企业超过7000万户，微型企业实际上包含了个体户和农村合作社。全国的市场主体到2018年达到了1.1亿户，数量巨大。中小微企业占全部市场主体的比重达到了99.6%，产出60%以上的GDP、50%以上的税收、80%的就业岗位。同时，中小微企业完成了65%的发明专利和80%以上的新的产品研发。虽然我国中小微企业在近年高速成长，对就业、新动能、经济增长起到支撑作用，展现了以“放管服”、双创战略为主体的一系列政策的良好效果，但其创新发展依然存在着较多问题。

第一，中小微企业粗放式增长背后发展质量不高问题显现。尽管各类规模指标都显示中小微企业创新发展趋势持续向好，但中小微企业的竞争力并没有显著提升，这反映出这个群体的整体创新发展质量仍然不高。一是盈利能力不高，应对要素成本上升能力弱。中小微企业的平均利润率较低，议价能力弱，当原材料成本上升时全盘承受，而当原材料成本下降时享受红利有限。二是创新能力不强。根据阿里巴巴中小企业商学院2017年的调查，有超过1/3的企业认为自己的创新能力不强。根据中国家庭金融调查2015年的数据，90%的小微企业无创新活动。尽管也有高技术园区、产业园区孕育了一些科技型小微企业，受到风投青睐获得大量资金支持，但大部分中小微企业创新能力仍然较弱。三是产品附加值低。根据产业链分布，在大多数附加值高的领域中小微企业比例都偏低。

第二，中小微企业资金链易受突发事件影响，融资、贷款难。中小微企业更容易被劳动力不足、上游供应链成本提升等问题所困扰，进而陷入资金链断裂的困境。相比大型企业，中小企业更难获得融资、贷款等金融支持，尤其是具有轻资产特点的科技型中小企业。例如，2020年2～8月，在疫情影响下信息和通信技术（ICT）服务业的注吊销率高达6.3%，甚至高于受疫情影响严重的批发零售（5.8%）、住宿餐饮（6.2%）等生活性服务业。导致这种现象的一个重要原因是投资到该行业的资金较2019年同期减少3.81万亿元，降幅达到85.9%，远超其他行业和类型的企业。

第三，支持中小微企业创新发展的政策覆盖范围不够广、落实不畅。近年来，中央和地方各级政府已积极出台各类扶持中小微企业创新发展的政策，从财政、金融、创新和公共服务等方面给予大力支持（见表8-1）。已出台的政策都很有针对性，能够一定程度缓解部分中小微企业所承受的压力，但也存在覆盖范围不够广、落实不畅等问题。例如缺少对供应链、技术创新体系方面的政策支持，对中小微企业与受疫情影响的国外企业合作也缺乏引导。此外，部分政策由于出台方和执行方之间跨部门、跨区域而难以协调，落实质量大打折扣。例如，政策规定政府采购面向中小企业的比例不能低于30%，但实际执行部门为规避责任大多选择大型企业。

表8-1　中小微企业创新政策

政策指向	政策名称
综合性	《国务院关于进一步促进中小企业发展的若干意见》《关于进一步促进科技型中小企业创新发展的若干意见》《关于印发〈关于支持中小企业技术创新的若干政策〉的通知》《国务院关于扶持小型微型企业健康发展的意见》《国务院关于进一步支持小型微型企业健康发展的意见》《国务院关于扶持小型微型企业健康发展的意见》《关于促进中小企业健康发展的指导意见》《工业和信息化部关于开展扶助小微企业专项行动的通知》《科技部关于进一步推动科技型中小企业创新发展的若干意见》《工业与信息产业部关于促进中小企业“专精特新”发展的指导意见》
金融	《国务院办公厅关于金融支持小微企业发展的实施意见》《国务院关于全国中小企业股份转让系统有关问题的决定》《发展改革委关于加强小微企业融资服务支持小微企业发展的指导意见》《中国银监会关于2014年小微企业金融服务工作的指导意见》《融资性担保业务监管部际联席会议关于促进融资性担保机构服务小微企业和“三农”发展的指导意见》
创新创业	《关于支持开展小微企业创业创新基地城市示范工作的通知》
财政	《关于提高科技型中小企业研究开发费用税前加计扣除比例的通知》《关于中小企业融资（信用）担保机构有关准备金企业所得税税前扣除政策的通知》《关于金融企业涉农贷款和中小企业贷款损失准备金税前扣除有关问题的通知》《关于印发〈中小企业发展专项资金管理暂行办法〉的通知》《关于对小微企业免征有关政府性基金的通知》《关于继续执行小微企业增值税和营业税政策的通知》《财政部税务总局关于小型微利企业所得税优惠政策有关问题的通知》《财政部国家税务总局关于进一步支持小微企业增值税和营业税政策的通知》《财政部工业和信息化部科技部商务部关于印发〈中小企业发展专项资金管理暂行办法〉的通知》《国家税务总局关于进一步加强小微企业税收优惠政策落实工作的通知》《中国人民银行关于开办支小再贷款支持扩大小微企业信贷投放的通知》《证监会发布全国中小企业股份转让系统有限责任公司管理暂行办法》
公共服务	《关于印发〈科技型中小企业评价办法〉的通知》《国家知识产权局关于知识产权支持小微企业发展的若干意见》《国家开发银行关于科技型中小微企业授信评审的指导意见》《中国人民银行关于加快小微企业和农村信用体系建设的意见》《中国银监会关于完善和创新小微企业贷款服务提高小微企业金融服务水平的通知》《中国银监会关于2015年小微企业金融服务工作的指导意见》《关于支持打造特色载体推动中小企业创新创业升级实施方案》

过去几十年，我国企业保持了多元化快速发展态势，技术创新能力大幅提升。在新的国际形势和技术发展趋势下，应理性看待我国企业高增长现象背后产业的阶段性特征和资源优劣，重视行业发展不均衡和创新治理难题。一是旧治理体系和利益格局的阻力。例如，新形势下需要扩大科技创新治理部门的权限，容易引发利益相关部门的抵触。这是当下很多大型企业（尤其是央企）所面临的治理难题。二是资源有限约束下追求多元目标。我国大多数企业在具备一定资本、技术积累后，更愿意走多元化发展路径，少有企业能在一个技术领域不断深挖，这使得战略技术和产业共性技术的研发支撑不足。三是平台垄断现象显现。我国一大批数字平台企业快速崛起，在大幅提高经济效率、增进社会福利的同时，也带来了新的创新治理难题。例如，数字平台的双边市场特性及边际成本递减特征，容易导致数字平台因汇聚海量用户数据而发生流量垄断问题。此外，数字平台企业间的合并现象频发，反竞争效应显现，引发了限制竞争和打压创新的担忧。

第三节

企业技术创新的形势与展望

《中华人民共和国国民经济和社会发展第十四个五年规划和2035年远景目标纲要》围绕“提升企业技术创新能力”提出要完善技术创新市场导向机制，强化企业创新主体地位，促进各类创新要素向企业集聚，形成以企业为主体、市场为导向、产学研用深度融合的技术创新体系。并从政策组合、科研基地、服务体系等方面提出了政策方向。在新的形势下，企业技术创新要从承载战略使命、推进创新要素改革、适应数字化转型趋势等方面完善体制机制。

一、企业技术创新面临新的形势

经过几十年的数次跨越式发展，我国企业的技术创新活动规模、技术创新能力得到了质的提升，少数企业甚至在技术应用、融合创新等方面逐步进入国际竞争的前沿。与此同时，当今世界正经历百年未有之大变局，新冠肺炎疫情全球大流行使这个大变局加速演进，保护主义上升、世界经济低迷、全球市场萎缩[1]。在国内外环境深刻变化的形势下，党中央提出加快构建以国内大循环为主体、国内国际双循环相互促进的新发展格局。只有大力推动企业技术创新，才能把竞争和发展的主动权牢牢掌握在自己手中。

第一，我国企业在研发投入效率、国际竞争力等方面取得了巨大进步，但离进入创新型国家前列的目标还有明显的差距，这在研发投入规模大幅扩大后更加凸显。此外，我国企业的研发投入强度仍然偏低，2016年规模以上工业企业研发经费

[1] 李晓红：《提升企业技术创新能力》，http://www.xinhuanet.com/politics/2021-01/14/c_1126981697.htm。

投入强度仅为0.94%，而美国、日本、德国等国家均超过2%。

第二，逐步进入创新“无人区”的企业后发优势逐渐消失、试错成本大幅提升，将面临内部管理、外部环境等多方面挑战。一是研发投入的挑战。企业进入创新“无人区”后，原有的后发优势逐渐消失，对科技要素的关注将从工艺创新、产品开发等环节转向基础理论研究，这往往会导致研发强度（即研发投入总量占营业收入的比例）增大。二是研发领域选择的挑战。我国企业目前主要采取“跟随式”研发的方式，即开发那些已经被证明符合市场需求的产品。进入创新“无人区”后，企业需要自己确定研发领域，而领域选择会直接影响企业的长期发展。在我国，企业由于刚刚进入创新“无人区”，技术领域选择的方法、前瞻性等方面都较为薄弱。三是研发管理模式的挑战。随着基础研究的增加，我国企业所擅长的集成式、递进式的研发理念和管理模式也将面临挑战。企业不仅要向研发合作伙伴提出具体的技术需求，也要根据新的产品概念分解出技术需求，进而将这些技术需求上溯为可能的科学问题。这就要求企业的技术人员和管理人员具有更高的科学素养，有能力参与基础理论领域的学术活动。四是市场规制的挑战。在后发优势条件下，我国企业在市场规制方面可以参考国外的技术标准、经验、教训。进入创新“无人区”后，创新产品的市场准入无法借鉴已有经验，需要建立在大量全新的市场信息和决策知识基础上。特别是信息和通信技术在向其他产业领域扩散过程中，将面临大量新的市场准入、规制等问题。五是国际竞争环境的挑战。我国企业进入创新“无人区”后，很可能被其他国际一流企业及其所在国政府视为主要竞争对手，参与国际研发合作将面临更多“保护主义”。

第三，近年来，随着我国企业海外投资规模持续增长，一些新问题成为制约我国企业“走出去”的重要因素。具体表现在以下几个方面：一是由于东道国政府不希望重点领域的核心技术外溢，因此部分发达国家收紧外资准入政策。二是我国参与国际标准制定水平低的问题更加凸显，令企业海外投资处于被动局面。三是企业国际化人才匮乏。现阶段，我国企业人才国际化程度低的问题十分严峻。根据麦肯锡发布的报告《透视中国创投生态　抓住十年黄金期》，截至2020年12月，中国仅有约7000名具备国际经验的经理人，远无法满足实际需求。此外，中国企业海外投资大多获得了国字号银行和投资机构的大力支持，这种融资方式会加深中国企业海外投资不是单纯市场行为而是受政府产业政策影响的印象。

二、企业技术创新和国家战略科技力量

面对国内外新的形势要求，要大力提升企业自主创新能力，尽快突破关键核心技术，使企业成为国家战略科技力量的重要组成部分，这是关系我国发展全局的重大问题，也是全面建设社会主义现代化国家的必然要求。

核心技术可按不同维度进行划分：按时间可分为紧急核心技术和常规核心技术；按复杂性可分为复杂核心技术[1]和一般核心技术，例如光刻机、航空发动机等属于复杂核心技术，元器件、部件和材料等属于一般核心技术；按创新程度可分为延续性核心技术和颠覆性核心技术，例如在数字技术领域，既有硅基半导体设备、材料、设计、工艺等延续性核心技术，也有面向未来的强人工智能、量子计算、新型半导体存储计算等与国外基本同步，需要超前谋划、抢先占领制高点的颠覆性核心技术。从当前的国际竞争环境看，最需要政府关注的是两类：延续性的复杂核心技术、颠覆性的一般核心技术。相对而言，延续性的一般核心技术应由企业通过市场化的合作竞争获得，颠覆性的复杂核心技术是技术演化竞争的未来结果，无法提前进行设计和安排。针对延续性的技术攻关，需要给予企业更多发挥作用的机会，大力强化企业创新主体地位，促进各类创新要素向企业集聚，让企业真正成为技术攻关的方案制订者、方案实施者和技术成果拥有者。

第一，按照创新发展规律、科技管理规律、市场经济规律办事，加强科技创新资源统筹，提高企业在技术攻关资源配置中的话语权，发挥企业在技术创新决策、

[1]　罗伯特·W. 里克罗夫特、董开石：《复杂性挑战——21世纪的技术创新》，李宁译，北京大学出版社，2016。

研发投入、技术攻关组织、成果转化应用等环节中的主体作用。

第二，支持企业牵头组建创新联合体，与大型科研机构建立多种形式的合作关系，构建产学研协作新模式和产学研协同创新网络。依托龙头企业推行以重大任务为导向的科研组织模式。在核心技术攻关任务中，建立法人负责制，对承担主体合理赋权，充分发挥法人主体的积极性与主动性，允许其自主探索更加有效的组织、管理和协调机制。

第三，探索项目专员聘用制、技术采购制，允许法人主体自主聘用职业经理人、首席科学家等，集中推进攻关项目的有序实施。针对特定技术问题，鼓励通过后补助方式，选取多个研究团队围绕不同技术路径开展“背靠背”研究。

三、企业技术创新与创新要素市场化改革

针对新趋势引发的问题和挑战，政府应该在推动企业创造和利用知识资本、促进创新要素与创新资源的全球流动方面起到更多积极作用，从财政投入结构、营造创新环境和促进国际合作等方面适当调整政策。

第一，优化政府投入结构。一是可以适当增加政府对通用知识和基础研究的创新投入，鼓励领先企业开展基础研究，让它们参与或牵头国家（应用）基础研究项目，直接分摊企业在基础研究方面的成本。二是根据政策对象的不同发展阶段分类引导。针对当前我国少数进入创新“无人区”的企业，可以通过政府采购或政府购买服务等方式为企业技术创新创造市场需求，营造容许失败的创新文化氛围以弘扬企业家创新精神。对那些数量众多的跟踪、模仿的企业，可以考虑通过政策手段强制性提高企业消化吸收经费支出与引进技术经费支出的比例，提高企业对国际先进技术的学习和应用开发能力。三是政策导向逐渐从优惠减免向激发内生动力转变。过去政府支持企业知识生产和配置多采取财政补贴和税收减免等直接方式，随着企业规模不断扩大并向多元化发展，优惠减免的方式不能从根本上提升企业的生产和配置效率。需要通过环境、质量、要素成本、反垄断等倒逼机制，提升企业知识生

产的自组织动力，有效保护企业通过创新获得的合法利益。

第二，为企业营造良好的创新环境。一是政府增强服务型功能属性，拓展企业获取科学技术知识的渠道。为知识跨主体的流动和配置提供可产品化的具体服务，促进公共科技资源开放，在基础数据、检验检测、试点示范方面为企业提供多元化的公共产品。此外，鼓励企业通过研发合作外包等方式与科研机构开展合作，鼓励有条件的企业代表更多地参与各类学术活动。二是政策着力点要从创新链前端拓展到后端，引导企业集成技术、资本、人力等资源，形成“科学研究—成果转化—产业化发展”的一体化创新模式，促进人才、技术、资本与产业的深度融合。此外，政府应该建立创新治理的社会参与机制，破除非市场因素的壁垒，促使企业通过公平的市场竞争实现价值。三是为不同技术路径提供公平的市场竞争机会。对于财政支持的项目，可考虑改革项目管理方式，不再过多依靠专家进行技术路径的选择，而是针对同一目标选取多个研究团队围绕不同技术路径开展“背靠背”研究。适度降低市场准入门槛，允许多种技术路径在市场中试错，健全市场退出机制。扮好政府作为先行用户的角色，通过政府采购带动企业创新和发展。

第三，为企业“走出去”开启绿色通道。一是为企业国际科技合作提供良好环境。鼓励企业立足自主研发，提高与国际领先企业、科研机构的合作谈判能力。在市场机制难以发挥作用、企业技术竞争缺乏回旋余地的情况下，建议通过签订政府间合作框架协议、开展政策协调等方式，为企业国际科技合作营造基础性的制度环境。二是加强以企业需求为导向的国际化人才培养，为企业提供更多在职员工定向培训。提高创新创业服务机构的服务能力，为企业提供科技情报等服务，降低企业在“走出去”过程中由信息不对称造成的损失。

四、企业技术创新与创新治理

面向企业技术创新的宏观治理，是推进国家治理体系和治理能力现代化的重要组成部分。提升企业技术创新治理能力，必须坚持系统观念、问题导向，从考核评价、人员激励、市场引导等多方面推进改革。

第一，调整国有企业考核导向，引导国有企业加强中长期的科研积累。一是在已开展试点的基础上，扩大国有企业经营业绩考核改革措施的适用范围。在此基础上，逐步将研发经费在国有企业经营业绩考核中部分甚至全部视同利润。设计不同行业企业的分类考核评价体系，逐步提高反映技术创新体系建设推进情况的相关指标在考核中的权重。扩大重大科技成果的认定范围，对考核期内获得重大科技成果的企业落实加分奖励。二是引导有条件的国有企业建立制度性的科研投入机制。建立国有资本经营预算支出中的科技创新支出稳定增长机制。引导国有企业建立多渠道的科技投入机制，鼓励国有企业利用信贷政策和多层次资本市场体系，积极引入民间资本参与技术创新项目，通过多种资金来源保障国有企业科技创新投入。三是依托科研机构和团队建设促进长期科研积累。支持有条件的国有企业设立或联合组建研究院所、实验室、新型研发机构、技术创新联盟等科研机构和组织。围绕上述科研机构和组织设立首席技术专家，对其实施相对较长周期的聘用、考核制度，在企业负责人正常变动情况下保持科研团队和领军人才的相对稳定。

第二，改革国有企业薪酬制度，细化落实人员激励政策措施。一是在岗位、薪酬方面赋予企业更大的决策自主权。根据不同地域、不同职能岗位构成性质，可以按照创新驱动的评价导向调整薪酬标准，实施弹性工资总额。落实《中华人民共和国促进科技成果转化法》中关于国有企业对科技人员奖励的支出不受工资总额限制的规定，研究制定实施细则，实现科研人员报酬与创新绩效挂钩。将高层次人才引进经费单列，不纳入工资总额，便于企业引进优秀人才，激励企业员工创新创业。二是扩大享受科技创新激励政策的企业范围。总结中央企业分红权激励试点、国有科技型企业股权和分红激励的经验，扩大试点领域和范围，将技术创新形成的收益参照股权、分红等激励制度逐步向国有企业推广。

第三，引导企业调整创新模式，主动适应市场需求变化。一是结合混合所有制改革，促进不同类型企业间优势互补。在技术路径稳定、技术复杂度高的重大领域，如核电、航天、高铁等涉及国家经济安全、信息安全等的领域，推动国有企业继续实现突破，尤其在应用基础研究、关键共性技术、现代工程技术等方面发挥主导作用。在行业周期较短、技术更新换代变化迅速的创新领域，如互联网、大数据、云计算领域，充分发挥民营企业灵活性强、市场导向、商业模式领先的优势，实现民营企业与国有企业在创新领域和创新能力方面的互补。支持大型企业向中小型企业开放创新资源，建设大中小企业融通发展的众创平台。二是引导有条件的企业开展内部创业。鼓励国有企业根据本领域特点设立创新创业基金，开展创新创业项目的遴选、培育和扶持工作。通过协议将内部创业团队与国有企业利益捆绑起来，采取股权、期权、分红等激励方式，调动企业内部人员创业积极性。同步改革国有企业人事制度，制定企业内部人员离岗创业政策，为经同意离岗的员工在一定期限内保留人事关系。

五、企业技术创新与数字化转型

数字经济时代ICT企业的创新转型绝非简单应用网络的行为，而是将数据作为与劳动力、资本、土地同等重要的新生产要素和创新产出驱动力，通过跨界融合与价值创造，实现数字技术赋能企业，促进高质量发展。面对这种融合带来的机遇和潜在风险，政府需要结合当前国际疫情形势，主动采取措施，推动治理理念、治理工具、治理手段等方面全方位变革，促进ICT产业内外融通。

第一，把握全球疫情传导扩散的趋势，拓展数字化产品（服务）的国际应用。当前，疫情已发展为国际大流行趋势，许多发达国家由于疫情影响被迫大规模停工停产，这将对全球产业分工产生深远影响，给予我国企业扩大海外合作的机会。政府应该把握疫情全球变化给企业创新发展带来的新机遇、新挑战，充分发挥我国制造业比较优势，推动企业融通创新和数字转型。一是总结疫情中利用互联网、人工智能、大数据等技术形成网上办公、视频会议、远程协作和数字化管理等的经验，在远程办公、远程教育、公共管理等方面提出商业解决方案，并向疫情扩散国家推广。二是针对部分传统产业的用工危机，建立技术改造基金、创新风险补偿基金，形成有利于传统产业提质增效的数字生态系统。鼓励企业开展智能化装备、自动化生产线及供应链流程重组及技术改造。

第二，重点面向“一带一路”国家，加强新基建[1]的内外融通。此次疫情充分暴露了国内外在数字治理方面的共性问题，既给我国敲响了警钟，也为我国进一步拓展国际合作、降低数字脱钩风险提供了机遇。新基建将在新一轮国际合作中起到桥梁作用，能够促进我国数据基础和软件的国际化发展。一是加快新型基础设施建设，推动公共部门和研发活动的数字化。加快5G网络、数据中心等新型基础设施建设进度，推动大数据发展与科研创新有机结合，形成大数据驱动型的科研创新模式。构建科学大数据国家重大基础设施，实现对国家重要科技数据的权威汇集、长期保存、集成管理和全面共享。二是促进国内外企业融通创新，鼓励中小企业参与“一带一路”投资贸易合作，积极融入大型跨国公司的产业创新生态。我国大中型企业在海外布局时，也要主动带动国外企业加入。三是将新基建作为我国新时代扩大开放的突破口。引导鼓励企业参与国外（尤其是“一带一路”国家）的新型基础设施建设，推动数据、创新要素和生产要素的跨界流动和全球化配置，促进数字领域的国际融合。

第三，加强信息领域关键核心技术攻关，推动核心技术成果转化。信息领域的核心技术受制于人是我国最大的隐患，要掌握我国ICT领域发展的主动权，防范数字脱钩带来的一系列问题就必须在核心技术上有所突破。一是形成信息领域核心技术攻关组织管理体制机制。建立新的项目分类机制，根据项目不同特点有针对性地发挥市场和政府的作用；建立权责明确的项目组织制度，完善项目“行政+技术”两条线管理模式，确立以技术专家为核心的技术负责制。二是促进大中小企业融通创新，建设由大型企业牵头，中小型企业、高校等共同参与的创新联合体，推动核心技术产业化，实现大中小企业创新链和价值链的有机融合。三是政府扮好先行用户的角色，通过政府采购等方式支持我国信息领域关键核心技术攻关成果的市场应用。

[1] 新基建指新型基础设施建设，主要包括七大领域：5G基建、特高压、城际高速铁路和城际轨道交通、新能源汽车充电桩、大数据中心、人工智能和工业互联网。

CHAPTER 9

第九章

中国科技创新的支撑力量：国家科技创新基地

国家科技创新基地是围绕国家目标，根据科学前沿发展、国家战略需求以及产业创新发展需要，开展基础研究、行业产业共性关键技术研发、科技成果转化及产业化、科技资源共享服务等科技创新活动的重要载体，是国家创新体系的重要组成部分。中国从20世纪80年代开始国家科技创新基地的建设工作，经过多年的努力，国家科技创新基地建设取得了重要进展，在孕育重大原始创新、推动学科发展和解决国家重大科学技术问题方面发挥了主导作用，解决了一大批共性关键技术问题，推动了科技成果转化及产业化，带动了相关产业发展，为推动科技进步、提升自主创新能力、保障经济社会发展提供了有力支撑。

第一节

国家科技创新基地的发展历程和建设成效

一、国家科技创新基地的建设与分类

（一）创新基地的概念与分类

关于创新基地的理解，学术界主要有三方面的认识。一是载体论，认为创新基地是集成创新资源的重要载体，是开展科研活动的主要条件和物质基础，是承接项目、培养高层次人才、开展国际合作的依托单位；二是体系论，认为创新基地是国家创新体系的重要组成部分，更是核心依托力量；三是能力论，认为在《国家自主创新基础能力建设“十一五”规划》中指出的“创新基地”作为创新基础能力的构成部分，与研究试验体系、科技公共服务体系、产业技术开发体系、企业技术创新体系等共同构成自主创新能力的物质支撑体系。

从组织形态看，创新基地主要是依托高校、科研院所和企业建设的各级实验室和工程（技术）中心等。从功能和类型看，创新基地主要包括以下这些：处于基础研究（或应用基础研究）阶段的国家重大科技基础设施、国家重点实验室、国家实验室、行业重点实验室等；处于技术开发与工程化阶段的国家工程技术研究中心、国家工程实验室、企业技术中心等；处于产业化阶段的国家级高新区、生产力促进中心、技术转移中心等；为各类创新基地提供科技基础条件支持和资源共享服务的国家科技基础条件平台（见表9-1）。

表9-1　创新基地的载体

名称	科研阶段	主要功能	依托单位
重点实验室	基础研究	科学研究与技术开发	大学、科研院所、企业
工程技术研究中心	应用研究	应用技术的工程化	大学、科研院所、企业
技术转移中心	试验发展	技术商业化与推广示范	大学、科研院所、企业、科技园
孵化器（育成中心、创新中心、创业中心）	试验发展	技术商业化与推广示范	企业、大学科技园、高新区
大学科技园	基础研究、应用研究、试验发展	技术商业化与推广示范	公共服务平台＋外部机构
公共科技服务平台	基础研究、应用研究、试验发展	提供技术开发、试验、推广及产品设计、加工、检测等公共技术支持	大学科技园、大学、科研院所、高新区、生产力促进中心、孵化器、企业
高新区（工业园、产业园、软件园）	基础研究、应用研究、试验发展	技术成果产业化	—
新型科研组织	基础研究、应用研究、试验发展	拥有研究与试验、技术开发与工程化、技术转移与创业服务、技术产业化等一整套较为完整的创新功能	高新区、企业、科研院所、大学

（二）国家科技创新基地的概念与分类

2017年，科技部、财政部、国家发展改革委三部委印发了《国家科技创新基地优化整合方案》，明确界定了国家科技创新基地的概念，即国家科技创新基地是围绕国家目标，根据科学前沿发展、国家战略需求以及产业创新发展需要，开展基础研究、行业产业共性关键技术研发、科技成果转化及产业化、科技资源共享服务等科技创新活动的重要载体。该方案还提出将国家科技创新基地优化整合为科学与工程研究类、技术创新与成果转化类、基础支撑与条件保障类三类基地，如表9-2所示。

（1）科学与工程研究类国家科技创新基地瞄准国际前沿，聚焦国家战略目标，围绕重大科学前沿、重大科技任务和大科学工程，开展战略性、前沿性、前瞻性、基础性、综合性的科技创新活动。科学与工程研究类国家科技创新基地主要包括国家实验室、国家研究中心、国家重点实验室。

（2）技术创新与成果转化类国家科技创新基地面向经济社会发展和创新社会治理等国家需求，开展共性关键技术和工程化技术研究，推动应用示范、成果转化及产业化，提升国家自主创新能力和科技进步水平。技术创新与成果转化类国家科技创新基地主要包括国家工程技术研究中心、国家工程研究中心和国家工程实验室。

（3）基础支撑与条件保障类国家科技创新基地为发现自然规律、获取长期野外定位观测研究数据等科学研究工作，提供公益性、共享性、开放性的基础支撑和科技资源共享服务。基础支撑与条件保障类国家科技创新基地主要包括国家科技资源共享服务平台、国家野外科学观测研究站。

表9-2　国家科技创新基地的载体

类型	名称	总量/个	启动年份	主管机构
科学与工程研究类	国家实验室	1	2000	科技部
	国家研究中心	6	2003	科技部
	国家重点实验室	491	1984	科技部
技术创新与成果转化类	国家工程技术研究中心	346	1992	科技部
	国家工程研究中心	132	1992	国家发改委
	国家工程实验室	194	2006	国家发改委
基础支撑与条件保障类	国家科技资源共享服务平台	28	—	科技部
	国家野外科学观测研究站	105	1999	科技部、中科院

二、国家科技创新基地的发展与定位

（一）国家实验室

国家实验室是体现国家意志、实现国家使命、代表国家水平的战略科技力量，是面向国际科技竞争，围绕国家重大科技任务、国家重大科学工程、国家重大科学方向建设的突破型、引领型、平台型一体化的大型综合性研究基地。

我国国家实验室建设经历了三个发展阶段：20世纪80年代至90年代，在国家政策和资金的支持下，以基础性研究为主要应用方向的大科学装置相继建成，我国建成了第一批国家实验室，依托大科学装置，国家实验室在基础性研究及交叉学科研究等领域取得了很多成果，初步实现了在重要领域追赶世界先进科学水平的战略目标。进入21世纪，增强自主创新能力逐渐成为我国科技战略的核心目标，通过整合原有科技资源，新一批国家实验室在国家的大力支持下获批筹建，通过组织开展重大原创性研究，开展关键性技术自主研发，积极探索国家实验室管理体制和运行机制创新，吸引、凝聚和培养创新型科技人才等，试点国家实验室在国家创新能力的提升中发挥了一定作用。党的十八大以来，科技创新摆在了国家发展全局的核心位置，面向国家重大战略需求，我国对新一轮国家实验室建设进行了布局，使国家实验室在国家科技创新基地建设中发挥引领作用。

（二）国家重点实验室

国家重点实验室是国家组织高水平基础研究和应用基础研究、聚集和培养优秀科技人才、开展高水平学术交流的重要基地，是依托大学和科研院所建设的科研实体，其主要任务是针对学科发展前沿和国民经济、社会发展及国家安全的重要科技领域和重要科技方向，开展创新性研究。

20世纪80年代至90年代，国家重点实验室计划启动实施，先后在基础理论研究、应用研究和工程领域布局建设国家重点实验室。1990年后，国家计委和国家科委分别组织对国家重点实验室进行评估，根据评估结果向实验室发放设备更新费和运行补助费。1998年，科技部开始规范国家重点实验室建设、管理、评估机制，并围绕重要科学前沿领域和国家重大需求遴选高校和科研院所的优势团队和学科新建国家重点实验室。2000年前后，为推动产研、军民、区域合作，国家开展了港澳国家重点实验室、军民共建国家重点实验室、省部共建国家重点实验室和企业国家重点实验室建设。2008年，国家设立国家重点实验室专项经费，从开放运行、自主选题研究和科研仪器设备更新三方面，加大国家重点实验室稳定支持力度。同时，创新支持机制和管理方式，实行以5年为周期的定期评估机制，2014年《国家重点实验室评估规则》修订发布，强调定期评估在年度考核的基础上进行，建立定期评估与年度考核有机结合的制度。经过30多年的建设发展，国家重点实验室体系初步形成，依托高校、科研院所和企业等共建设了501个国家重点实验室，其中包括6个国家研究中心、253个学科国家重点实验室、175个企业国家重点实验室和32个省部共建国家重点实验室。目前，国家重点实验室共有4万余人，包括两院院士630人，杰出青年1600余人。实践充分证明，开展国家重点实验室建设符合我国国情，是我国推动科技创新、提高自主创新能力的重要方式。

（三）国家工程技术研究中心

国家工程技术研究中心主要依托行业、领域科技实力雄厚的重点科研机构、科技型企业或高校建设，围绕产业技术创新需求，以产业共性关键技术研发、中试熟化以及转化应用为基本功能，旨在提高科技成果的成熟度、配套性和工程化水平，加速科技成果向现实生产力转化应用，为国民经济和社会发展提供技术创新支撑。1991年，国家科委在对国民经济和社会发展有重要影响的行业开始建设国家工程技术研究中心。

国家工程技术研究中心建设发展可分为四个阶段：一是创建奠基阶段（1991—1995年）。1991年，我国启动国家工程技术研究中心建设计划，在对国民经济和社会发展有重要影响的行业组建国家工程技术研究中心，并颁布《国家工程技术研究中心暂行管理办法》。二是规范管理阶段（1996—2000年）。设立国家工程技术研究中心组建的专项经费，形成由财政经费、银行贷款、自筹经费共同支持的“三三制”格局，并逐步规范国家工程技术研究中心管理，开展运行评估和年报编制等工作。三是巩固优化阶段（2001—2005年）。发布《“十五”期间国家工程技术研究中心建设的实施意见》，国家工程技术研究中心建设更加注重发挥行业部门和地方的作用，并优先支持中西部地区以配合西部大开发战略的实施。四是分类管理阶段（2006年至今）。重点围绕十大振兴产业和战略性新兴产业崛起开展国家工程技术研究中心建设，优化布局，新建数量迅速增加，同时按照分类管理的思路，给予公益类和企业类国家工程技术研究中心不同的经费支持。

截至2018年，国家工程技术研究中心建设总数达360个，涵盖了农业、制造业、电子与信息通信、材料、能源与交通、建设与环境保护、资源开发、生物医药等主要行业，有力地推动了我国相关产业的快速发展。

（四）国家工程研究中心

国家工程研究中心依托具有较强研究开发和综合实力的高校、科研机构和企业等建设，以提高自主创新能力和增强产业核心竞争力为目标，通过建立工程化研究、验证的设施和有利于技术创新、成果转化的机制，培育、提高自主创新能力，促进产业技术进步和核心竞争力提高。1992年11月，国家计委启动了国家工程研究中心建设工作。2002年，《关于建设国家工程研究中心的指导性意见》发布，规范了国家工程研究中心建设管理工作，明确了“科技成果产业化、运行机制企业化、发展方向市场化”的建设与运行方针。2007年，《国家工程研究中心管理办法》发布，明确了国家工程研究中心作为国家创新体系的重要组成部分，由国家发展改革委负责制定并发布国家工程研究中心有关政策文件，指导、组织国家工程研究中心的审核、评估等工作。2020年，《国家工程研究中心管理办法》修订发布，新办法规定了建设国家工程研究中心的宗旨和主要目的，国家工程研究中心的主要任务、责任与义务；规范了申报、组建、评价等管理行为，如规定拟申请国家工程研究中心组建的实施主体单位应具备的条件和3年筹建期的工作等，每3年1次的优胜劣汰、动态调整的运行评价要求，撤销称号和停止享受国家支持科技创新进口税收政策等相关政策的相关情形等。

截至2018年，已建成和启动建设的国家工程研究中心共132个，主要涉及机械、生物医药、石油化工、信息和航空、冶金材料、农林和资源环境等领域。国家工程研究中心以科技成果产业化、运行机制企业化、发展方向市场化为核心，提升了传统产业的技术水平和核心竞争力。

（五）国家工程实验室

国家工程实验室是为了提高产业自主创新能力和核心竞争力，突破产业结构调整和重点产业发展中的关键技术装备瓶颈，强化对国家重大战略任务、国家重点工程的技术支撑和保障，依托企业、科研院所或高校等设立的研究开发实体。2005年，国家发展改革委启动国家工程实验室的建设工作。2007年，《国家工程实验室管理方法（试行）》发布，明确了国家工程实验室的定位和任务。截至2016年，已建成和启动建设的国家工程实验室共154个，基本涵盖了农林、机械制造、生物医药、石油化工、冶金材料、电子信息、交通运输、航空航天等我国主要行业的重点领域，并在相关工程领域发挥了重要的支撑作用。

（六）国家技术创新中心

国家技术创新中心是为贯彻党的十九大关于“建立以企业为主体、市场为导向、产学研深度融合的技术创新体系”重大决策部署而设立的。国家技术创新中心重点聚焦有望形成颠覆性创新、引领产业技术变革方向、影响产业未来发展态势、抢占未来产业制高点的领域。2017年，科技部发布《国家技术创新中心建设工作指引》，文件明确“十三五”期间布局建设20家左右的国家技术创新中心。根据功能定位、建设目标、重点任务等不同，国家技术创新中心分为综合类和领域类两个类别。其中，三大综合类国家技术创新中心是京津冀国家技术创新中心、长三角国家技术创新中心、粤港澳大湾区国家技术创新中心；已获批的领域类国家技术创新中心包括国家新型显示技术创新中心、国家合成生物技术创新中心、国家高速列车技术创新中心等。

（七）国家重大科技基础设施

国家重大科技基础设施是为探索未知世界、发现自然规律、实现技术变革提供极限研究手段的大型复杂科学研究系统，是突破科学前沿、解决经济社会发展和国家安全重大科技问题的物质技术基础。从20世纪50年代开始，我国陆续兴建了北京正负电子对撞机、上海光源、海洋科考船等一大批设施，设施数量不断增加，建造规模和覆盖领域逐步扩大，目前建成的以及在建的国家重大科技基础设施共有32个。依托设施支撑完成了载人航天、探月工程等多项国家重大科技任务，解决了高速列车研制、农作物基因改良等一批关系国计民生和国家安全的重大科技问题，推动我国高能物理、等离子体物理、结构生物学等领域部分前沿研究进入国际先进行列。

（八）国家科技资源共享服务平台

国家科技资源共享服务平台是以科技资源为基础，以政策机制为纽带，采用现代信息网络技术而形成的逻辑上高度统一、物理上合理分布、服务于全社会科技创新的网络化的支撑环境，是为全社会的科学研究、技术创新和社会民生提供共享服务的网络化、社会化的组织体系。截至2018年，我国已经在多个领域建成了28个国家科技资源共享服务平台。国家科技资源共享服务平台在优化配置科技资源、支撑科技研发活动等方面发挥了重要的作用，已经成为推进产学研结合的技术创新体系建设的重要载体，并且在组织管理、共享服务、资源整合方面形成了独具特色的运营模式。

（九）国家野外科学观测研究站

国家野外科学观测研究站是地球科学、生态与资源科学、宏观生物学、农林科学和材料科学等学科发展必须依赖的基本研究手段和试验基地。它主要借助现代技术手段，对自然（或半自然）的变化过程进行长期持续的观测试验与研究，揭示自然界现象的发生特点、演化规律、内在机理以及与人类影响的关系，为寻求人类社会现代化发展新途径提供地球系统数据、信息保障与公共研究平台。1999年，科技部从中国科学院、国家林业局、农业部和教育部等所属的野外科学观测试验站中选出35个作为国家野外科学观测研究站试点。目前，全国共有生态系统、特殊环境与灾害、大气本底、材料腐蚀、地球物理等方面的国家野外科学观测研究站105个，初步形成了跨部门的国家野外科学观测研究网络体系。此外，原农业部、教育部、水利部、原国家林业局也分别建设了具有部门特色的科技创新基地，成为建设国家科技创新基地的必备基础。

三、国家科技创新基地取得的成效

国家科技创新基地是带有战略性的科技创新平台，在国家科技布局中发挥着基础和核心作用，通过开展科技创新研究、推动技术开发和成果转化以及提供基础支撑与科技资源共享服务，切实推进创新驱动发展战略的落实实施。总体来看，国家科技创新基地在支撑国家战略目标、体制机制创新探索、推动资源开放共享、服务科技成果转化，以及开展前沿科学研究等方面取得了显著成效。

（一）支撑国家战略目标，提升科技创新能力

国家科技创新基地聚焦国家战略目标，主要开展战略性、前沿性、前瞻性、基础性和综合性的研究工作，发现、提出、承担并完成国家重大科技任务和大科学工程。如美国的曼哈顿工程就孕育了多个国家实验室，推动了相关大科学工程实施与设施建设，从“二战”中的核武器竞争到“二战”后的原子能和平利用，再到目前的能源与环境危机，在各个时期国家实验室都以服务国家重大战略需求为导向，为美国的科技发展作出了突出贡献。我国改革开放以来，为满足国家战略需求，以国家（重点）实验室为引领的国家科技创新基地解决了载人航天、高性能计算、青藏铁路、油气资源高效利用、资源勘探、防灾减灾和生物多样性保护等战略领域的重大科学技术问题，带动了大型超导、精密制造和测控、超高真空等一批高新技术发展，推动了一批重大科技基础设施的建设。目前，世界最大单口径、最灵敏的500米口径球面射电望远镜落成启用，上海超强超短激光实验装置达到国际最高激光脉

冲峰值功率，合肥稳态强磁场装置实现了40万高斯稳态强磁场，全超导托卡马克装置创造了聚变等离子体稳态高约束模大于60秒的世界纪录，大亚湾中微子实验发现了新的中微子振荡并精确测量其振荡概率，这些成果的取得都大幅提升了我国的科技创新实力。

（二）加大财政支持力度，探索稳定投入机制

基于顶层设计、统筹安排和创新机制的原则，国家科技创新基地充分利用现有科技资源，优化投入结构，探索针对不同类型创新载体的多种投入支持方式，逐步形成中央与地方、企业联合共建的投入机制。针对科学与工程研究类基地，以国家财政资金投入为主，初步形成了针对基础研究与原创性研究的长期稳定支持机制。以国家实验室为例，2015财年，美国能源部下属17个国家实验室的年度总运行经费中，有83.13%来自能源部和国家核安全局的拨款，截至2016年底，投入全职工作人员57600人，其中研究人员约占40%。我国自2007年开始，专门设立国家重点实验室专项经费，分别从开放运行、自主选题研究和科研仪器更新三方面，不断加大对国家重点实验室的持续稳定支持力度。截至2015年，中央财政累计已经安排国家重点实验室专项经费243.75亿元，投入固定工作人员3.34万人，其中包括两院院士578人，杰出青年1399人，创新群体带头人221人，为实验室的健康发展提供了有力保障。针对技术创新与成果转化类基地，引入市场机制，落实股权和分红激励、科技成果处置收益分配等配套政策，并开展服务考核评价，根据科技成果的应用价值或服务效果，给予一定的资助或补贴，鼓励公共科技成果应用与扩散。针对基础支撑与条件保障类基地，通过实施科技基础性工作专项、重大科学仪器设备研制和开发专项以及国家野外科学观测研究站网络体系建设等工作，支持科技基础条件建设，在保障机制方面，建立了国家科技基础条件平台运行服务后补助机制，在绩效评价基础上给予稳定支持。科学合理的投入机制，为国家科技创新基地开展科学研究和创新活动提供了重要手段和保障。

（三）开展前沿科学研究，引领重大科技创新

国家科技创新基地集中解决新兴、交叉、综合性的前沿科学问题，聚焦未来技术前沿，提出新理论新方法，开辟新兴前沿方向，创造新知识，为新兴技术提供源头，在国家科技创新中发挥引领作用。例如，截至2011年，美国能源部17个国家实验室共有87位科学家获得诺贝尔奖；德国马普学会共有32位科学家获得诺贝尔奖，超过德国大学的获奖人数。我国“十二五”期间，依托高校和科研院所建设的国家重点实验室和试点国家实验室已覆盖我国基础学科面80%以上，集聚了新增的50%以上的中国科学院院士和25%左右的中国工程院院士，获国家科技奖励569项，其中自然科学一等奖、二等奖分别占全国的100%和62.5%。“十二五”期间，依托国家基础研究基地和重大科技基础设施，我国科研人员开展科学研究工作，成效显著，在科学前沿方面，取得了铁基超导、拓扑绝缘体与量子反常霍尔效应等一批标志性成果，带动了量子调控、纳米研究、蛋白质、干细胞、发育生殖、全球气候变化等领域的重大原始创新；在国家重大科技基础设施方面，陆续建成了大型先进光源、散裂中子源和强磁场等一批大科学装置，推动了我国粒子物理、核物理、生命科学等领域部分前沿方向的研究水平进入国际先进行列。

（四）集成优势科技资源，推动资源开放共享

国家科技创新基地通过提供科技基础条件资源的开放共享和技术支撑服务，推动关键领域和重点产业的发展。如美国能源部国家实验室的核心使命包括建造与运行大科学装置和设施，供联邦政府、大学、产业界和其他科研机构利用。我国“十二五”期间，在大型科学仪器设备、自然科技资源、科学数据、科技文献、网络科技环境等方面形成了跨部门、跨区域、多层次的资源信息整合与共享服务体系。其中，国家科技资源共享服务平台聚焦重大需求和科技热点，已开展上百项专题服务，用户总数年均增长约10%，2016年服务企业超过20万家，年均服务国家重大科技专项、国家重大工程以及各级各类科技项目（课题）逾10000项，先后为大型飞机、转基因生物新品种培育、重大新药创制、高分辨率对地观测系统、载人航天工程、国家千亿斤粮食工程等提供了科技资源服务；重大科研基础设施和大型科研仪器国家网络管理平台建成并上线运行，3100家单位的58个重大科研基础设施和原值总额达670亿元的4.7万台（套）大型科研仪器，12家省级仪器服务平台和2200多家管理单位在线服务平台实现对接并提供预约服务；科研设施与仪器的开放率达到71.2%，各类在线服务平台服务用户超过6.2万个，总服务次数突破130万次。

（五）提供技术支撑服务，加速科技成果转化

国家科技创新基地通过源头创新、人才培养与技术转移，服务于科技成果转化及产业化，促进科技与经济结合。发达国家的科研基地一般通过设立专门机构或利用技术转移中介机构推动科研成果向企业转移，如美国能源部所属的国家实验室均成立了技术转移办公室。我国“十二五”期间，在制造业、电子与信息通信、新材料、能源与交通、现代农业、资源高效利用、环境保护、医药卫生等领域取得了一批对产业影响重大、体现自主创新能力的工程化成果，突破了高性能计算机、高速铁路、高端数控机床等一批支撑战略性新兴产业发展的共性关键技术装备，培育和带动了新兴产业发展，通过科技成果转移转化和技术扩散，推动了农业、环保、水利等行业的技术进步，加快了装备制造、冶金、纺织等传统产业的转型升级，通过面向企业提供设备共享、检测测试、标准化、信息检索、人才培训等服务，促进了大批科技型中小微企业的成长。

经过30多年的探索和实践，国家科技创新基地建设取得了重大进展，国家科研基础条件保障能力大大增强，面向未来的、支撑基础研究和原创性研究的稳定支持机制初步形成，为进一步推动科技进步、提升自主创新能力、保障经济社会发展提供了重要支撑。

第二节

国家科技创新基地的改革举措和实施进展

经过数十年的建设与发展，国家科技创新基地为推动科技进步、提升自主创新能力、保障经济社会发展提供了重要支撑，但仍存在建设缺乏顶层设计和统筹，布局交叉重复，功能定位不明晰，发展不均衡，若干新兴、交叉和重点领域布局比较薄弱等问题。按照党中央、国务院关于国家科技创新基地建设的要求，科技部会同财政部、国家发展改革委制定了《国家科技创新基地优化整合方案》《“十三五”国家科技创新基地与条件保障能力建设专项规划》等文件，采取多方面措施强化国家科技创新基地建设。

一、建设完善国家实验室体系

党的十八届五中全会提出，要在重大创新领域组建一批国家实验室，以国家实验室建设为抓手，强化国家战略科技力量。2017年，《国家实验室组建方案（试行）》发布，明确了国家实验室的战略定位、管理体制与运行机制。《国务院关于全面加强基础科学研究的若干意见》进一步明确：聚焦国家目标和战略需求，在有望引领未来发展的战略制高点，统筹部署和建设突破型、引领型、平台型一体的国家实验室，给任务、给机制、给条件、给支持，激发其创新活力；选择最优秀的团队和最有优势的创新单元，整合全国创新资源，聚集国内外一流人才，探索建立符合大科学时代科研规律的科学研究组织形式；建立国家实验室稳定支持机制，开展具有重大引领作用的跨学科、大协同的创新攻关，打造体现国家意志，具有世界一流水平、引领发展的重要战略科技力量。此外，科技部提出先行组建量子信息科学国家实验室，启动重大领域国家实验室的论证组建工作。与此同时，上海、安徽、北京、广东等省市积极探索筹建高水平科研设施和研究实体，以争取国家实验室在本地区落地建设。2017年，依托上海光源等多个国家重大科技基础设施群，张江实验室成立；依托中国科学技术大学在量子领域的独特优势，量子信息国家实验室（筹）启动建设。2018年，瞄准基础科学前沿和多学科交叉应用，物质科学实验室和空间科学实验室在怀柔科学城启动培育；力图突破关键核心技术，开展重大示范应用，面向网络通信与安全领域国家重大战略需求的紫金山实验室在南京揭牌。

二、优化调整现有国家科技创新基地建设

（一）重组国家重点实验室体系

重组国家重点实验室体系是党中央、国务院的重大决策部署。习近平总书记提出要做好国家重点实验室顶层设计，形成布局合理、治理有效、创新能力强的专业化分工格局。目前，国家重点实验室体系的重组工作正从三方面推进：一是对国家重点实验室重新定位。国家重点实验室应聚焦国家战略目标，围绕国家经济社会发展重大需求，瞄准世界科技前沿，开展战略性、前沿性、前瞻性、基础性、综合性的科技创新活动，着力提升原始创新能力，着力解决战略必争领域关键核心技术的“卡脖子”问题，聚焦和培养优秀科技人员，开展高水平学术交流，增强对经济社会和科技发展的支撑作用，打造国家重要战略科技力量。二是通过调整、充实、整合、撤销等方式对国家重点实验室进行优化整合。根据国家战略需求和学科发展趋势，围绕重大原始创新和关键核心技术突破，对国家重点实验室进行重新布局，在原来学科领域基础上，形成数理、化学、天文与空间、地球科学、环境、生物学、医药、农业、信息、材料、制造、工程、能源、海洋、综合交叉15个学科领域。三是围绕重大原始创新和关键核心技术突破，在国家重大创新领域和基础学科、新兴交叉学科等前沿方向新建一批国家重点实验室。

（二）明确国家工程研究中心定位和布局

2018年以来，国家发展改革委通过调查研究、起草并修改完善、征求意见3个

阶段的修订工作，2020年公布《国家工程研究中心管理办法》，明确国家工程研究中心以国家和行业需求为出发点，通过建立工程化研究、验证设施和有利于技术创新、成果转化的机制，培育、提高创新能力，搭建产业发展与科技创新之间的桥梁，推动产业关键共性技术、前沿引领技术、现代工程技术、颠覆性技术创新，加快科研成果向现实生产力转化，促进重大科研成果转化应用以及产业基础高级化和产业链现代化。同时，根据国家工程研究中心任务要求，结合有关重大战略部署、重大规划实施、重大工程建设、重点区域创新发展等需要，遵循“少而精”的原则，择优择需部署建设国家工程研究中心。

（三）启动建设国家技术创新中心、国家产业创新中心、国家制造业创新中心

为加快落实创新驱动发展战略，工业和信息化部、科技部、国家发改委分别提出建设国家制造业创新中心、国家技术创新中心和国家产业创新中心，打造横向覆盖多学科多领域、纵向贯穿产业链上下游的网络化协同创新载体。2016年，国家制造业创新中心启动建设；2017年底，国家技术创新中心和国家产业创新中心建设思路相继明确。三类创新中心在建设上都以集聚创新资源、打造高效协同生态系统为目的，都以多主体的独立法人实体形式组织运营，都拥有多元化的资金渠道并强调自我可持续发展能力。但是，三类创新中心的任务呈现不同特色：国家制造业创新中心突出了其作为行业共性技术创新平台的行业服务功能和国际化要求；国家技术创新中心将发展科技型创新创业，搭建专业化创新创业平台作为主要任务，强调了创新创业方面的特色任务；国家产业创新中心则提出军民科技协同创新方面的任务。

在建设模式上，国家制造业创新中心采用“公司＋联盟”的形式，除了组建运营公司，还强调发挥好产业创新联盟的作用，将创新链、产业链上各环节各方面的创新资源和创新主体有机整合。国家技术创新中心采用三类建设模式：在行业集中度高的领域，由龙头企业牵头组建；在行业集中度低的领域，由多家行业骨干企业联合高校、科研院所共同组建；在市场尚未培育成熟的领域，由具有技术优势的高校、科研院所联合有关企业共同组建。国家产业创新中心则由行业内实力雄厚、影响力大的单位牵头，重点联合国家创新平台，吸纳高校、科研院所等创新力量共同组建。

（四）加强国家临床医学研究中心布局

根据《国家临床医学研究中心管理办法（2017年修订）》《国家临床医学研究中心五年（2017—2021年）发展规划》等文件精神，国家临床医学研究中心应依托相关医疗机构，在现有中心建设的基础上，完善疾病领域和区域布局建设；探索省部共建中心的建设，引导重大疾病领域的分中心建设，鼓励省级中心建设；推进医研企结合，构建各疾病领域覆盖全国的网络化、集群化协同创新网络和转化推广体系。整合临床医学资源，构建国家健康医疗大数据、样本库等临床医学公共服务平台。2012—2019年，国家在心血管疾病、神经系统疾病、慢性肾病、恶性肿瘤等28个疾病领域布局建设了50家国家临床医学研究中心。

（五）积极推进国家野外科学观测研究站布局建设

根据《国家野外科学观测研究站管理办法》和《国家野外科学观测研究站的建设发展方案（2019—2025）》，明确在优化和整合已有国家野外科学观测研究站的基础上，择优遴选一批具有区域代表性、基础条件优势明显、科学研究队伍优秀的部门或地方野外科学观测研究站建设成国家野外科学观测研究站，形成学科体系更为完整、空间布局更加合理、组织体系更加完善的国家野外科学观测研究站体系。《科技部办公厅关于开展野外科学观测研究站调研和推荐布局建议的通知》提出组织开展野外科学观测研究站调研和国家野外科学观测研究站推荐布局工作，从各部门（地区）科学观测研究水平高、基础条件好，具有典型区域或领域代表性、整体优势明显的野外科学观测研究站中，择优遴选，提出国家野外科学观测研究站布局建议，建设一批国家野外科学观测研究站。

（六）推进国家重大科技基础设施建设

一是聚力优先项目的启动建设。根据《国家重大科技基础设施建设中长期规划（2012—2030年）》和《国家重大科技基础设施建设“十三五”规划》，瞄准未来我国科技前沿研究和重大战略需求，以7个科学领域为重点，从预研、新建、推进和提升4个层面逐步完善国家重大科技基础设施体系。2015年以来，优先布局的国家重大科技基础设施在全国各地陆续启动建设，进展顺利。二是大科学装置前沿研究重点专项顺利实施。2016年，科技部启动国家重点研发计划大科学装置前沿研究重点专项，重点支持依托大科学装置开展的重大前沿研究，专项共部署了14个方面的研究任务，2016—2019年共立项支持了55个研究项目，其中基础前沿类47个（占85%），重大共性关键技术类8个（占15%），专项总经费预算17.1亿元。通过专项的开展，在若干国际前沿科学领域产生了一批重大科学成果。

三、完善科技资源共享服务平台建设

（一）完善科技资源共享服务平台布局

2017年印发的《国家科技创新基地优化整合方案》的通知提出，围绕科研仪器、科研设施、科学数据、科技文献和实验材料等领域，根据功能定位和建设运行标准，依托科研院所、高校建设一批国家科技资源共享服务平台。完善各类国家科技资源数据库、生物种质、人类遗传等资源库建设，加强科技基础资源调查。

（二）推进科研设施与仪器的开放共享

一是制定促进科研设施与仪器开放的管理制度和办法。《国家重大科研基础设施和大型科研仪器开放共享管理办法》明确了纳入开放共享的国家重大科研基础设施和大型科研仪器的范围和相关部门在开放共享工作中的职责；对管理单位的制度建设、队伍建设、服务收费及知识产权等方面作了要求；规定了评价考核工作的原则、考核方式、考核流程及考核结果的用途，建立了评价考核后补助机制，制定了惩罚措施。二是搭建重大科研基础设施和大型科研仪器国家网络管理平台。2016

年，科技部组织启动了重大科研基础设施和大型科研仪器国家网络管理平台建设工作，目前已全面建成并正常运转，平台具有信息集成、信息展示、在线服务、管理评价以及评估考核五大核心功能，可集中展示我国各类科研设施与仪器资源开放信息，支持科研人员多维度检索、浏览及在线预约，并通过服务数据的采集分析、可视化展示等方式支撑相关部门对科研设施与仪器开放服务进行全方位的管理、监督及考核。三是开展科研设施与仪器开放共享评价考核。近年来，科技部、财政部委托国家科技基础条件平台中心，分两次组织开展了中央级高等学校和科研院所等单位科研设施与仪器开放共享评价考核工作。

四、推进国家科技创新基地建设运行管理机制创新

（一）完善国家科技创新基地运行管理机制

对于国家重点实验室，《关于加强国家重点实验室建设发展的若干意见》提出，强化依托单位法人主体责任，将国家重点实验室作为本单位的“政策高地”，赋予国家重点实验室选人用人、科研课题设定自主权；按照各类国家重点实验室的定位、目标和任务，制订建设运行实施方案；加强分类管理和分类评估考核，加强省部共建等国家重点实验室共建共管的制度探索。

对于国家工程研究中心，《国家工程研究中心管理办法》对新形势下的国家工程研究中心的组织管理、申报与审核、运行评价、支持政策、监督管理等方面制定了明确的规范，明确了国家工程研究中心建设的主要目的，即着眼于加快重大科技成果工程化、产业化等，搭建产业发展与科技创新之间的桥梁，一般应采用法人形式组建和运行。

对于国家技术创新中心，《国家技术创新中心建设工作指引》和《关于推进国家技术创新中心建设的总体方案（暂行）》明确了国家技术创新中心的功能定位、建设布局与组建模式、重点建设任务、体制机制、组建程序等，国家技术创新中心定位于实现从科学到技术的转化，促进重大基础研究成果产业化，提升我国重点区

域和关键领域技术创新能力，原则上应为独立法人实体，采取“一事一议”方式探索不同类型的组建模式。

对于国家临床医学研究中心，《国家临床医学研究中心管理办法（2017年修订）》和《国家临床医学研究中心五年（2017—2021年）发展规划》提出，围绕慢性非传染性疾病和常见多发疾病进一步完善中心布局，实现主要疾病领域和临床专科的全覆盖，重点开展临床循证、转化应用、应用推广及防控战略等方面的研究，强化医学研究基础平台建设。

对于国家野外科学观测研究站，《国家野外科学观测研究站管理办法》和《国家野外科学观测研究站建设发展方案（2019—2025）》制定了与国家野外科学观测研究站定位目标相适应的管理制度，建立了决策、监督、评估考核和动态调整与退出机制，提出了加强条件保障能力建设和人才队伍建设相关要求。

对于国家科技资源共享服务平台，《国家科技资源共享服务平台管理办法》明确了国家科技资源共享服务平台与科研设施、科研仪器、图书文献等科技资源的边界，建立了组建、运行服务、评估考核机制。

（二）完善国家科技创新基地评估考核机制

对于国家重点实验室，《关于加强国家重点实验室建设发展的若干意见》提出，坚持定期评估考核制度，建立与国家重点实验室发展目标相一致的评估考核指标体系和以创新质量和学术贡献为核心的评价机制；完善第三方评估，探索国际同行专业化评价，实现国家重点实验室的优化调整、良性循环。

对于国家工程研究中心，《国家工程研究中心管理办法》明确了国家工程研究中心实行优胜劣汰、动态调整的运行评价制度，《国家工程研究中心评价工作指南（试行）》明确评价指标体系、数据采集规范、材料报送要求等事项，每3年对经正式确认的国家工程研究中心进行一次集中评价。

对于国家技术创新中心，《国家技术创新中心建设工作指引》要求建立科学的评价指标体系，健全有进有出的动态调整机制，以创新能力、服务绩效为评价重点，以有关客观数据和材料为主要评价依据，评估结果与各级财政支持挂钩，主要采取后补助等方式予以支持。

对于国家临床医学研究中心，《国家临床医学研究中心运行绩效评估方案（试行）》对评估思路、评估指标及内容、评估程序等进行了明确阐述，评估内容主要包括国家临床医学研究中心的建设水平、科研产出、公共服务等方面，2019年对建设期满3年的21家国家临床医学研究中心开展了运行绩效评估。

对于国家野外科学观测研究站，《国家野外科学观测研究站管理办法》明确了国家野外科学观测研究站实行年度考核与定期评估相结合的考评制度，按照领域分组进行年度考核和定期评估，评估重点为国家野外科学观测研究站观测质量、研究成果和水平、示范成效、人才队伍、基础设施、开放共享与运行管理水平等。2019年科技部组织开展了梳理评估工作，将原有的105个国家野外科学观测研究站优化调整为97个。

对于国家科技资源共享服务平台，《国家科技资源共享服务平台管理办法》明确了国家科技资源共享服务平台实施分类评价考核机制，开通中国科技资源共享网，承担国家科技资源共享服务平台的组建、运行管理和评价考核等工作的在线管理功能；科技部委托国家科技资源共享服务平台中心开展国家科技资源共享服务平台的评价考核，重点考核科技资源整合能力、服务成效、组织运行管理及专项经费使用情况等内容，根据评价考核结果对国家科技资源共享服务平台进行动态调整。2019年，科技部、财政部对原有国家科技资源共享服务平台开展了优化调整工作，共形成20个国家科学数据中心、30个国家生物种质与实验材料资源库。

（三）完善国家科技创新基地资源配置机制

对于国家重点实验室，《关于加强国家重点实验室建设发展的若干意见》提出要加强多元投入，进一步完善分类支持方式和稳定支持机制。中央财政稳定支持国家研究中心和学科等国家重点实验室的运行和能力建设；坚持多元化投入，推动国家重点实验室依托单位、主管部门和地方政府加大对国家重点实验室建设发展投入力度，激励企业和社会力量加大基础研究投入。

对于国家工程研究中心，《国家工程研究中心管理办法》明确了进入筹建期的国家工程研究中心，根据建设需要可提出创新能力建设项目，国家发展改革委按照相关国家高技术产业发展项目管理规定予以研究支持；通过正式确认的国家工程研究中心，进口科技开发用品按照国家相关进口税收政策执行；依据运行评价结果，国家工程研究中心根据相关规定可申请国家后补助资金支持。

对于国家技术创新中心，《关于推进国家技术创新中心建设的总体方案（暂行）》提出，国家技术创新中心采取会员制、股份制、协议制、创投基金等方式，吸引企业、金融与社会资本、高校等共同投入建设，收入来源包括竞争性课题、市场化服务收入以及财政资金后补助等；同时发挥财政资金引导作用，探索建立中央和地方财政联合投入机制，中央财政资金主要通过基地和人才专项等支持国家技术创新中心建设，国家科技计划为国家技术创新中心开放申报渠道，国家科技成果转化引导基金在国家技术创新中心设立子基金。

对于国家临床医学研究中心，《国家临床医学研究中心五年（2017—2021年）发展规划》提出，建立多渠道推进中心建设的支持机制，鼓励中心通过国家重点研发计划、基地与人才专项等科技计划（专项、基金等）和其他资金投入等多种渠道得到持续、稳定的支持，扩大临床研究经费和成果使用处置自主权，保障中心及网络运行、资源平台建设等需求。

对于国家野外科学观测研究站，《国家野外科学观测研究站建设发展方案（2019—2025）》要求国家野外科学观测研究站全面实施预算绩效管理，加强绩效评价结果和财政支持的衔接，中央财政对国家野外站运行维护和观测研究给予必要的支持，根据评估考核结果配置资源，各主管部门和依托单位为国家野外科学观测研究站的条件保障能力建设提供支持。

对于国家科技资源共享服务平台，《国家科技资源共享服务平台管理办法》明确中央财政对国家科技资源共享服务平台的运行维护和共享服务给予必要的支持。

第三节

国家科技创新基地面临的挑战与发展方向

国家战略科技力量是在重大创新领域由国家布局支持，具有基础性、战略性使命的科技创新“国家队”。《中共中央关于制定国民经济和社会发展第十四个五年规划和二〇三五年远景目标的建议》提出要“强化国家战略科技力量”，这是新时代实现我国科技自立自强，支撑全面建设社会主义现代化国家的必然选择，也是加快建设科技强国的重要任务。尽管我国国家科技创新基地建设已取得重大进展，但与当前国际竞争态势和创新驱动发展需求相比，尚有一定差距。例如，国家实验室组建亟待加快推进，各类平台基地建设布局与优化整合工作还需进一步深入推进，科研设施与仪器开放共享仍有较大空间等。强化国家科技创新基地建设需要通过深化改革、创新机制、系统推进来实现。

一是推进国家（重点）实验室体系建设。聚焦国家重大战略目标，在重大创新领域推进国家实验室建设，创新体制机制，开展战略性、前瞻性、基础性科技创新。统筹国家实验室建设与重大战略科技任务组织实施。推进国家重点实验室体系重组，通过调整、充实、整合、撤销等方式，对现有国家重点实验室进行优化整合；在国家重大创新、基础学科、新兴交叉学科等领域新建一批国家重点实验室。对重大前沿、应用研究项目，宜通过择优委托国家实验室和国家重点实验室牵头实施。对于前瞻性、探索性较强的攻关项目，可以由国家实验室牵头，选择多主体平行攻关，逐级压实责任，实行赛马制，分阶段淘汰，滚动实施。

二是加强国家技术创新基地建设。通过强化产学研合作，聚焦国家区域发展战略和重点战略，布局建设一批国家技术创新中心，推进现代工程技术和颠覆性技术创新；围绕关键核心技术攻关任务，推动国家产业创新中心建设，支撑解决“卡脖子”技术问题，夯实重点产业创新能力基础，保障产业链供应链安全稳定；建设制造业创新中心，提升制造业创新能力。

CHAPTER 10

第十章

中国科技创新体系现代化展望

百年来，中国共产党带领全国各族人民努力奋斗、开拓进取、守正出新，在不同的历史阶段，不断探索契合我国国情、顺应历史趋势、符合创新规律的中国科技创新体制机制，取得了一系列重大科技创新成果。站在“两个一百年”的历史交汇点，朝着建设创新型国家和世界科技强国的伟大目标迈进，我国科技创新之路任重道远。新时期、新形势、新任务，要求我们在科技创新方面有新理念、新设计、新战略。

复杂严峻的外部环境、动态多变的科技发展、多重矛盾的内部阻力，注定了我国的科技创新体系现代化之路是一条不平坦的道路。我国科技创新体系现代化是一项复杂而庞大的系统工程。当下，在日益走近世界舞台中央的过程中，我国需要以高水平开放为准则，以国家创新体系建设为根本，以科技评价和人才制度改革为牵引，以科技伦理制度建设为保障，着力推进创新型国家和世界科技强国建设。

第一节

以高水平对外开放为新使命，塑造科技创新全球化新格局

更高水平的对外开放是现阶段我国经济社会发展的重要战略选择。开放创新是发展的必由之路，唯有进一步开放才能迎来更多机遇，唯有更高水平对外开放才能应对国际经济新挑战，构建创新发展新格局。我国科技创新全球化需要积极应对逆全球化趋势、加强科学研究的国际合作、推动产业创新全球化、积极参与全球治理与合作。

一、积极应对科技逆全球化新趋势

经历了改革开放40年的历史性跨越，我国在高新技术产业、传统产业以及战略性新兴产业等领域取得了从“模仿”到“创新”的辉煌成就[1]。一项关键的经验就是充分利用我国在全球化中的机遇，通过开放市场，吸引境外企业和拓展国际合作等策略积累了外部先进的知识技能，并逐步提升了自主创新能力。进入2020年，随着贸易保护主义和逆全球化思潮的愈演愈烈，科技创新的全球化正在变得愈加复杂，我国科技产业不得不面对中美贸易摩擦、科技领域“卡脖子”等一系列问题与挑战。面对全新的国际政治经济格局，我国的战略科技力量，包括重点研究机构、研究型大学、龙头创新企业必须积极应对全球化的负面效应，理性认识逆全球化现象，审慎思考全球化的利弊，最终实现科技自立自强的目标。本节将在国内外研究的基础上，尝试总结科技产业全球化发展和治理的新趋势，分析我国如何在未来全球发展中扮演更重要的角色，为推动我国科技产业创新发展提供启示与思考。

[1] 薛澜等：《中国科技发展与政策（1978～2018）》，社会科学文献出版社，2018。

（一）应对可能出现的科技产业脱钩趋势

2018年以来，美国政府对中美科技产业合作与交流采取了一系列限制性措施，试图在与技术相关的法律法规、政策、规章等方面实现脱钩。这将导致两个创新大国在技术合作领域增加对抗、相互封锁与隔离的局面。美国斯坦福大学与美国安全中心联合发布的“数字中国”项目报告显示，中美两国的脱钩将会体现在技术、知识、人才、资金等创新核心要素方面[1]，这将会深刻改变科技全球化的基本逻辑。另外，新冠肺炎疫情之后，国际环境的不确定性和不稳定性正在加速世界格局变化，全球范围内日益抬头的保护主义、单边主义也使得世界政治、经济、科技格局发生显著的调整。

面对可能出现的脱钩风险，我国应充分意识到优化和稳定产业链、供应链的必要性。习近平总书记2020年4月10日在中央财经委员会第七次会议上的讲话《国家中长期经济社会发展战略若干重大问题》中指出：“为保障我国产业安全和国家安全，要着力打造自主可控、安全可靠的产业链、供应链，力争重要产品和供应渠道都至少有一个替代来源，形成必要的产业备份系统。”[2]产业备份系统是产业安全、产业链安全的必要组成部分。随着中美“高科技竞赛”不断升级，我国必须思考建设自己自主可供的产业备份系统来应对全球科技产业脱钩所带来的不确定性。具体可以考虑从以下几个方面来着手布局。

首先是对产业链展开系统性分析，应对中美之间可能出现的脱钩风险。分析中美技术关联程度，找到供应链中的薄弱和关键领域是保障供应链体系的重中之重。对美技术高、中程度依赖的领域，例如计算机技术、数字通信、半导体、医疗技术、生物技术等领域，需要找准关键突破口。要做好应对预案、产品储备等，将风险降到最低，同时要逐步降低对于国外技术的过分依赖程度，利用疫情后国际产业

[1] 引自https://www.newamerica.org/cybersecurity-initiative/digichina/blog/mapping-uschina-technology-decoupling/。

[2] 引自http://www.qstheory.cn/dukan/qs/2020-10/31/c_1126680390.htm。

链重构的机会，推动我国不断向产业价值链高端迈进，从而在未来面对技术脱钩时更有竞争力。对于企业来说，应考虑以我国为主、备份为辅的供应链布局，备份供应链分散化的策略有助于提高生产的可供性、自主性和抗风险能力。

其次是注重对于数字技术的使用。人工智能、5G、云计算等技术在我国抗疫精准识别、精准防控、精准施策、复工复产等方面发挥了举足轻重的作用。在数字技术领域，我国拥有丰富的应用场景和深厚的技术积累。在一些关键领域已经从技术追赶者转变为技术领跑者。数字技术可以催生新需求和新供给，带动国内相关高科技领域的发展，并在产业链升级中扮演重要角色。我国的国家创新体系应当深刻认识到这种转变，加快将数字化技术应用于产业备份系统上升到国家战略，出台具有针对性的政策措施。

最后是加强国际科技合作，正确理解逆全球化的长期影响。虽然科技脱钩以及逆全球化可能是未来一段时间内的趋势，但是长期以来国际技术相互依赖依存的局面，导致供应链中“你中有我，我中有你”的大格局不会发生根本性改变。我国在保持提升自主创新能力的同时，应加强与欧洲、日韩、东南亚等国家或地区的科技交流与合作。减少科技过度单一依赖某一国家带来的不确定性风险。另外，应充分发挥政府的主导作用和市场的主体作用。注重关键核心以及优势技术的研发，在未来的科技博弈中提升竞争实力。

（二）发挥企业在创新全球化中的作用

世界经济增长对于科学技术的依赖性正变得越来越强。与过去由发达国家、大企业主导的全球化不同，数字经济的发展将使得发展中国家以及中小企业在未来全球化中发挥越来越重要的作用。以科技发展为支撑，数据以及服务的全球流动将会成为新全球化的动因，带动世界经济发展。对于中国企业来说，深刻认识全球产业链变革趋势，正确理解转型升级，积极融入全球创新网络是未来发展的新目标。引进高端生产要素以及整合全球创新资源将会成为国家和企业提高竞争力的重要战略[1]。中国企业需要在全球创新变局中承担起加快中国创新能力提升的责任，真正

[1] 引自http://theory.people.com.cn/n1/2016/1103/c40531-28830933.html。

参与全球化竞争，实现从技术追赶者到技术领跑者的转变。

中国企业的国际化发展策略要从“走出去”过渡到“走上去”。“走出去”强调的是以出口为导向的贸易型全球化模式，企业更注重开拓全球市场，以成本和劳动力的竞争优势融入全球市场，吸收学习发达国家企业的先进技术和经验[1]。随着人工智能、5G、大数据等信息技术的发展，科技、数据等要素正变成未来全球化的主力。中国企业的全球化需要“走上去”，通过国际合作开展以中国企业为主体的，技术含量高的高端市场开拓以及高端技术研发[2]。中国企业应当充分利用数字技术的发展优势，整合全球创新资源，弥补国内技术和人才的短缺，从而驱动企业往价值链高端攀升。另外，在补齐短板的同时，中国企业还必须发挥自己的竞争优势，立足于提升创新能力，夯实企业基础，建立开放和鼓励创新的企业文化。同时，应深刻理解新全球化的内涵与发展逻辑，积极抓住数字化升级的机遇，继续加大科技创新力度，提高产品服务质量，从而更好地适应新的全球市场需求，为全球市场创造价值。

与此同时，中国企业的全球化也面临全新挑战。贸易保护主义以及新冠肺炎疫情都给传统的全球化经济框架带来了极大的冲击。各个国家开始从国家安全以及国家战略的角度思考有关科技脱钩以及过分依赖全球产业链的问题。这些因素无疑使得中国企业在全球化过程中遭遇了更多的困难，也使得外来者劣势（liability of foreignness）成为一个不可规避的难题。企业全球化过程中遭遇的水土不服最早可以追溯到Zaheer1995年提出的理论观点，她认为企业由于地域、制度和文化方面的差异，在进行跨国投资活动的时候往往需要承担比本土企业更多的成本[3]。在逆全球化的背景下，这种影响显得更为明显。抖音、华为等企业在海外市场中都受到了

[1] 潘秋玥、杨洋、魏江、李卅立：《中国企业创新国际化的三种模式》，《清华管理评论》2017年7—8月合刊。

[2] 同上。

[3] Zaheer S，“Overcoming the liability of foreignness，” *Academy of Management Journal*，No.2（1995）.

很强的阻力。无论是美国还是欧盟，在进出口、数据处理和跨境流动，供应链和国家安全审查方面都出台了相关政策保护本土企业，对中国企业海外发展设置了种种屏障。面对短期内不确定的国际形势，中国企业应更坚定走向全球，利用好全球的创新资源，提高自身创新效率，力争在全球竞争中获得主动权。另外，中国企业应积极与其他新兴经济体进行合作，参与一些国家的产业链构建。输出中国在基建以及数字化领域的产能和技术优势。这可以为中国企业提供一个建立生态意识、利益相关合作伙伴的契机。全球化的成功不仅需要硬实力，更需要对当地规则、文化、制度的熟悉与尊重。中国企业需要秉持开放、包容、融合、利他的态度，积极参与建立一个更加公平的国际竞争环境。在全球化过程中，中国企业应不仅满足于扩大市场，而且要去创造价值，赢得尊重。

（三）构建更加开放的国内国际双循环新格局

科技是衡量国家软实力的重要指标，也是催生新发展动能、提升生产力和产业链效能的关键因素。面对动荡的世界新格局，我国需要加快构建以国内大循环为主体、国内国际双循环相互促进的新发展格局。坚定不移扩大开放是我国必须遵守的发展理念。这项原则是中国应对错综复杂国际环境变化的重要战略举措。全球化的历史表明，新冠肺炎疫情所导致的全球经济动荡既是挑战也是机遇，全球产业链面临重组的压力，全球市场的需求端和供给端也会产生重大调整。而国内国际双循环的新格局可以帮助中国充分利用全球市场、技术、人才、知识、资金等要素，推动中国产业链、供应链和创新链与全球深度融合。为了达到这一目标，科技产业发展必须把握好两个重大关系。

首先是注重发展数字经济，增强中国核心竞争力。近年来中国数字经济表现抢眼，对GDP的贡献逐年上升。特别是新冠肺炎疫情期间，更是在疫情追踪、疫情防控、稳增长、保就业等方面作出了重大贡献。数字经济的规模经济和范围经济极为显著，这源于许多数字产品和服务的初始成本很高而边际成本很低，大市场有明显优势[1]。相对于传统的发达国家，中国在数字经济发展上拥有广泛的应用市场和丰富的场景，这使得中国在人工智能、大数据、物流等领域形成了一批在全球范围内都堪称标杆的数字企业。这些企业可以通过跨境电商服务、数据贸易等新商业模式，开拓全球市场，从而充分利用好全球创新资源，吸引国际人才和技术，为提升中国自主创新能力夯实基础。

其次是提升中国在全球创新产业链中的地位。随着中国对自主创新的重视，科技产业在近年来取得了飞速的发展。中国企业从“中国制造”到“中国创造”的转型也愈加成熟。未来，中国企业将依托于人工智能、大数据等信息技术，实现从“中国制造”向“中国创造”转变的目标。在未来的全球创新网络中，中国企业将会扮演更重要的角色。在世界知识产权组织发布的2020年全球创新指数中，中国列第14位，中国有17个城市入选前100名全球创新集群城市，这代表中国已经确立了作为创新领先者的地位[2]。未来，中国应继续关注产业链、价值链升级，集聚国内外高端创新资源，构建以中国为主的全球科技创新网络，重视5G、人工智能、物联网等数字技术的发展在全球价值链重构中的关键作用，与国际主要经济体探讨科技合作与创新治理，为国内企业技术研发、产品创新与业务拓展提供保障。

二、加强科学研究国际合作

（一）为中国知识创新主体国际化创造更好的环境与条件

科技创新离不开高水平对外开放。习近平总书记在科学家座谈会上的讲话中特别强调加强国际科技合作，实施更加开放包容、互惠共享的国际科技合作战略[3]。科学技术的发展是世界性的问题，必须用全球视野去理解国际科技合作对于社会进步、提升自主创新能力的关键作用。在后疫情时代，中国应坚定不移地参加国际

[1] 江小涓、孟丽君：《内循环为主、外循环赋能与更高水平双循环——国际经验与中国实践》，《管理世界》2021年第1期。

[2] 引自https://www.wipo.int/global_innovation_index/zh/2020/。

[3] 引自http://www.xinhuanet.com/politics/leaders/2020-09/11/c_1126483997.htm。

科技合作，吸引国际高端创新要素，为以中国为主的创新主体国际化创造更好的环境与条件。作为中国创新能力稳步提升的有力后盾，中国国家创新体系在国际化方面取得了科技投入逐年增加、与欧美国家进行科学合作交流、形成区域性的科技合作网络等显著成效。在后疫情时代，国家创新体系的全球化要求政府重新思考创新治理和相关政策对于资源分配和调动的影响。一方面，作为知识创新体系的两大主体，科研院所与高校需要更加包容和创造有利于国际学术交流的科研环境。为了更好地吸引全球创新资源，中国的知识创新体系运行机制需要借鉴发达国家经验，作出进一步调整。比如科学研究工作需要大量对知识和技能积累的前期投资，需要全身心的整体投入。因此，大学和科研机构需要进一步探索对科研人员进行稳定支持，比如可考虑推广年薪制，为研究者潜心研究和教学提供基本保障。但是，中国大部分高校和科研机构都是按照事业单位模式管理，其工资长期以来处于较低的水平。很多研究者或教师必须通过应用类研究项目提成或兼课等方式来进一步提高自己的收入，这些都给基础性研究工作带来很大冲击，造成了巨大的人力资本浪费[1]。此外，在人员交流、资源共享等方面仍需建立一个更加有效的联系、沟通和合作机制。另一方面，作为技术创新体系的两大主体，国有企业和民营企业将会在创新主体国际化中发挥重要的作用。国有企业掌握大量资源，需要通过数字化改革等措施提高自主创新能力，在国家战略和安全相关的关键领域发挥中流砥柱的作用。对于民营企业来说，需要良好的创新生态环境来为国际创新合作提供支撑。中欧投资协定对知识产权的保护和执法就作了特别的说明，代表了中国遵循国际标准、创造良好创新生态环境的决心。中国应继续完善公开透明的涉外法律体系，强化知识产权保护，维护外资企业合法权益[2]，从而加强国际科技交流合作，释放中国知识技术创新主体的创新活力。

[1] 引自http://www.21jingji.com/2020/12-31/xNMDEzNzlfMTYxNzAxNA.html。

[2] 引自http://chuxin.people.cn/n1/2020/1105/c428144-31919598.html。

（二）吸引国际杰出研究人才

随着中国经济的稳步发展，中国科技人才流动和竞争出现了新的趋势，特别是伴随着新一轮科技革命和产业变革，人工智能等领域的崛起，中国从“人才流失国”逐渐成为全球主要的“人才回流国”。习近平总书记特别指出，“人才是第一资源。国家科技创新力的根本源泉在于人”[1]。科技人才对于提升中国自主创新能力意义重大，在创建了一大批高科技企业的同时，直接推动了中国在高科技领域的快速发展，提升了产业竞争力。面对中美贸易摩擦的挑战，国际人才市场的激烈竞争，中国如何吸引杰出人才成为完善国家创新体系建设的重中之重。我们应当借鉴发达国家在海外高层次人才引进和资助方面的经验，从人才搜索、人才项目、人才落地配套政策等方面完善相关制度和政策。

一是可以通过设立全球范围内人才搜寻联络部门，发挥民间社团的力量，与海外留学人员以及华裔人才保持密切联系，并在此基础上帮助国内企业以及研究机构网罗合适的人才。

二是可以通过建立国际人才数据库，掌握高科技人才在国外的科研以及职业发展情况。对于中国急需的关键领域的人才，要给予特别关注。人才数据库要做到科研院所、政府、企业资源共享，及时更新，从而真正达到吸引海外人才的目标。另外，中国应利用创新资源丰富的都市圈，建立全球创新生态系统来吸引更多海外人才。多元创新生态系统的核心驱动层，旨在构建集“政、产、学、研、用”于一体的多元化创新共同体，主要包括新技术的创造者——高校和科研院所种群，新产品的生产者——企业种群，应用新产品和制造新需求的消费者——用户种群，以及与各类主体保持联系的支撑者——政府种群。通过打造若干全球科技创新中心，中国可以为海外科技人才提供良好的科研与创新环境。

三是建立与国际接轨的签证、“绿卡”和入籍制度。2015年6月，公安部根据《外国人在中国永久居留审批管理办法》的有关规定，扩大申请在华永久居留（中

[1] 引自http://www.xinhuanet.com/politics/leaders/2020-09/11/c_1126483997.htm。

国“绿卡”）外国人工作单位范围，新增国家实验室、国家重点实验室等7类用人单位类别。公安部统计数据显示，2018年累计发放外国工作许可证33.6万份，在中国境内工作的外国人已超过95万人。2017年，国家外专局与人力资源和社会保障部、外交部、公安部联合印发《关于全面实施外国人来华工作许可制度的通知》，将人才签证适用对象扩大为经济社会发展需要的高层次人才和急需紧缺人才，建立人才签证与工作许可、工作居留和永久居留有机衔接机制，为高层次人才开辟“绿色通道”，有效吸引国际人才环流[1]。

三、深度参与全球科技创新治理

近年来，随着中国在科技研发方面投入力度的不断加大，中国在全球科技治理体系中的国际地位和影响力也在不断上升。当今世界正经历百年未有之大变局，科技全球化正面临科技保护主义的严峻挑战。公共安全、气候变化、基因工程等领域都面临伦理、安全等问题，需要整合全球科技资源、资金和人才来应对。习近平总书记指出，维护和践行多边主义，推动构建人类命运共同体是解决时代难题的出路[2]。因此，作为多边主义的践行者，中国需要在推动全球科技治理机制的改革和发展中发挥重要的建设性作用。

中国应积极参与制定国际治理的规则，在国际标准化制定中发挥更大的作用。在科技领域，制定统一的国际科技治理规则困难重重，主要有以下几个原因。一是科技发展迅速，具有很大的不确定性和复杂性。二是缺乏国际治理的统一平台，没有对应的国际机构可以进行组织和引导。三是各国政治经济体制有显著差异，社会发展阶段也有所区别，导致各国达成共识的基础还不够坚实。中国在参与国际科技治理讨论时，应跳出思维定式，明确自身的战略定位，需要提出一个发达国家认同、发展中国家理解和接受的全球治理理念。以人工智能的国际治理为例，国家新

[1] 引自https://mp.weixin.qq.com/s/o2vMQ5-G1LH9IEZROSCXOQ。

[2] 引自http://cpc.people.com.cn/n1/2021/0127/c64387-32013133.html。

一代人工智能治理专业委员会发布了《新一代人工智能治理原则——发展负责任的人工智能》，提出了和谐友好、公平公正、包容共享、尊重隐私、安全可控、共担责任、开放协作、敏捷治理8条治理原则，受到了国内的广泛关注和国际社会的高度认可[1]。

中国应关注科技发展的风险治理，鼓励负责任的科技创新。科技发展伴随着一系列法律、伦理以及社会问题。以人工智能和大数据为例，产生了隐私泄露、算法歧视、数据安全隐患等负面效果，进而引发社会层面对于科学技术的不信任和不安全感。这一方面加大了国际科技合作的困难，也使得中国数字企业“走出去”“走上去”的战略目标受到影响。因此，中国需要在国际上呼吁建立负责任创新体制，从追求人类社会共同福祉的角度规范企业科技创新行为，基于此来构建国际共同遵守的规则体系。值得注意的是，科技发展的迅速性和治理体系演变的缓慢性会产生步伐不一致的现象，这给形成国际治理规范共识带来了困难。解决的思路是摒弃传统的治理模式，采用敏捷治理的原则[2]。所谓敏捷治理，就是不要等到所有的情况都了解、各方达成充分共识以后才去形成规则，而是一旦看到不好的苗头，就及时发出信号，提醒所有相关方注意相关问题，有效避免新兴科技朝着不利于人类的方向发展[3]。

---

[1] 引自 https://2019.wicwuzhen.cn/web19/news/talk/202008/t20200821_21286241.shtml。

[2] 引自 https://new.qq.com/omn/20201224/20201224A0ISV700.html。

[3] 引自http://ccmr.sppm.tsinghua.edu.cn/cnews/872.jhtml。

第二节

以新型举国体制为着力点，加快完善国家创新体系

当前，关键核心技术短板乃至“卡脖子”问题，是制约我国创新驱动发展的重要因素。然而，这背后隐藏的深层次问题是国家创新体系的不尽完善。尤其是在特定的事关国家经济安全和未来挑战的领域，建立适合关键核心技术攻关的“新型”举国体制，在当前日趋激烈的国际竞争格局下显得尤为重要。

一、关键核心技术攻关，呼唤新型举国体制

党的十九届四中全会中提出要“构建社会主义市场经济条件下关键核心技术攻关新型举国体制”。《中华人民共和国国民经济和社会发展第十四个五年规划和2035年远景目标纲要》中指出“强化国家战略科技力量”“制定科技强国行动纲要，健全社会主义市场经济条件下新型举国体制，打好关键核心技术攻坚战，提高创新链整体效能”。

经过改革开放40多年的努力，我国在科技创新领域取得了长足进步，科技实力显著增强。但是，在信息通信、高端装备、工业基础材料、航空航天、生物医药等高科技领域，仍然存在明显的受制于人的短板，经济安全面临隐患。随着我国经济由高速增长阶段向高质量发展阶段迈进，科技创新由技术追赶向技术引领跨越，产业关键核心技术受制于人已经成为高质量发展、实现赶超的重要瓶颈。尤其是2018年以来，中美贸易摩擦逐渐升级，以美国针对我国的“中兴事件”“华为事件”为代表，我国的高科技企业频频遭到美国制裁。这使我们充分认识到，在关系国民经济命脉和国家安全的关键领域，真正的核心技术、关键技术是买不来的，也是市场换不来的。只有坚定不移地走自主创新之路，着力攻破核心关键技术，才能抢占事

关长远和全局的科技和产业制高点。

关键核心技术攻关既要遵循市场为导向、产品为牵引的规律，又要解决由于市场失灵导致的路径依赖和技术代际差距拉大的问题。关键核心技术突破需要长期积累和持续攻关，不可能一蹴而就，更急需充分发挥我国集中力量办大事的社会主义制度优势，通过超常规的资源倾斜投入、体制机制创新和政策组合支持加速进程，着力解决系统失灵和市场失灵问题。当前，面对中国战略对抗升级，应对新一轮科技革命创新范式巨变带来的机遇与挑战，迫切需要发挥新型举国体制的制度优势、助力关键核心技术攻关。

二、与时俱进，发挥新型举国体制制度优势

举国体制是我国集中力量办大事的制度优势，也是解决各领域国家重大问题的优良传统与特色。举国体制的提法最早源于我国竞技体育界，1984年洛杉矶奥运会后，国家体委专家讨论会将中国体育优势项目成功经验总结为“举国体制”。近年来，高铁建设、载人航天、抗震救灾、新冠肺炎疫苗研发等一系列发挥国家集中力量办大事制度优势的重大实践，得到媒体的广泛报道，被看作举国体制的成功应用。

举国体制在社会主义现代化建设中发挥了举足轻重的作用，并已经在科技创新和经济建设实践中成为一种重要且独特的制度优势。中华人民共和国成立初期，在国家安全为先和赶超型现代化的历史情境下，国家基于高度集权的政治体制和生产资料公有制，将有限资源有计划地向关乎国家安全和国民经济命脉的战略性领域倾斜性配置，“以资源换时间”高效推动了一批重大战略产品研发和重点项目建设。这种集中力量办大事的科技创新模式可以被称为传统举国体制。1978年改革开放以来，尤其是2001年加入世贸组织，中国融入全球化浪潮。经济发展和科技创新的国内外环境发生了深刻的变革，举国体制也与时俱进、悄然发生变化。其中，2006年《国家中长期科学和技术发展规划纲要（2006—2020年）》的出台以及16个重大科

技专项确立，成为新时期科技创新新型举国体制的有益探索。这些经验可以被简要概括为：在全球化市场经济条件下，在涉及国家安全和社会发展的特定产业领域，发挥中央财政资金的杠杆作用，撬动、引导社会资金投入，组织协调优势科研团队进行关键核心技术/产品攻关（见表10–1）。

近年来，我国科技创新能力得到了较大提升，引发了以美国为首的发达国家全方位科技“卡压”。同时，我国科技创新也从追赶阶段迈向了前沿阶段，走入了“无人区”。正是由于知识和技术学习渠道的切断以及前沿技术蕴含的风险性，以引进消化吸收为基础的传统举国体制迫切需要改革和创新，助力关键核心技术攻关、支撑重大科技创新。应当认识到，新型举国体制是社会主义市场经济条件下的举国体制，需要不断健全现代市场体系和宏观调控体系，发挥市场对资源和要素流动的决定性作用；需要以企业为主体，不断完善产学研结合的技术创新体系，将增强和提升企业创新的意识和能力作为举国体制的最终目标。

表10–1　我国传统举国体制和新型举国体制比较

类别	内容	传统举国体制	新型举国体制
时代背景	经济体制	计划经济体制，政府计划性分配生产、资源及产品消费	社会主义市场经济体制，市场配置资源，遵循价值规律
	国际环境	1949—1978年，对外交流有限，较为封闭	1978—2018年，国际交流畅通、互动频繁 2018年至今，“去中国化”，国际交流受阻
	科研体制	1949—1978年，国家统一部署 1978—1998年，“项目主导”模式	1998—2015年，国家创新系统 2015年至今，“创新生态”模式

（续表）

类别	内容	传统举国体制	新型举国体制
管理模式	核心目标	目标单一，科技目标实现，战略“产品”	目标多元，经济社会效益，“商品”产出
	参与主体	较为单一、封闭	全社会广泛参与
	资源配置	政府通过行政计划将人财物等资源集中投入相关领域	产品和服务通过市场价格机制实现资源的流动和配置
	主体行为	“被动执行”，受政府指令参与研发	“积极主动”，政府激励创新主体
技术特征	技术体系	技术单点突破	技术系统集成
	技术发展	技术追赶阶段，技术目标明确	少数技术迈入前沿阶段，技术目标不确定性大
	技术布局	技术产业链能够在一国实现布局	技术产业链全球布局

三、举国体制是世界科技大国的通行做法

举国体制在科技创新领域被世界各国广泛采用，如美国的曼哈顿计划、阿波罗登月计划，日本的第五代计算机系统、超大规模集成电路系统等。由于历史阶段和制度背景的差异，世界各国在不同历史时期针对不同事项所采取的举国体制有所差异（见图10-1）。整体上看，自20世纪70年代全球化进程加速以来，举国体制模式经历了较大转型，即由国家主导逐渐向发挥市场力量转变。

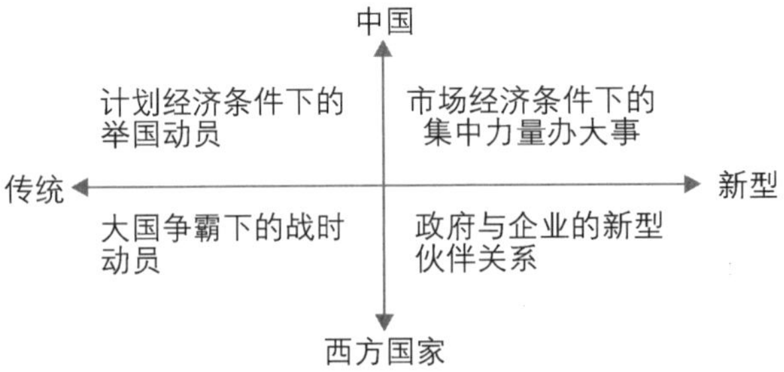

图10-1　科技创新举国体制的类型划分

国内外科技创新举国体制的成功经验为我国提供了良好的借鉴意义。第一，“一体化”国家战略。科技创新的举国体制常常是在国家发展面临重大机遇和挑战时，以国家利益为核心，以国家意志为主导，在准确的国家目标上，集中全国最优秀的科技、管理人才，在对经济、产业发展全局进行预判的基础上，结合未来科技发展趋势，制定科学、系统、可行的科技战略规划。实现总目标、总方针、总政策的统一规划、统一协调。第二，“一致性”举国行动。科技创新的举国体制国家战略的落实需要围绕国家总体战略目标，建立协调一致的行动框架。设立跨部门的领导决策机构，构建多元主体共同参与的组织体系，最大限度实现人员、资金和研究基础设施等创新要素的集聚，最终目标是培育多元主体的创新能力。对外，施行统一的国家行动，为关键核心技术的发展提供保护空间。对内，进行体制机制调整，为全国范围内创新要素的高效动员奠定基础。第三，“精细化”机制设计。举国体制的关键问题在于创新资源的高效动员，创新要素的举国动员包括人员、资金及研究设施等多个方面。此外，各国还创造出一些独特的机制安排：人才动员方面，以技术需求为核心，培养、调配所需的特定技术人才；资金动员方面，不同战略目标和不同经济水平条件下的方式有所差异；组织动员方面，相对独立的灵活组织管理机制，强化协调；重视知识产权设计，激励联合研发和保证充分竞争均衡。

然而，举国体制也面临着失败的风险，历史的教训值得反思和吸取。第一，目标选择失误，项目性质难以通过举国体制完成。科技计划要切实可行、实事求是，不能盲目冒进。对事物的复杂程度缺乏足够的认识，会在实际工作中遇到重重阻碍，导致无法达成最初的目标。例如，日本第五代计算机研发计划对于当时的技术水平来说，就是冒进之举。第二，研发力量分散，跨部门研发难以共享成果。关键核心技术攻关的新型举国体制是要实现精锐研发力量的聚集，尤其面对日益复杂的技术，需要团队之间共享研发成果。但目前争做主体、竞争过度现象突出。第三，多头管理，资金投入分散。美国在攻克癌症的研究计划中，形成了众多部门针对不同癌症类型的资金投入。由于部门间竞争，成果不易扩散。这对于复杂系统性项目而言，非常不利于形成系统解决方案。第四，缺乏商业化考虑，研发活动不可持续。基础研发成果无法商业化，造成企业投资意愿低，难以实现可持续性研发。重技术，轻生态，成果难以应用，无法迭代升级。第五，行政过度干预，技术负责缺位，影响激励评价及科学决策。科研领域行政化比较严重，科研项目的手段与目的倒置。第六，可以集中力量办大事，难以集中力量办小事。大项目可以完成，但核心元器件做不出来。重视总体集成，对于见效慢的基础性工作不愿干。第七，基础性制度不完善，市场作用发挥不够。体系运行不畅，市场体系不顺，难以形成合理的市场生态。

四、新形势下关于新型举国体制的思考

（一）战略谋划，打破美国孤立中国科技创新体系构想

推动科技进步、坚持创新驱动已经成为新时期我国经济社会发展的客观要求，是实现中华民族伟大复兴的战略选择。当前，在国内转向高质量发展阶段、国际力量对比发生深刻调整之时，创新驱动的重要路径是科技自立自强。平衡国内自主和国际融合，相机作出战略调整，打破美国孤立中国科技创新体系构想，需要顶层谋划、科学预判。本研究认为，当外部环境处于理想状态，即产业处于国内自主和国际融合程度都较高时，可采取进一步融入全球创新体系的战略，同时运用法律武器等在WTO等国际组织层面对美国滥用制裁手段进行抗争；当外部环境出现一定程度的困境，保持混合型科技创新生态体系，可在国际社会和美国国内建立统一战线，推动美国相关政策变革；当产业发展面临困境，需要将与国际脱钩变为自立自强的科技创新体系，争取在科技创新方面获得撒手锏级别的突破，提升中国与美国谈判时的地位（见图10-2）。

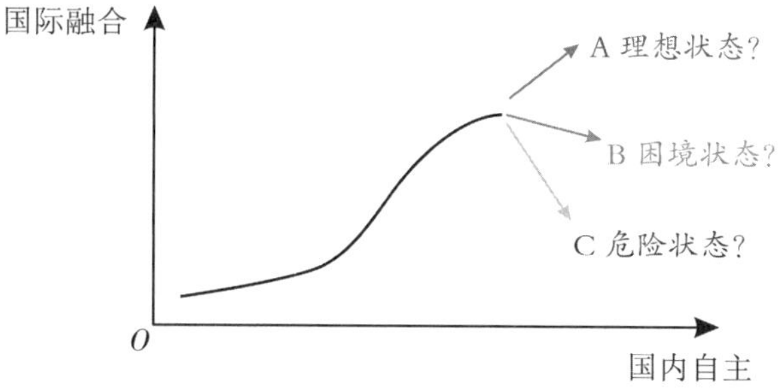

图10-2　新型举国体制的战略选择

（二）综合施策，用好中国科技创新的政策组合拳

关键核心技术的突破是涉及技术、产业、社会的综合体系，因此，要解决上述科技创新新型举国体制的落地需要综合施策，打好组合拳。“要加强协同配合，增强政策举措的灵活性、协调性、配套性，努力取得最大政策效应。”习近平总书记于2020年5月在看望参加全国政协十三届三次会议的经济界委员并参加联组会时强调。第一，解决市场失灵的科技政策。这是所有市场经济都面临的问题，需要研究一套组合政策，包括加强基础研究、研发投入加计扣除等。第二，完善市场环境的科技政策。市场发育不足、市场环境不尽完善是发展中国家共同面临的突出问题，需要着力营造有利于战略新兴产业发展的政策环境，加强知识产权保护。此外，中国还需要针对自身特殊需求制定相应政策。第三，国际封锁条件下的国防科技政策。西方国家对中国的封锁从巴统协议到瓦森纳协议，意味着国防科技领域只能自力更生。第四，市场条件下突破前沿封锁的科技政策。近年来，美国对民用领域前沿技术大规模封锁，这是我们遇到的独特挑战，世界范围内几乎没有可借鉴的经验。

（三）科学决策，遵循规律选择合理的任务/项目

举国体制是一种以国家目标为导向、动员全国大规模的力量和资源对特定领域进行倾斜性支持的组织模式。由于它涉及面广、影响力大，对于处于特定发展阶段、受资源约束条件下的国家来说，需要科学、客观地分析和评判任务事项是否适合采用新型举国体制。为了最大限度提升组织效益，保证新型举国体制任务的成功，举国体制有一定的适用范围：第一，从创新链的环节来看，共性关键技术的研发更适合采用举国体制的模式，而处于前端的基础研究和处于终端的市场化环节不适用于采用举国体制。政府组织优势研发团队联合攻关，并且随着技术在更大范围扩散应用，产生更大的经济和社会效益；通过设立共性关键技术研发专项、建立共性关键技术平台等方式，引导社会资本对共性关键技术投资，促进产业共性关键技术共享扩散。第二，从技术发展阶段来看，追赶阶段的技术更适合采用新型举国体制的模式，而到达技术前沿阶段的项目需要谨慎为之。追赶阶段，通过快速、集中、倾斜性资源筹集（“以资源换时间”），压缩技术发展阶段，有望直接进入前沿领域与发达国家竞争；前沿阶段，高投入、高风险、高不确定性，加大了项目失败风险，这种失败影响深远，会延误科技发展进程，降低未来创新预期，消减社会创新动力。第三，从产品的最终用户角度来看，最终用户清晰（例如政府或其他明确用户）的项目，适合采用新型举国体制。这主要是因为政府采购可以形成示范效应，引导各界资本向该项目聚集。第四，从最终产品类别来看，对国家发展有重要战略意义的大型基础设施或产品，例如大飞机、载人航天工程等，适合采用新型举国体制。该类项目能够通过技术转移和溢出带动相关产业的发展进步，使得提供中间产品（或分系统）和服务的新的相关产业形成，通过产业关联创造大量就业岗位。

（四）深化改革，进一步完善科技创新体制机制

社会主义市场经济条件下关键核心技术攻关的新型举国体制是一场涉及科技创新体制机制的系统性变革。正如上文分析，关键核心技术“卡脖子”的根源在于科技创新的体制机制困境。在创新驱动、迈向高质量发展的背景下，需要进一步深化科技体制机制改革，真正解决关键核心技术“卡脖子”痛点、疏通创新要素流动堵点，相关措施包括：第一，把重大项目的实施和研究机构能力建设结合起来，让核心国家科研机构或企业研发机构承担重大科技项目，充分发挥其在战略制定、项目

管理、科技力量组织、体制机制创新等方面的作用；避免项目过于分散、项目执行之后没有任何组织/机构载体来传承积累的创新能力。第二，切实落实重大项目实施责任制。在重大项目实施中，将法人单位责任和项目负责人责任相结合，并明确法人单位是项目第一责任人，专家负责技术决策，切实落实重大项目实施的责任制。充分授予法人单位、专家在项目实施过程中的责任和自主权。第三，着重构建创新生态，围绕产业链打造创新链。以应用带动装备（系统），以产业链下游环节检验上游环节的技术与产品；出台专项支持政策，如首台（套）应用等，为创新成果的迭代使用提供保障支撑。

第三节

以深化评价体制改革为牵引，激发科技人才创新活力

创新驱动本质要靠人才，形成更加合理的人才治理机制、激发人才的科技创新活力是走向科技创新体系现代化的重要牵引。人才的引进与培养是建立在合理的人才评价基础之上的，人才评价作为人才发展方向的指挥棒，对人才的激励作用显著。当下，我国科技创新处于由追跑走向并跑乃至领跑的关键时刻，亟须培养一批能够在关键领域攻坚克难的创新型复合人才，这需要对人才评价体系进行系统性变革。

目前，我国已将人才发展纳入国家治理体系与治理能力现代化总体布局中，相继出台了一系列深化人才体制机制改革的政策，不断创新人才发展治理体系、提升人才治理能力水平。2020年，教育部、科技部联合印发了《关于规范高等学校SCI论文相关指标使用 树立正确评价导向的若干意见》，进一步提出了消除我国人才治理工作中长期存在的“SCI至上”等痼疾、加快人才制度和政策创新等要求，并明确了构建新时代中国特色社会主义人才评价制度、提升人才治理能力现代化水平的路径。

新时代经济社会的发展对人才治理能力和治理方式提出了更新更高的要求，因此，人才治理工作必须和中国特色社会主义现代化进程紧密结合，以系统论的思维从多角度入手，探索形成导向明确、精准科学、规范有序的人才评价体制，落实人才强国战略和创新驱动发展战略，提升人才治理体系和治理能力现代化水平。

一、推动“人才管理”向“人才治理”的变革

当前，科技创新活动日益复杂化、分散化，而现有“中心化”的人才培养、激

励制度与之难以适应，而人才制度改革就是要改变政府主管部门的行政主导作用，将人才评价、人才发现、人才使用与管理等权限真正下放到用人主体，实现由“人才管理”向“人才治理”的重大理念变革，形成与经济社会发展需求相适应的人才结构和人才资源优势，最终实现具有中国特色的人才治理体系和治理能力现代化。正确开展人才评价，除了一贯性的刚性要求外，还可以引入“负面清单”理念，赋予高校等政策执行主体足够的政策空间，便于高校和教学科研人员创新多元人才评价，有效提升人才治理的透明度、开放度和自由度。

从“管理”到“治理”，虽只有一字之差，却是一个巨大的理念变化。治理强调的是政府、市场、社会等各类主体共同参与。因此，在构建人才治理体系进程中，需要改进传统思维方式，加强顶层设计，将政府主管部门在人才治理中的职责定位明确为政策的制定者和监督者，从主导者转向引导者，加强开放式人才环境制度建设，扩大用人主体自身发展需要；针对不同人才特点来评价、使用和激励人才，改进由行政力量决定的资源分配体系，以及支撑这些体系的评估体系；通过完善的制度安排，构建分类施策和有利于人才长远发展的人才治理体系，促进形成具有国际竞争力的人才资源优势。

二、适应调整优化评价体系导向的要求，改进评价配套方式方法

长期以来，“SCI崇拜”等渗透在人才评价绩效考核、人才招聘、职称评定、学位获得、学科评估、科研资源配置等各方面，导致“论文产业链”“购买版面费”等问题时有发生，社会各界对破除论文“SCI至上”、优化学术生态的呼声十分强烈。“唯论文、唯帽子、唯职称、唯学历、唯奖项”号称“五唯”。“五唯”在科技界作为评价和资源分配的标准施行了很久，根本在于它简单和易操作。

进一步具体中央“三评改革”“分类推进人才评价机制改革”等人才评价体制机制改革总体要求，应高度重视该政策的推拉效应，进一步理顺内部行政权力和学术权力的关系。破除“五唯”顽疾之后，要建立新的合理的评价机制，以质量为导

向，不断优化评价标准和方法。对科技人才成果的量化评价是需要的，但要坚持质与量的统一，当前更需要基于以创新质量、贡献、绩效为导向的评价标准和方法。为此，应依据不同学科、专业和行业的人才要求，分类设计出既满足人才主体成长需要，又满足学科专业发展与国家社会进步的科技人才评价制度体系。为此，相关管理部门要深入调查和收集一手素材，在专业团队的辅助下，设计出因材施评的科技人才评价制度，确保对科技人才作出基于贡献的评价。总之，建立以科技成果质量为导向、定性与定量相结合的客观评价标准和方法是人才评价制度建设的关键。

学科评估坚决破除“五唯”顽疾。评价教师不唯“学历”和“职称”，不设置人才“帽子”指标，避免以学术头衔评价学术水平的片面做法。评价科研水平不唯“论文”和“奖项”，设置“代表性学术著作”“专利转化情况”“新药研发”等指标，进行多维度科研成效评价。

同时，学科评估也应进一步完善论文“代表作”评价方法。一是聚焦标志性学术成果，强调标志性学术成果的创新内容和学术贡献，关注代表性论文对标志性成果的支撑度和关联度。二是运用基于定量数据和证据的专家评价方法，不将SCI、ESI（基本科学指标数据库）等相关指标作为直接判断依据。三是规定代表作中应包含一定比例的中国期刊论文，鼓励优秀成果优先在中国期刊上发表。

三、深化“三评”监督评估机制的改革

加强对深化“三评”改革的评估、督察、问责，建立分工负责、相互配合、广泛交流的改革推进机制。政府各部门，特别是主管部门要深化分类评价改革设计和试点，加强对高校、科研院所、企业等基层创新主体机构的指导、监督，组织好评价改革工作的经验交流和培训。高校、科研院所、企业、评价机构乃至民间创新主体机构与组织在“三评”改革中的责任并不亚于各级政府部门。各类创新主体及服务组织要从自身长远发展的功能定位出发，着眼于提高管理科学化民主化，以提高创新效率，以出战略科技人才、出原创大成果、出高创新效率为根本目的，设计好

人才评价方式方法和指标体系，并不断评估反馈和动态调整。

坚持以质量为导向进一步完善监督约束机制。监督约束机制要确保人才评价过程和结果的公信力，保证科技人才评价坚持质量为先、贡献为主。比如，引进海归或海外人才，要加强对其教育和科研经历的查证，不把教育和工作背景简单等同于科研能力和水平。另外，针对人才评价中出现的不公现象，应加大监督惩罚力度，形成压力倒逼机制。还要提高科技人才质量导向评价过程的监督透明度，让科技人才评价监督机制更具监督活力。总之，健全质量导向的人才评价制度，是实施创新驱动发展战略的基本保障条件。

四、发挥科技人才评价激励机制的指挥棒作用

（一）科学经济学理论视角下的科学共同体激励机制

在科学共同体中的制度安排与科学研究的激励结构方面，科学社会学家和经济学家通过实证研究证明了，在科学领域运行的非市场奖励系统为科学家负社会责任的行为方式提供了激励。新科学经济学家引入了科学社会学领域的默顿学派的科学理论，并与经济理论相融合，为新科学经济学的建立奠定了基础。亚瑟 · M. 戴蒙德[1]和宝拉 · E. 斯蒂芬[2]在前人研究的基础上对于科学的奖励结构进行了回顾和探讨。宝拉 · E. 斯蒂芬介绍了科学工作中的奖励结构，认为它是由两部分构成的：一部分是无关个人在科研比赛中的成败而支付的；另一部分则是基于优先权并反映了赢者对科学的贡献[3]。无关个人科研比赛成败的奖励是以薪酬和难题被解决的满足来呈现的。科学发现的优先权是默顿在他20世纪50年代的一系列文章中提出来的，默顿学派把科学视为一种社会制度，科研工作的目标就是通过首次阐明知识的进步来确立科学发现的优先权，而对于优先权的奖励则是科学共同体对于首创性给予的

[1] Arthur M. Diamond, "The Economics of Science," *Knowledge and Policy*, No.9（1996）.

[2] Paula E.Stephan, "The Economics of Science," *Journal of Economic Literature*, No.34（1996）.

[3] Frank M and Andrews, *Scientific productivity: The Effectiveness of Research Groups in Six Countries*（Cambridge: Cambridge U. Press, 1979）.

承认，肯定了优先权是产权的一种形式。对于优先权奖励的承认有各种形式，依据科学共同体所判断的发现的重要性。最高的奖励形式就是以发现者的名字命名，如普朗克常数、哥白尼体系等；各种奖项是另一种对优先权承认的形式，其中以诺贝尔奖最为著名，不仅可以获得最大的声望而且也能得到最多的奖金；出版或发表则是相对不那么显著的一种承认形式，但是却是确立优先权必要的一步。

对于基于首创的承认的强调很重要，因为第二名或第三名是没有奖励的。这种建立在优先权基础上的科学的奖励结构，造成科学工作中的不平等，其最明显的制度特征是“赢者通吃”和科学研究中的马太效应。科学研究的难监管性及科学中重复发现的无意义性决定了基于优先权的科学研究的承认，虽然这有利于激励科学工作者努力工作竞相争取优先权，继而促进知识的生产和传播，但基于优先权的科研竞赛所带来的“赢者通吃”使得科学工作者在选择他们要参加的比赛的时候小心翼翼。他们可能为最小化竞争的威胁而寻求垄断研究途径的方式。后来，科研仪器的所有制就被证明是一种方便垄断研究途径的方式。为了最大限度地减少威胁，科学工作者在公布科研成果的同时可能会掩盖其成果中的关键信息以继续保持领先优势，研究者们还可能选择那些“规范科学”的主流之外的问题或科研中的偏僻领域。而且“赢者通吃”还可能导致科学工作中剽窃和诽谤等欺骗行为。而科学奖励制度中的马太效应则是对科学研究存在的优势累积效应的一种反映，它除了对声望具有增强作用外，还容易在科学研究的各环节造成不公正的现象，科研资源分配时可能会出现声望高的科学家更容易获得资源等现象。

（二）人才评价和激励机制存在的问题

当前人才评价和激励机制突出的问题可以概括如下：政府过度主导，用人单位缺乏自主，评价导向不够合理，分配激励亟待完善。

在现有的评价体系下，科研论文、科研项目等易于定量化的指标很容易成为评价的主要标准，而与岗位职责相关的其他标准，如对社会经济的贡献等，由于缺乏具体的衡量标准，在评审中难以把控，事实上很少被充分考虑。当然，这并不是说论文标准不重要，事实上，这是我国近年来科研论文数量和质量保持持续高速增长的重要原因。但问题在于，用同样的标准和权重要求所有科技人员发表论文，显然是不合适的。

在对科技人员的薪酬激励方面，突出的问题是尚未建立起既能充分发挥激励作用又合理规范的收入分配机制。一方面，现有的收入分配机制不能充分反映科技人员的能力贡献和工作业绩，难以保证科技人员合理的工资待遇水平。另一方面，用人单位自己探索形成的一些行之有效的激励措施，受到既有政策制度的约束，没有得到合法性的认可和合理有效的规范。

（三）以质量为导向发挥科技人才奖励制度的激励导向功能

科技人才评价和激励机制的核心问题是政府干预过多，用人单位自主权不足。政府应切实简政放权，转变职能，把对人才评价、激励的权力真正下放到用人单位。具体而言，政府应退出以职称评审为核心的人才评价的具体过程，实行“谁用人，谁评价”，发挥用人单位的主体作用，实行岗位管理，让单位按照岗位职责需求使用人才、评价人才、激励人才，真正实现分类评价、按能力贡献评价和按评价激励。政府的主要定位在于管政策、管监督、管引导：一是为用人单位的自主评价和激励提供合理、宽松的政策空间；二是履行监督职责，保证人才评价和激励程序的公平公正；三是在政府主导的科技计划管理、科技机构评估和科技人才计划过程中发挥好对人才评价和激励的引导作用。

对科技人才给予的物质与精神奖励，是对他们的充分肯定，会激发他们的创造热情。在我国，已有奖励制度促进了科技人才队伍的形成，保障了我国社会经济发展的人才需求。应进一步完善科技奖励制度，在公平公正公开的基础上突出奖励那些学术界普遍认可、社会普遍受益的科研成果和科技人才，发挥好科技奖励的正向激励功能，甚至可以通过有效引入市场激励机制让科技人才得到相应的收益和创新回报，形成激发科技人才创新的长效机制。

五、构建以科学共同体为中心的科技评价体系，促进科学文化建设

（一）建立学术共同体主导的第三方评价机制

随着我国科研评价制度改革的推进，科技共同体的建设显得越发重要。在我国目前的科学评价体系中，科研机构的主要资金来源还是政府，科学评审机构与其利益相关。这也在很大程度上决定了政府主导着科研评价机制。科学的发展讲究遵循客观规律，科学评价如果想做到客观公正，应该尝试逐步脱离政府主导或者是科研机构的把控，做到独立于政府与科研机构的第三方评价机制。政府可以进行权力下放，出资聘请第三方学术共同体成立评议委员会，组建独立评审机构。同时，评审机构的评议程序对外公开透明，欢迎政府及社会各界进行监督，用以保证评议结果的公正公开。

评议机制由学术共同体主导，学术共同体的组建也要联合不同的科研机构，也可以在全国公开选拔各类学科的顶尖人才，组成关于各类学科的学术带头人队伍。同时，学术共同体作为独立的第三方评议机构，要设置合理的组织模式，探讨科学规范的评议机构运行机制，鼓励学术带头人良性竞争的同时严格遵循独立原则，明确科学评议在科学界的独立性。同时，政府虽然淡出评议机制，但也要通过自身职能赋予第三方评议机构科学权威。如此一来，学术共同体作为独立团体，才可以不受利益驱使，摆脱权力控制，独立客观地进行科学评议。

（二）营造尊重科学崇尚创新的社会氛围

科技共同体需要进行自我升华与提高，通过科学文化建设、规范管理和社会组织体制改革，杜绝“圈子文化”和“学阀”现象，避免门户偏见，营造公平、公正、民主、包容的学术氛围，营造尊重科学、崇尚创新的社会氛围。我国科技共同体的自主性、自律性和自治性仍有待提高。部分科技社团缺少民主办会传统，没有形成自主发展的意识和体制，未能制定完善本领域科研活动的自律公约和职业道德准则，未能经常性开展创新文化、职业道德和学风教育，难以真正发挥自律自净作用。

营造有利于科技共同体和科技社团健康发展的社会环境，尊重科技共同体的运行规律，专业的事情交给专业的人才，让科技共同体在科技成果评价和科技人才评价中发挥决定性作用，同时更好地发挥政府在政策引导和政策支持方面的作用。明确学会等科技社团承接政府转移职能的清单，建立承接准入机制和提升专业管理能力，明确学术和行政的边界，使政府、科协和学会各司其职，实现相互促进、良性互动。

第四节

以营造健康创新文化为根基，构建可信的科学共同体

创新文化，不仅是建设创新型国家和世界科技强国的新引擎，也是重要基石。回顾近代史上发生的数次世界科学中心的转移，意大利、英国、法国、德国和美国五个世界科技强国的崛起均与创新文化密切相关，发挥了“看不到的手”的作用。创新文化的核心是科学精神，而科学共同体作为科学精神的核心载体，不仅决定了全社会的科学文化特质，也直接影响到科学研究活动的数量和质量。创新活动需要崇尚理性、尊重知识、勇于竞争、不惧失败，需要以建设可信的科学共同体为抓手，营造健康的创新文化，并促进社会共同成长。

当今社会，科技创新为人类带来了巨大的物质财富，现代性的新图景、新概念不断涌现，创造了一种持续进步的、合目的性的、不可逆转的发展观念，时刻倒逼着人们迎接科技的福利，社会发展似乎成了科技创新下的“线性函数”，科技创新的力量也被赋予理性的光辉。然而，科技创新本身所蕴含的科学自由化与科学自治在面向社会责任、伦理道德与公众利益时存在的潜在冲突与矛盾，如技术创新的双重性，也即好奇心驱使的研究与创新活动及其结果在创造进步的同时可能产生危害性的结果；科学自治与社会责任的不匹配，也即科学家需要在专业自治与自身作为社会民众的一般责任间寻找平衡；科林格里奇困境，也即一项技术的社会后果不能在技术生命的早期被预料到；创新治理的制度空白，也即科技创新活动在社会需求与道德伦理层面的科学治理。这些都在不断“呼唤”对科技创新活动及其价值的旧图景作出一种全新而深远的重塑，以期促进科学共同体与社会的共同成长，营造健康的创新文化。

一、科技创新价值的重塑

第一，科技创新的包容性意图。科技创新需要有包容性反思和协商式民主的实质性过程，我们需以道德、包容、民主和公平的方式确定科技创新目标，需超越传统的伦理审查和批准的封闭框架，开辟和实现科学和创新的公共价值，这要求从创新的起点对科技创新的方向进行包容性审议，这可能会加剧参与原则和科学自由原则之间的矛盾，事实上，对于市场驱动型创新或者开放式创新来说，这种矛盾感觉并不新奇。在此基础上，未来的科技创新必须是一种以应对挑战为导向的科技创新，这种科技创新框架外延比创造商业价值更广泛，创新目标需根据其正确的影响来确定，而这些影响本身就存在包容性的社会价值观之中。

第二，科技创新的制度性回应。在科技创新过程中，我们需围绕研究和创新过程建立一套整合与制度化的预期、反思与回应机制。科技创新是一个反复的、持续的和灵活的适应性学习过程，将预期、反思和回应的过程整合到政策决策过程，就是一种制度化的回应能力，在实践中，它需建立在预期治理、各种形式的技术评估和公众参与的基础之上，通过整合过去经验与未来价值导向，展开科技创新过程管控与结果评价，建立科技创新生命周期全过程的制度响应。首先，我们需要描述和分析科技创新活动可能产生的预期和非预期影响，这些影响是经济、社会、环境等多方面的，并通过预测治理、实时技术评估、上游参与、价值敏感性涉及、社会技术整合和情景推演等方法实现前瞻性预期；其次，我们需要反思科技创新的根本目的、动机和潜在影响，包括已知的、未知的、相关的不确定性、风险、未知领域、假设；最后，我们需要将对科技创新的反思置于集体讨论的场域中，开展对话、参与和辩论，听取公众和不同利益相关者的广泛意见，将科学与创新开放至一个更广泛因素输入、公众讨论与创造的情境之中。

第三，科技创新的公共责任重塑。科技创新本身就是一个需要集体承担责任的集体过程，公共责任意味着每个人都承担着参与集体决策、集体辩论的特殊道德义务。传统结果主义的责任模型建立在各种知识形式的基础上，在这种模型中，科技创新通过事后判断评价创新行为的后果，这对创新来说是非常有问题的，因为创新是面向未来的，是高度不确定的活动。科技创新公共责任重塑是一种集体的、不确定的和不可预测的活动，它应更多关注基于价值的责任维度，而非基于规则的责任。在实践中，我们需探索面向未来的国家创新驱动发展的公共价值，建立兼顾先进性与可行性、兼顾效益与效率、道德伦理可接受和社会期望满足相协调的科技创新模式。科技创新的核心目标是创新服务社会，通过创新驱动发展，实现创新结果向社会可持续与社会满意的方向演进，以保证高质量民众生活。这就要求我们从国家、区域、组织各个层面探索总结未来社会发展的公共价值理念核心，并将创新驱动发展置于公共价值实现的负责任的框架之下。在经济建设、政治建设、文化建设、社会建设、生态文明建设五位一体的大背景下，我国科技创新面向的公共责任不应单纯注重经济效益，而应覆盖道德伦理、社会民生、环境友好等方面的公共责任。

二、科技治理路径的选择

第一，科学共同体的自我进化。从历史上看，中国的科学共同体并没有像西方国家那样发育成为一个独立的科学共同体，当然也缺乏西方科学界在长期的发展过程中所形成的求实、创新等科学精神和自我约束的行为规范。为此，科学共同体需要提高自我进化能力。首先，在科技创新中弘扬科学精神，倡导学术道德与学术责任。科学精神是人类在认识自然和改造自然过程中体现出来的求真、求实、至善、至美的文化精神，科学精神要求科学共同体遵循诚实、公正、无私等道德规范，将科研规范内化于科技创新的思想和行为中，把对客观真理的追求作为科研活动的动因和最终目标，把通过踏实工作去获得创新成果作为科技创新活动的评价标准。其次，在科技创新中增强责任意识。在科技创新中，必须有生产公共知识的责任意识，严谨务实，作出真正经得起时间考验的创新性成就。最后，科学共同体需要加强自我约束与监督。在科学共同体中应逐步建立、完善基本的科研行为规范，各个组织应当加强本部门、本单位的学风建设，给科研人员提供一个健康、诚信的学术与创新环境。

第二，科学理性与社会理性结合。在改革与发展的浪潮中，科技创新所描绘的“科学疆界开拓取代地理边疆拓展”“科学创造美好未来”“独立自由的科学探索”等概念，俘获了人们对科技的想象力，也激发了人们在科技领域作为“勇敢拓荒者”创新的民族精神“图腾”，“美好科技”蓝图成为全社会一种抽象的、永恒的精神符号，并通过一系列合理化机制内化于社会场景，对科学“工具价值”的追求似乎被形塑为一种意识形态。这导致科学创新退化为单向度的工具理性，工具理性对价值理性“拒斥”使得科技创新逐渐演化为一种手段和目的，结果是很多科技创新的应用违背责任伦理优先于信念伦理的原则，导致风险不确定性增加。未来科技创新需坚持科学理性与社会理性相结合的原则，批判科技创新的工具理性对价值理性的排斥、信念伦理对责任伦理的驱逐，建构起科技创新的社会理性的集体觉醒，强调不同利益群体的多元利益诉求，主张从合理化的规则、秩序、习惯与信念等角度来理解科技创新活动，并将情感、意志、个人经验等公众心理与文化诉求纳入科技创新的定义与评价体系中。

第三，知识合法性与参与合法性结合。传统科技创新活动强调技术的专业壁垒，支持通过专家系统界定科技创新边界。这种“知识合法性”的科技创新模式强调专家系统具有科学知识的优势，公众缺乏科学知识，需要提高科学素养，增进对科技的理解，从而最终获取公众对科学技术及其产品的信任。在知识合法性模式下，“政治专家”与“技术专家”紧密合作，依据技术路线图即技术发展的展望方向而作出创新决策，包括技术创新研发决策、技术创新投资决策、技术创新合作决策、产品创新开发决策、市场创新应用决策等，它代表着一种政治科学化的预想，预设了一个绝对中立、客观的“纯粹科学”，而公众因“知识残缺”而被排除在科学创新的场域之外，公众成为技术创新的被动接受者，是科学公共教育下的被教育者，也是技术创新不确定性风险的最终承担者，这实际割裂了与公众需求的呼应。

未来的科技创新，需将公众置于与科学家、政府的同等地位，不能强调“正式知识”为影响科技创新的关键要素，而应更加重视权力结构、价值融合、信任沟通等关系要素，从而打破“政治精英”和“技术精英”对科技创新的“垄断解释权”，使科技创新具备参与合法性的要素，并使之成为一种趋势，科学共同体应吸纳一般民众、社会组织，通过咨询、小组讨论等多形式深度参与的方式保障公众的偏好意见能进入科技创新决策的视野范围之内，建立科技创新的开放决策体系，保障社会主体的充分辩论，确保专家和公众的偏好显示，保护社会合理怀疑、有限举证的权利，强化科技创新决策后的政策评估与修正。

第四，政府、科学、市场、公众与社会的网络治理体系。在传统科技创新的治理体系中，“科学—政府—市场”行动者间处于强度关联状态，是整个创新网络的主体结构，主体（政府、专家和企业）与社会（公众、非政府组织）行动者间处于适度关联状态，是整个治理网络的枝体结构。治理网络体系的“强—弱”链接分异，实质是科技创新的话语分配与秩序重构，它根植于特殊的政治、经济和文化土壤，而作为公权力承载的政府、知识权力承载的科学家、市场权力承载的企业和社会权力承载的公众及社会组织间，往往坚守彼此的专业视角、利益立场和话语体系，难以整合形成对科技创新的平衡性的集体认知。

未来科技创新的治理体系选择需以科学民主化为制度逻辑。在治理主体的关系建构上，应建立起以多元利益相关者相互信任为基础的网络治理体系，以此发展出更具一致性与包容性的科技创新评估与决策框架。在治理网络中，政府、科学、市场、公众与社会的关系结构应处于“等距”的均衡状态，不存在强链与弱链之别，主体间以平等之姿态协商科技创新中的冲突性目标、科学不确定性等问题，并努力达成对核心、关键科技议题的共同理解。各治理主体必须以社会整体视角、最良善的意愿，在信任建构的基础上通过互动与理解达成对科技创新的价值界定与分配共识，构建话语秩序，力求利益平衡，形成多元理性的互动，在此基础上求同存异，寻求、整合关于科技创新的最大集体认知的公约数，当然，这是一个长期而复杂的过程。

三、科技创新文化的培养

第一，培养传统价值与时代特征结合的创新文化。当今正处在一个前所未有的大变局时代，科技创新是这场大变革中具有革命性、颠覆性的因素，基于创新的社会生活实践和思想文化正在发生引人注目的变化，一种新的创新文化潮流正像朝阳一样蓬勃兴起。在创新的时代浪潮下，我们需挖掘中国传统文化的优秀成果价值，以中国传统文化的合理因素去完善科技创新文化，使传统文化的合理成分服务于共生、进步和繁荣的技术创新实践，使得科技创新既能反映传统价值，又能够体现知识经济的时代特征。特别是，我们应在民族自觉、民族独立的基础上，将中华民族勤劳勇敢、自强不息、团结统一、爱好和平等的优秀传统发扬光大，形成中国特色的科技创新实践。如将中国传统文化中“仁”和“善”的文化精神融入科技创新实践中，传递情怀、感受温暖、弘扬精神、实现使命，使人们能够在和谐的环境中开展技术创新实践，用知识造福人类。

第二，培养科学精神与人文情怀相结合的创新文化。科学精神是创新文化的核心要素，它为科技创新提供价值信仰、思想动力和思维方式，人文精神是人们思想观念、风俗习惯、生活方式、情感样式的集中表达。新时代科技创新文化的培养需坚持求真求实、怀疑批判、宽容的科学精神，同时突出人文情怀，实现道技统一。科技创新中科学精神与人文精神的融合，是科技与人文的融合，是“技”与“道”的统一。“道”的传承需要“技”，“技”的发展也需要“道”，科技创新促进人文关怀，科技就有了温度、有了灵魂，可以走得更远，未来科技创新的长足发展将取决于其能否促进人文关怀、增强社会理解并获得公众信任。

第三，培养国家需要与科学前沿结合的创新文化。当今世界科技创新路径更加多样复杂，技术更新更加快捷，科技成果转化更加迅猛，产业升级换代更加频繁，而科技创新已经成为国际竞争力的关键和核心因素。只有拥有强大的科技创新能力，才能提高我国的国际竞争力，实施创新驱动发展战略，是探索科学前沿、提高我国综合国力和国际竞争力的必然要求。因此，我们必须紧紧抓住科技创新这个核心，瞄准世界科技前沿领域，不断向科学技术广度和深度进军，瞄准国家攻破“卡脖子、弱基础、无人区”战略需求，不断提高科技创新能力和竞争力，形成面向国家需要和科学前沿的科技创新文化。

第四，培养知识创新与市场需求结合的创新文化。科技创新是一项系统工程，科技创新在不断攀登知识高峰，发挥知识生产、知识积聚、知识传承、知识服务功能的同时，更要坚持市场需求导向，主要是引导科技创新紧紧围绕产业和市场的发展需求，优化创新资源配置，抓住当前影响产业发展的技术瓶颈问题，加强技术攻关，努力掌握一批具有自主知识产权的核心技术、关键技术和共性技术，培养知识创新与市场需求相结合、产学研协同的科技创新文化。